Pontificio Consejo para la
Promoción de la Nueva Evangelización

# DIRECTORIO
# PARA LA
# CATEQUESIS

Conferencia de Obispos Católicos de los Estados Unidos
Washington, DC

# Índice general

## Segunda parte
### EL PROCESO DE LA CATEQUESIS

# DIRECTORIO PARA LA CATEQUESIS

# Presentación

El camino de la catequesis de estas últimas décadas ha estado marcado por la Exhortación Apostólica *Catechesi tradendae*. Este texto representa no sólo el recorrido hecho a partir de la renovación iniciada por el Concilio Vaticano II, sino que constituye también la síntesis aportada por los numerosos obispos del mundo reunidos en el Sínodo de 1977. Usando las palabras de aquel documento, la catequesis «persigue el doble objetivo de hacer madurar la fe inicial y de educar al verdadero discípulo por medio de un conocimiento más profundo y sistemático de la persona y del mensaje de Nuestro Señor Jesucristo»[1]. Una tarea ardua que no permite especificar con demasiada rigidez las diferentes fases que implica el proceso catequético. De todas formas, el objetivo, aun siendo difícil permanece inalterado, sobre todo en el contexto cultural de estas décadas. La catequesis, citando lo que escribía San Juan Pablo II, busca «desarrollar, con la ayuda de Dios, una fe aún inicial, promover en plenitud y alimentar diariamente la vida cristiana de los fieles de todas las edades. Se trata en efecto de hacer crecer, a nivel de conocimiento y de vida, el germen de la fe sembrado por el Espíritu Santo con el primer anuncio y transmitido eficazmente a través del bautismo»[2]. De este modo, la catequesis permanece integrada en la sólida tradición que ha caracterizado la historia del cris-

---

[1]    CT 19.

[2]    CT 20.

tianismo desde sus orígenes. Ella persiste como una peculiar actividad formativa de la Iglesia que, respetando las distintas fases de edad de los creyentes, se esfuerza por mantener siempre actual el Evangelio de Jesucristo para que sea el soporte de un testimonio coherente.

Este *Directorio para la catequesis* se ubica en una dinámica de continuidad con los dos anteriores. El 18 de marzo de 1971 San Pablo VI aprobó el *Directorio catequístico general* redactado por la Congregación para el Clero. Dicho Directorio se caracterizó por dar una primera sistematización a las enseñanzas surgidas del Vaticano II (Cf. CD 44). No se puede olvidar que San Pablo VI consideraba toda la enseñanza conciliar como «el gran catecismo de los tiempos modernos»[3]. Así pues, en el Decreto *Christus Dominus* se ofrecían indicaciones puntuales y de largo alcance sobre la catequesis. Los Padres conciliares decían: Los obispos

> Expliquen la doctrina cristiana con métodos acomodados a las necesidades de los tiempos, es decir, que respondan a las dificultades y problemas que más preocupan y angustian a los hombres [...] Esfuércense en aprovechar la variedad de medios que hay en estos tiempos para anunciar la doctrina cristiana, sobre todo la predicación y la formación catequética, que ocupa siempre el primer lugar [...] Vigilen atentamente que se dé con todo cuidado a los niños, adolescentes, jóvenes e incluso a los adultos la instrucción catequética, que tiende a que la fe, ilustrada por la doctrina, se haga viva, explícita y activa en los hombres y que se enseñe con el orden debido y método conveniente, no sólo con respecto a la materia que se explica, sino también a la índole, facultades, edad y condiciones de vida de los

---

[3]   PABLO VI, Discurso a los miembros de la Asamblea General de la Conferencia Episcopal Italiana (junio 23 de 1966).

oyentes, y que esta instrucción se fundamente en la Sagrada Escritura, Tradición, Liturgia, Magisterio y vida de la Iglesia. Procuren, además, que los catequistas se preparen debidamente para la enseñanza, de suerte que conozcan totalmente la doctrina de la Iglesia y aprendan teórica y prácticamente las leyes psicológicas y las disciplinas pedagógicas. Esfuércense también en restablecer o mejorar la instrucción de los catecúmenos adultos (CD 13-14).

Como es notorio, esta enseñanza posee criterios normativos para la constante renovación de la catequesis, que no puede permanecer como una actividad ajena al contexto cultural e histórico en la que se realiza. Una señal evidente de esto es el hecho que, como primera consecuencia, fuese instituido el 7 de junio de 1973 el Consejo Internacional para la Catequesis, organismo mediante el cual varios expertos del mundo entero ayudan al Dicasterio competente a dar a conocer las instancias presentes en las diversas iglesias para que la catequesis se ajuste cada vez más al tejido eclesial, cultural e histórico.

En el trigésimo aniversario del Concilio, el 11 de octubre de 1992, San Juan Pablo II publicó el *Catecismo de la Iglesia Católica*. Según sus propias palabras, «Este Catecismo no está destinado a sustituir los catecismos locales [...] Está destinado a favorecer y ayudar la redacción de los nuevos catecismos de cada nación, teniendo en cuenta las diversas situaciones y culturas»[4]. Como consecuencia, el 15 de agosto de 1997, vio la luz el *Directorio general para la Catequesis*. Aparece así ante nuestros ojos el gran trabajo realizado después de esta publicación. El vasto y diverso mundo de la catequesis encontró una nueva y positiva provocación para dar vida a nuevos estudios

---

[4]    JUAN PABLO II, Constitución Apostólica *Fidei depositum* (octubre 11 de 1992), 4.

que permitieran comprender mejor las exigencias pedagógicas y formativas de la catequesis, sobre todo a la luz de una renovada interpretación del catecumenado. Muchas conferencias episcopales, a través de las instancias emergentes, han dado vida a nuevos itinerarios de catequesis para las diversas fases de edad. Desde los niños hasta los adultos, desde los jóvenes hasta las familias, se ha asistido a una progresiva renovación de la catequesis.

El 23 de marzo del 2020, el Papa Francisco aprobó el nuevo *Directorio para la Catequesis* que tenemos el honor y la responsabilidad de presentar a la Iglesia. Este representa una etapa siguiente de la dinámica renovación que cumple la catequesis. Además, los estudios catequéticos y el constante compromiso de tantas Conferencias episcopales han permitido alcanzar objetivos altamente significativos para la vida de la Iglesia y la madurez de los creyentes que requieren una nueva sistematización.

La breve panorámica histórica muestra que cada Directorio ha sido redactado siguiendo algunos importantes documentos del Magisterio. El primero tuvo como referencia la enseñanza conciliar; el segundo, el *Catecismo de la Iglesia Católica*; y éste, el Sínodo sobre *La nueva evangelización y la transmisión de la fe cristiana*, junto a la Exhortación Apostólica del Papa Francisco *Evangelii gaudium*. En los tres textos permanecen exigencias comunes como son la finalidad y las tareas de la catequesis, mientras que cada uno se caracteriza por su nuevo contexto histórico y por la actualización del Magisterio. Entre el primero y el segundo Directorio pasaron veintiséis años; mientras que entre el segundo y el actual han transcurrido veintitrés. En algunos aspectos, la cronología muestra la exigencia de la dinámica histórica que hay que afrontar. Una mirada más profunda al contexto cultural puede hacer surgir las nuevas problemáticas que la Iglesia está llamada a vivir. Dos de modo particular.

La primera es el fenómeno de la *cultura digital* que trae consigo la segunda connotación, la *globalización de la cultura*. Ambas están de tal manera interconectadas que se determinan recíprocamente y producen fenómenos que evidencian un cambio radical en la existencia de las personas. La exigencia de una formación atenta a cada persona parece obscurecerse ante las imposiciones de modelos globales. La tentación de adecuarse a formas de homologación internacional es un riesgo que no se debe subvalorar, sobre todo en el contexto de la formación a la vida de la fe. De hecho, la fe se transmite por el encuentro interpersonal y se alimenta en la esfera de la comunidad. La exigencia de expresar la fe mediante la oración litúrgica y de testimoniarla con la fuerza de la caridad implica saber superar la fragmentariedad de las propuestas para recuperar la unidad originaria del ser cristiano. Ella encuentra su fundamento en la Palabra de Dios, anunciada y transmitida por la Iglesia, con una Tradición viva que sabe acoger lo antiguo y lo nuevo (Cf. *Mt* 13,52) de las generaciones de creyentes dispersos por todo el mundo.

En las décadas siguientes al Vaticano II, la Iglesia tuvo ocasión de volver a reflexionar muchas veces sobre la gran misión que Cristo le confió. Dos documentos en particular marcan esta exigencia evangelizadora. San Pablo VI con la *Evangelii nuntiandi* y el Papa Francisco con la *Evangelii gaudium* trazan el recorrido del que no se puede apartar el creyente en el compromiso cotidiano por la evangelización. «La Iglesia existe para evangelizar»[5], afirmaba con fuerza san Pablo VI. «Yo soy una misión»[6], repite con la misma claridad el Papa Francisco. No hay excusas que puedan distraer la mirada de una responsabilidad que congrega a cada creyente y a la Iglesia entera. La estrecha unión entre evangelización y catequesis se convierte

---

[5]  EN 14.

[6]  EG 273.

en la peculiaridad de este Directorio. Éste busca proponer una ruta que ve íntimamente unidos el anuncio del *kerygma* y su maduración.

El criterio que provocó la reflexión y la redacción de este Directorio encuentra su punto fundante en las palabras del Papa Francisco:

> Hemos redescubierto que también en la catequesis tiene un rol fundamental el primer anuncio o *"kerygma"*, que debe ocupar el centro de la actividad evangelizadora y de todo intento de renovación eclesial [...] Cuando a este primer anuncio se le llama "primero", eso no significa que está al comienzo y después se olvida o se reemplaza por otros contenidos que lo superan. Es el primero en un sentido cualitativo, porque es el anuncio *principal*, ese que siempre hay que volver a escuchar de diversas maneras y ese que siempre hay que volver a anunciar de una forma o de otra a lo largo de la catequesis, en todas sus etapas y momentos [...] No hay que pensar que en la catequesis el *kerygma* es abandonado en pos de una formación supuestamente más "sólida". Nada hay más sólido, más profundo, más seguro, más denso y más sabio que ese anuncio. Toda formación cristiana es ante todo la profundización del *kerygma* que se va haciendo carne cada vez más y mejor, que nunca deja de iluminar la tarea catequística, y que permite comprender adecuadamente el sentido de cualquier tema que se desarrolle en la catequesis. Es el anuncio que responde al anhelo de infinito que hay en todo corazón humano[7].

La primacía del *kerygma*, que nos lleva a proponer una *catequesis kerygmática*, no le quita nada al valor de la mistagogía, ni al testimonio de la caridad. Sólo una visión que

---

[7]    EG 164-165.

manifieste al exterior el propio pensamiento podría llevarnos a considerar el primer anuncio como un discurso articulado para convencer al interlocutor. El anuncio del Evangelio es el testimonio de un encuentro que permite tener los ojos fijos en Jesucristo, el Hijo de Dios encarnado en la historia de los hombres, para dar cumplimiento a la revelación del amor salvífico del Padre. A partir de este punto central de la fe, la *lex credendi* se abandona a la *lex orandi,* y juntas realizan el estilo de vida del creyente como testimonio del amor que hace creíble el anuncio. De hecho, cada uno se siente involucrado en un proceso de realización de sí mismo que le lleva a dar una respuesta última y definitiva a la búsqueda de sentido.

Las tres partes de este *Directorio para la Catequesis* elaboran pues el recorrido catequético bajo la primacía de la evangelización. Los obispos, que son los primeros destinatarios de este documento, unidos a las Conferencias Episcopales, a las Comisiones para la catequesis, y a los numerosos catequistas, tendrán pues la posibilidad de verificar la elaboración sistemática que se quiere cumplir para hacer más evidente la finalidad de la catequesis, que es el encuentro vivo con el Señor que transforma la vida. El proceso de la catequesis ha sido descrito insistiendo en el tejido existencial que involucra las distintas categorías de personas en sus ambientes vitales. Se le ha dado amplio espacio al tema de la formación de los catequistas porque se considera urgente recuperar su ministerio en la comunidad cristiana. Por otra parte, sólo los catequistas que viven su ministerio como vocación contribuyen a la eficacia de la catequesis. Finalmente, justo porque se realiza a la luz del encuentro, la catequesis posee la gran responsabilidad de ayudar a la inculturación de la fe. Mediante este proceso encuentra espacio la creación de nuevos lenguajes y metodologías que en la pluralidad de sus expresiones hacen aún más evidente la riqueza de la Iglesia universal.

El Pontificio Consejo para la promoción de la Nueva Evangelización, competente para la catequesis desde el 16 de enero del 2013 por la publicación del Motu Proprio *Fides per Doctrinam*, es consciente de que el *Directorio para la Catequesis* es un instrumento perfectible. No tiene pretensiones de plenitud, porque por su naturaleza está destinado a las Iglesias particulares, de modo que se motiven y sean apoyadas para redactar sus propios Directorios. La composición del presente *Directorio* ha involucrado a diversos expertos como expresión de la universalidad de la Iglesia. Además, en sus fases de redacción ha sido sometido al juicio de varios obispos, presbíteros y catequistas. Hombres y mujeres han sido integrados en este difícil trabajo que deseamos pueda ser un válido aporte al momento actual. A todos ellos, sin retórica, va nuestro agradecimiento personal y gratitud por el gran trabajo desarrollado con competencia, pasión y desinterés.

Por un hecho completamente fortuito, la aprobación del presente Directorio tuvo lugar en la memoria litúrgica de Santo Toribio de Mogrovejo (1538-1606). Un santo tal vez no muy conocido que, sin embargo, dio un fuerte impulso a la evangelización y a la catequesis. Recorriendo las huellas de san Ambrosio, este laico e insigne jurista, nacido en Mallorca, de noble familia, que se había formado en las universidades de Valladolid y Salamanca donde fue docente, siendo presidente del tribunal de Granada, fue consagrado obispo y enviado por el Papa Gregorio XIII a Lima, en el Perú. Entendió su ministerio episcopal como evangelizador y catequista. Haciendo eco a Tertuliano le gustaba repetir «Cristo es verdad no costumbre». Lo repetía sobre todo a los *conquistadores* que oprimían a los indígenas en nombre de una superioridad cultural, y a los sacerdotes que no tenían el coraje de defender a los más pobres. Misionero incansable, recorría los territorios de su diócesis, buscando sobre todo a los nativos para anunciarles la Palabra de Dios con un lenguaje sencillo y fácilmente comprensible. En sus veinticinco años de episcopado organizó Sínodos diocesanos y provinciales, se hizo catequista produciendo en lengua española, en *Quechua* y en *Aymara* los primeros catecismos para los indígenas de América del Sur. Su obra evangelizadora produjo inesperados frutos con el ingreso a la fe cristiana de miles de indígenas que encontraron a Cristo en la caridad del obispo. Fue él quien confirió el sacramento de la Confirmación a dos santos de aquella Iglesia: San Martín de Porres y Santa Rosa de Lima. En 1983, San Juan Pablo II lo proclamó patrono del Episcopado Latinoamericano. Así pues, este nuevo *Directorio para la catequesis* se pone bajo la protección de este gran catequista.

El papa Francisco escribió que

El Espíritu Santo derrama santidad por todas partes, en el santo pueblo fiel de Dios [...] Me gusta ver la santidad en el pueblo de Dios paciente: a los padres que crían con tanto amor a sus hijos, en esos hombres y mujeres que trabajan para llevar el pan a su casa, en los enfermos, en las religiosas ancianas que siguen sonriendo. En esta constancia para seguir adelante día a día, veo la santidad de la Iglesia militante. Esa es muchas veces la santidad "de la puerta de al lado", de aquellos que viven cerca de nosotros y son un reflejo de la presencia de Dios [...] Todos estamos llamados a ser santos viviendo con amor y ofreciendo el propio testimonio en las ocupaciones de cada día, allí donde cada uno se encuentra. ¿Eres consagrada o consagrado? Sé santo viviendo con alegría tu entrega. ¿Estás casado? Sé santo amando y ocupándote de tu marido o de tu esposa, como Cristo lo hizo con la Iglesia. ¿Eres un trabajador? Sé santo cumpliendo con honradez y competencia tu trabajo al servicio de los hermanos. ¿Eres padre, abuela o abuelo? Sé santo enseñando con paciencia a los niños a seguir a Jesús. ¿Tienes autoridad? Sé santo luchando por el bien común y renunciando a tus intereses personales[8].

La santidad es la palabra decisiva que se puede pronunciar al presentar un nuevo *Directorio para la Catequesis*. Ella se hace abanderada de un programa de vida que también los catequistas están llamados a perseguir con fidelidad y constancia. En este camino exigente no están solos. La Iglesia, en cada lugar de la tierra, puede presentar modelos de catequistas que han logrado la santidad, e incluso el martirio, viviendo su ministerio de cada día. Su testimonio es fecundo y permite, aún en nuestros días, pensar que cada uno de nosotros puede seguir esta aventura aún en la dedicación silenciosa, fatigosa y a veces ingrata, del *ser* catequista.

Ciudad del Vaticano, 23 de marzo de 2020, Memoria litúrgica de Santo Toribio de Mogrovejo.

✠ SALVATORE FISICHELLA  
*Arzobispo tit. de Voghenza*  
*Presidente*

✠ JOSÉ OCTAVIO RUIZ ARENAS  
*Arzobispo emérito de Villavicencio*  
*Secretario*

---

[8]   FRANCISCO, Exhortación apostólica *Gaudete et exsultate* (marzo 19 de 2018), 6-7. 14.

# Siglas[*]

## Sagrada Escritura

| | |
|---|---|
| **Am** | Amós |
| **Ap** | Apocalipsis |
| **Bar** | Baruc |
| **Col** | Colosenses |
| **1 Cor** | 1 Corintios |
| **Dt** | Deuteronomio |
| **Ef** | Efesios |
| **Éx** | Éxodo |
| **Flp** | Filipenses |
| **Gál** | Gálatas |
| **Gn** | Génesis |
| **Heb** | Hebreos |
| **Hch** | Hechos de los Apóstoles |
| **Is** | Isaías |
| **Jr** | Jeremías |
| **Jos** | Josué |
| **Jn** | Juan |
| **1 Jn** | 1 Juan |
| **Lc** | Lucas |

---

[*] Además de las siglas de los libros de la Sagrada Escritura y de los documentos del Concilio Vaticano II citados en el texto de este Directorio, aparecen otras abreviaturas y las siglas de los documentos más frecuentemente citados en las notas. Para una visión completa de todos los documentos, véase el Índice de Documentos.

| | |
|---|---|
| **Mc** | Marcos |
| **Mt** | Mateo |
| **Os** | Oseas |
| **1 Pe** | 1 Pedro |
| **2 Pe** | 2 Pedro |
| **Prov** | Proverbios |
| **1 Re** | 1 Reyes |
| **Rom** | Romanos |
| **Sab** | Sabiduría |
| **Sof** | Sofonías |
| **1 Tim** | 1 Timoteo |
| **2 Tim** | 2 Timoteo |
| **1 Tes** | 1 Tesalonicenses |

## Documentos del Concilio Vaticano II

| | |
|---|---|
| **AA** | *Apostolicam actuositatem* |
| **AG** | *Ad gentes* |
| **CD** | *Christus Dominus* |
| **DV** | *Dei Verbum* |
| **GE** | *Gravissimum educationis* |
| **GS** | *Gaudium et spes* |
| **LG** | *Lumen gentium* |
| **NA** | *Nostra aetate* |
| **OE** | *Orientalium ecclesiarum* |
| **OT** | *Optatam totius* |
| **PO** | *Presbyterorum ordinis* |
| **SC** | *Sacrosanctum concilium* |
| **UR** | *Unitatis redintegratio* |

## Otras abreviaturas

| | |
|---|---|
| **AA** | *Acta Apostolicae Sedis* |
| **AL** | *Amoris laetitia* (Papa Francisco) |
| **ASS** | *Acta Sanctae Sedis* |

| | |
|---|---|
| **c.** | canon |
| **cc.** | cánones |
| **CEC** | Catecismo de la Iglesia Católica |
| **CCEO** | *Codex Canonum Ecclesiarum Orientalium* |
| **CCL** | *Corpus Christianorum - Series Latina* |
| **Cf.** | Confróntese |
| **ChV** | Christus Vivit (Papa Francisco) |
| **CIC** | Código de Derecho Canónico |
| **CT** | *Catechesi Tradendae* (Papa Juan Pablo II) |
| **DGC** | Directorio General de la Catequesis (1997) |
| **EG** | *Evangelii gaudium* (Papa Francisco) |
| **EN** | *Evangelii nuntiandi* (Papa Pablo VI) |
| **Id.** | Ídem |
| **n.** | número |
| **nn.** | números |
| **op. cit.** | obra citada |
| **PG** | Patrología griega (J. P. Migne) |
| **PL** | Patrología latina (J. P. Migne) |
| **RICA** | Ritual de la Iniciación Cristiana de Adultos |

# Introducción

**1.** La catequesis pertenece por derecho propio al gran proceso de renovación que la Iglesia está llamada a realizar para ser fiel al mandato de Jesucristo de anunciar siempre y en todas partes su Evangelio (Cf. *Mt* 28,19). En la tarea de la evangelización la catequesis participa, según su propia naturaleza para que la fe pueda ser alimentada constantemente y en consecuencia se traduzca en un estilo de vida que debe caracterizar la existencia del discípulo de Cristo. Por eso la catequesis se relaciona a la liturgia y a la caridad haciendo evidente la unidad profunda de la vida nueva que brota del Bautismo.

**2.** Siguiendo esa línea de renovación, el Papa Francisco, en la Exhortación Apostólica *Evangelii gaudium*, ha señalado algunas características propias de la catequesis que la vinculan estrechamente con el anuncio del Evangelio en el mundo de hoy.

La *catequesis kerigmática*[1], que toca el corazón mismo de la fe y contiene la esencia del mensaje cristiano, es una catequesis que hace presente la acción del Espíritu Santo y comunica el amor salvífico de Dios en Jesucristo que continúa entregándose para dar la plenitud de vida a cada persona. Las diversas formulaciones del *kerygma*, abiertas siempre a una mayor profundización, son también otras puertas importantes de entrada al misterio.

---

[1]    Cf. EG 164-165.

La *catequesis como iniciación mistagógica*[2] introduce al creyente en la experiencia viva de la comunidad cristiana, lugar auténtico de la vida de fe. Tal experiencia formativa es progresiva y dinámica, rica de signos y lenguajes, favorables para la integración de todas las dimensiones de la persona. Todo esto se refiere directamente a la conocida intuición, bien arraigada en la reflexión catequética y en la pastoral eclesial, de la inspiración catecumenal de la catequesis, que se hace cada vez más urgente recuperar.

**3.** A la luz de estas líneas que caracterizan la catequesis en clave misionera, se redescubre también la finalidad del proceso catequético. La comprensión actual de los dinamismos formativos de las personas plantea que la *unión íntima con Cristo*, objetivo final de la propuesta catequética señalado siempre por el Magisterio, no solo se debe ser presentada como un gran valor en sí, sino que debe realizarse con un proceso de acompañamiento[3]. En efecto, el complejo proceso de interiorización del Evangelio implica a toda la persona en su propia experiencia de vida. Solo una catequesis que se concentre en la *respuesta a la fe* que cada persona debe dar, puede centrar la finalidad indicada. Ése es el motivo por el cual el presente *Directorio* insiste en la importancia de que la catequesis acompañe la maduración de una *mentalidad de fe* con una dinámica de *transformación*, que en definitiva es una *acción espiritual*. Ésa sería la forma propia y necesaria de la *inculturación de la fe*.

**4.** Por tanto, al releer la naturaleza y del objetivo de la catequesis, este *Directorio* presenta algunas perspectivas que son fruto del discernimiento realizado en el contexto eclesial de las últimas décadas y que atraviesan todo el documento y constituyen su marco principal.

---

[2]    Cf. EG 166.

[3]    Cf. EG 169-173.

- Se reafirma la plena *confianza en el Espíritu Santo*, que está presente y actúa en la Iglesia, en el mundo y en el corazón de las personas. Esta convicción da a la tarea catequética una nota de alegría, de serenidad y de responsabilidad.

- El acto de fe nace del *amor que desea conocer cada vez más al Señor Jesús*, vivo en la Iglesia; por eso iniciar a los creyentes en la vida cristiana equivale a llevarlos al encuentro vivo con Él.

- La Iglesia, misterio de comunión, guiada por el Espíritu Santo, genera una vida nueva. Con esta mirada de fe se reafirma el *rol de la comunidad cristiana* como lugar propio de la generación y maduración de la vida cristiana.

- El proceso de la evangelización junto con el de la catequesis, constituyen una *acción espiritual*. Ello pide que los catequistas sean verdaderos «evangelizadores con Espíritu»[4] y fieles colaboradores de los pastores.

- Se reconoce el papel fundamental de los bautizados. En su dignidad propia de hijos de Dios, todos los creyentes son *sujetos activos* de la propuesta catequética, no son convidados pasivos o meros destinatarios de un servicio y, por tanto, están llamados a ser auténticos discípulos misioneros.

- Vivir el misterio de la fe en términos de relación con el Señor tiene implicaciones para el anuncio del Evangelio. Ello pide *superar toda contraposición entre contenido y método*, entre fe y vida.

**5.** El criterio que guía la redacción de este *Directorio para la catequesis* es el deseo de profundizar en la tarea de la cate-

---

[4] EG 259-283.

quesis como dinámica de la evangelización. La renovación teológica de la primera mitad del siglo pasado evidenció la necesidad de una comprensión misionera de la catequesis. El Concilio Vaticano II y el sucesivo Magisterio redescubrieron el lazo esencial entre evangelización y catequesis y lo han adaptado a los retos históricos. Por tanto, la Iglesia, que es «misionera por naturaleza» (AG 2), continúa dispuesta a realizar con confianza esta nueva etapa de la evangelización a la cual el Espíritu Santo la llama. Esto requiere el compromiso y la y la responsabilidad de buscar nuevos lenguajes para comunicar la fe. En este momento en el que cambian las formas de transmisión de la fe, la Iglesia se empeña en descifrar algunos signos de los tiempos con los que el Señor le muestra el camino que ha de seguir. Entre esos signos se pueden reconocer: la centralidad del creyente y su experiencia de vida; el papel relevante de las relaciones personales y los afectos, la búsqueda de sentido de lo verdadero; el redescubrimiento de aquello que es bello y eleva el espíritu. En estos y otros movimientos de la cultura contemporánea, la Iglesia descubre la posibilidad de un encuentro y de anunciar la novedad de la fe. Este es el punto básico de su *transformación misionera* que a la vez motiva la *conversión pastoral*.

**6.** Así como el *Directorio general para la catequesis* (1997) estaba en continuidad con el *Directorio Catequístico General* (1971), así también el presente *Directorio para la Catequesis* está en la misma línea de continuidad y desarrollo con los documentos anteriores. No se puede olvidar que la Iglesia ha vivido en las últimas dos décadas algunos acontecimientos muy importantes que, aunque con diferentes acentos, han sido eventos significativos para el camino eclesial y para una mayor comprensión del misterio de la fe y de la evangelización.

Vale la pena recordar, especialmente, el fecundo pontificado de San Juan Pablo II que con su Exhortación Apostólica

*Catechesi tradendae* (1979) dio un impulso renovador a la catequesis. Benedicto XVI confirmó la importancia de la catequesis en el proceso de la nueva evangelización y con su Carta Apostólica *Fides per doctrinam* (2013) dio una aplicación concreta de ese compromiso. Por último, el Papa Francisco, con su Exhortación Apostólica *Evangelii gaudium* (2013) subrayó el lazo inseparable entre evangelización y catequesis a la luz de la cultura del encuentro.

Otros acontecimientos importantes han marcado la renovación de la catequesis. Entre ellos no se puede olvidar el *Gran Jubileo del 2000*, el *Año de la fe* (2012-2013), el *Jubileo extraordinario de la Misericordia* (2015-2016) y los recientes Sínodos de los Obispos sobre algunos contenidos importantes para la vida de la Iglesia. Especial atención merecen el de *La Palabra de Dios en la vida y misión de la Iglesia* (2008); el de *La Nueva evangelización para la transmisión de la fe cristiana* (2012); el de *La Vocación y la misión de la familia en la Iglesia y en el mundo contemporáneo* (2015) y el de *Los jóvenes, la fe y el discernimiento vocacional* (2018). Por último, es necesario mencionar también la publicación del *Compendio del Catecismo de la Iglesia Católica* (2005), un instrumento sencillo y clave para el conocimiento de la fe.

**7.** El *Directorio para la catequesis* articula sus contenidos en una estructura renovada y sistemática. La organización de los temas busca ordenar las diversas y legítimas particularidades eclesiales. La *primera parte* (*La catequesis en la Misión Evangelizadora de la Iglesia*) plantea los cimientos de todo el camino de la fe. La Revelación de Dios y su transmisión en la Iglesia abren la reflexión sobre la dinámica de la evangelización en el mundo contemporáneo, asume el desafío de la conversión misionera que corresponde a la catequesis (*capítulo I*). La Revelación se aborda describiendo su naturaleza, su propósito, sus acciones y sus fuentes (*capítulo II*). Del catequista se presenta su identidad (*capítulo III*), su formación (*capítulo IV*), se hace visible y operativo el ministerio eclesial de la catequesis. En esta primera parte, además de actualizar las cuestiones de fondo, es importante señalar el capítulo sobre la formación que indica importantes perspectivas en orden a la renovación de la catequesis.

**8.** Con la *segunda parte* (*El proceso de la catequesis*) se entra ya en lo propio de la dinámica catequética. En primer lugar, está el paradigma de referencia que es la pedagogía de Dios en la historia de la salvación, ese modelo inspira la pedagogía de la Iglesia y la catequesis como acción educativa (*capítulo V*). A la luz de ese punto referencial, los criterios teológicos para el anuncio del mensaje evangélico son reorganizados y se adaptan a las necesidades de la cultura contemporánea. Además, el Catecismo de la Iglesia Católica se presenta aquí en todo su significado teológico-catequético (*capítulo VI*). El *capítulo VII* presenta algunas cuestiones sobre el método de la catequesis con referencia, entre otras cosas, al tema de los diversos lenguajes. La segunda parte se cierra con la presentación de la catequesis y los diversos interlocutores (*capítulo VIII*). Sabiendo que las condiciones culturales del mundo de hoy son muy diversas y que además son necesarias otras investigaciones a nivel local, se ha querido ofrecer un análisis de las características generales de esta amplia temática, tomando nota de los ecos de los Sínodos sobre la Familia y los Jóvenes. Por último, el *Directorio* invita a las Iglesias particulares a prestar atención a la catequesis con las personas en situación de discapacidad, con los migrantes y emigrantes y con los privados de libertad.

**9.** La *tercera parte* (*La catequesis en las Iglesias particulares*) muestra cómo el ministerio de la Palabra de Dios toma cuerpo en lo concreto de la vida eclesial. Las Iglesias particulares, con todas sus instancias, hacen presente la tarea de anunciar el Evangelio a los diversos contextos en los que viven (*capítulo IX*). En esta parte, se reconoce la identidad de las Iglesias Orientales, que tienen una tradición catequética propia. Cada comunidad cristiana está invitada a confrontarse con la complejidad del mundo de hoy que confluyen diversos elementos (*capítulo X*). Diferentes contextos geográficos, escenarios religiosos, tendencias culturales que, aunque no afectan directamente la catequesis eclesial, conforman la identidad de la persona de hoy, a la cual la Iglesia quiere servir, eso pide un verdadero discernimiento en aras de la propuesta catequética. Vale la pena señalar la necesidad de reflexionar sobre la cultura digital y sobre algunos temas de bioética que pertenecen al gran debate de nuestros años. El *capítulo XI*, volviendo a la acción de la Iglesia particular, señala la naturaleza y los criterios teológicos de la inculturación de la fe que deben reflejarse en la redacción de los catecismos locales. El *Directorio* se cierra con la presentación de los organismos, que en niveles diversos están al servicio de la catequesis (*capítulo XII*).

**10.** El nuevo *Directorio para la catequesis* ofrece los principios teológico-pastorales fundamentales y algunas orientaciones generales que son relevantes para la praxis de la catequesis en nuestro tiempo. Sin duda que las aplicaciones e indicaciones operativas son tarea propia de las Iglesias particulares, llamadas a realizar en su propia sede los principios generales que aquí se trazan y que deben ser aplicados en su propio contexto eclesial. Así, este *Directorio* es ante todo un instrumento para la elaboración del directorio nacional o local, emanado de la autoridad competente y capaz de traducir las indicaciones generales en el lenguaje de las respectivas comunidades eclesiales. El presente *Directorio*, está al servicio de los Obispos, de las Conferencias Episcopales y de los organismos pastorales y académicos comprometidos en la catequesis y en la evangelización. Los catequistas podrán encontrar aquí una inspiración para su ministerio cotidiano que ayude al crecimiento de la fe de sus hermanos.

## Primera parte

# La catequesis en la misión evangelizadora de la Iglesia

# Capítulo I

# La revelación y su transmisión

## 1. JESUCRISTO, REVELADOR Y REVELACIÓN DEL PADRE

### La revelación del plan providente de Dios

**11.** Todo lo que la Iglesia es, todo lo que hace la Iglesia, encuentra su fundamento último en el hecho de que Dios, en su bondad y sabiduría quiso revelar el misterio de su voluntad comunicándose a las personas. San Pablo describe este misterio con estas palabras: «Él nos eligió en Cristo, antes de la creación del mundo, para que fuéramos santos e irreprochables en su presencia por el amor. Él nos ha destinado por medio de Jesucristo a ser sus hijos por adopción, conforme al beneplácito de su voluntad» (*Ef* 1, 4-5). Desde el comienzo de la creación, Dios nunca ha dejado de comunicar al hombre este plan de salvación y de mostrarle los signos de su amor; e incluso «Si el hombre puede olvidar o rechazar a Dios, Dios no cesa de llamar a todo hombre a buscarle para que viva y encuentre la dicha»[1].

**12.** Dios manifiesta y realiza su designio de una manera nueva y definitiva en la persona del Hijo, enviado en nuestra carne, mediante el cual los hombres «tienen acceso al Padre en el Espíritu Santo y se hacen consortes de la naturaleza

---

[1]    CEC 30.

divina» (DV 2). La Revelación es iniciativa del amor de Dios y está orientada a la comunión: «En consecuencia, por esta revelación, Dios invisible (Cf. *Col* 1,15; *1 Tim* 1,17), habla a los hombres como amigos, movido por su gran amor (Cf. *Éx* 33,11; *Jn* 15, 14-15) y mora con ellos (Cf. *Bar* 3,38) para invitarlos a la comunicación consigo» (DV 2). La economía de la Revelación «se realiza con hechos y palabras intrínsecamente conexos entre sí, de forma que las obras realizadas por Dios en la historia de la salvación manifiestan y confirman la doctrina y los hechos significados por las palabras, y las palabras, por su parte, proclaman las obras y esclarecen el misterio contenido en ellas» (DV 2). Viviendo como hombre entre los hombres, Jesús no sólo muestra los planes de Dios, sino que lleva a cumplimiento la obra de salvación. En efecto,

> Jesucristo —ver al cual es ver al Padre— (Cf. *Jn* 14,9), con su total presencia y manifestación personal, con palabras y obras, señales y milagros, y, sobre todo, con su muerte y resurrección gloriosa de entre los muertos; finalmente, con el envío del Espíritu de verdad, completa la revelación y confirma con el testimonio divino que vive en Dios con nosotros para librarnos de las tinieblas del pecado y de la muerte y resucitarnos a la vida eterna (DV 4).

**13.** Dios ha revelado su amor y desde lo más profundo del designio divino surge la novedad del anuncio cristiano, «la posibilidad de decir a todos los pueblos: "Él se ha revelado. Él personalmente. Y ahora está abierto el camino hacia Él"»[2]. Precisamente porque abre una nueva vida —vida sin pecado, vida de hijos, vida en abundancia, vida eterna— este anuncio es hermoso: «El perdón de los pecados, la justicia, la santificación, la redención, la adopción de hijos de Dios, la herencia

---

2    BENEDICTO XVI, Exhortación Apostólica Postsinodal *Verbum Domini* (septiembre 30 de 2010), 92.

del cielo, la familiaridad con el Hijo de Dios. ¿Qué noticia más bella que ésta? Dios en la tierra y el hombre en el cielo»[3].

**14.** El anuncio cristiano comunica el plan divino, que es:

- un misterio de amor: las personas, amadas por Dios, están llamadas a responderle, convirtiéndose en signos de amor para sus hermanos;

- la revelación de la verdad íntima de Dios como Trinidad y de la vocación de la persona a una vida filial en Cristo, fuente de su dignidad;

- la ofrenda de salvación a todos los seres humanos, a través del misterio pascual de Jesucristo, don de la gracia y de la misericordia de Dios, que conlleva la liberación del mal, del pecado y de la muerte;

- la llamada definitiva a reunir a la humanidad dispersa en la Iglesia, realizando la comunión con Dios y la unión fraterna entre todas las personas en este presente, pero plenamente lograda al final de los tiempos.

## Jesús anuncia el Evangelio de la salvación

**15.** Al comienzo de su ministerio, Jesús anuncia la venida del Reino de Dios, acompañándolo con señales; «proclama que ha sido enviado a anunciar a los pobres la buena noticia (Cf. *Lc* 4,18), dando a entender, y confirmándolo después con su vida, que el Reino de Dios está destinado a todos los hombres»[4], empezando por los más pobres y pecadores, invitando a la conversión (Cf. *Mc* 1,15). Él inaugura y anuncia el Reino de Dios para cada persona. Jesucristo, con su vida, es la plenitud de la Revelación: es la manifestación plena de la miseri-

---

[3]     JUAN CRISÓSTOMO, *In Matheum*, homilía 1,2: PG 57,15.
[4]     DGC 163.

cordia de Dios y, al mismo tiempo, de la llamada al amor que está en el corazón de la persona «Él nos revela que "Dios es amor" (*1 Jn* 4,8) y además nos enseña que la ley fundamental de la perfección humana, y, por tanto, de la transformación del mundo, es el nuevo mandamiento el amor» (GS 38). Entrar en comunión con Él y seguirlo da plenitud y verdad a la vida humana: «El que sigue a Cristo, Hombre perfecto, se perfecciona cada vez más en su propia dignidad de hombre» (GS 41).

**16.** El Señor, después de su muerte y resurrección dio el Espíritu Santo para cumplir la obra de la salvación y envió a los discípulos a continuar su misión en el mundo. Del mandato misionero del Resucitado brotan los verbos de la evangelización, unidos estrechamente entre sí: «proclamen» (*Mc* 16,15), «hagan discípulos, bautizándolos y enseñándoles» (Cf. *Mt* 28, 19-20), «sean mis testigos» (*Hch* 1,8), «hagan esto en memoria mía» (*Lc* 22, 19), «ámense los unos a los otros» (*Jn* 15, 12). Así se configuran las líneas de una dinámica del anuncio, en la que se combinan estrechamente el reconocimiento de la acción de Dios en el interior de cada persona, el primado del Espíritu Santo y la apertura universal a todo hombre. Por lo tanto, la evangelización es una realidad «rica, compleja y dinámica»[5], y en su desarrollo incorpora diferentes posibilidades: testimonio y anuncio, palabra y sacramento, cambio interior y transformación social. Todas estas acciones se complementan y se enriquecen mutuamente. La Iglesia continúa realizando esta tarea con una inmensa variedad de experiencias de anuncio, siempre dócil al Espíritu Santo.

## 2. LA FE EN JESUCRISTO: RESPUESTA A DIOS QUE SE REVELA

**17.** Toda persona, movida por el deseo interior que habita en su corazón, mediante la búsqueda sincera del sentido pro-

---

[5]    EN 17

pio de su existencia, se encuentra a sí misma en Cristo; en la familiaridad con Él experimenta que camina por senderos verdaderos. La Palabra de Dios manifiesta la naturaleza relacional de cada persona y su vocación filial, llamada a configurarse con Cristo: «Nos has creado para ti, y nuestro corazón está inquieto hasta que descanse en ti»[6]. Cuando la persona es tocada por Dios, está llamada también a responder con la obediencia de la fe y a entregarse con pleno consentimiento de la razón y de la voluntad, acogiendo con libertad «la buena noticia de la gracia de Dios» (*Hch* 20,24). Por lo tanto, el creyente «ve colmadas sus aspiraciones más hondas: encuentra lo que siempre buscó y además de manera sobreabundante»[7].

**18.** La fe cristiana es, ante todo, acogida del amor de Dios revelado en Jesucristo, adhesión sincera a su persona y decisión libre de seguirlo. Este sí a Jesucristo implica dos dimensiones: el abandono confiado en Dios (*fides qua*) y la aceptación amorosa a todo lo que Él nos ha revelado (*fides quae*). En efecto,

> la importancia de la relación personal con Jesús mediante la fe queda reflejada en los diversos usos que hace san Juan del verbo *credere*. Junto a "creer que" es verdad lo que Jesús nos dice (Cf. *Jn* 14,10; 20,31), san Juan usa también las locuciones "creer a" Jesús y "creer en" Jesús. "Creemos a" Jesús cuando aceptamos su Palabra, su testimonio, porque él es veraz (Cf. *Jn* 6,30). "Creemos en" Jesús cuando lo acogemos personalmente en nuestra vida y nos confiamos a él, uniéndonos a él mediante el amor y siguiéndolo a lo largo del camino (Cf. *Jn* 2,11; 6,47; 12,44)[8],

---

[6]    AGUSTÍN DE HIPONA, *Confessiones* 1, 1, 1: CCL 27, 1 (PL 32, 661)

[7]    DGC 55.

[8]    FRANCISCO, Carta encíclica *Lumen Fidei* (junio 29 de 2013) n. 18; Cf. TOMÁS DE AQUINO, Suma teológica, II-II, q. 2, a. 2.

en un itinerario dinámico que dura toda la vida. El creer comprende pues, una doble referencia: «a la persona y a la verdad; a la verdad por confianza en la persona que la atestigua»[9] y a la persona porque ella misma es la verdad auténtica. Es pues una adhesión del corazón, de la mente y de la acción.

**19.** La fe es un don de Dios y una virtud sobrenatural, que puede nacer en lo íntimo como fruto de la gracia y como respuesta libre al Espíritu Santo, que mueve el corazón a la conversión y lo dirige a Dios, dándole «suavidad en el aceptar y creer la verdad» (DV 5). Guiado por la fe, la persona alcanza a contemplar y saborear a Dios como amor (Cf. *1 Jn* 4, 7-16). La fe como aceptación personal del don de Dios, no es irracional ni ciega, «la luz de la razón y la luz de la fe proceden ambas de Dios; por tanto, no pueden contradecirse entre sí»[10]. La fe y la razón, en efecto, son complementarias entre sí: mientras la razón no permite a la fe caer en el fideísmo o fundamentalismo, «solo la fe permite penetrar en el misterio, favoreciendo su comprensión coherente»[11].

**20.** La fe implica una profunda transformación existencial realizada por el Espíritu Santo, una *metanoia* que «se manifiesta en todos los niveles de la existencia del cristiano: en su vida interior de adoración y acogida de la voluntad divina; en su participación activa en la misión de la Iglesia; en su vida matrimonial y familiar; en el ejercicio de la vida profesional; en el desempeño de las actividades económicas y sociales»[12]. El creyente, aceptando el don de la fe, «es transformado en una creatura nueva, recibe un nuevo ser, un ser filial que se hace hijo en el Hijo»[13].

---

[9]    CEC 177.

[10]   JUAN PABLO II, Carta encíclica *Fides et ratio* (septiembre 14, 1988), 43.

[11]   *Ibíd.*, 13.

[12]   DGC 55.

[13]   FRANCISCO, Carta encíclica *Lumen Fidei* (junio 29 de 2013), 19.

**21.** La fe es ciertamente un acto personal pero no es una elección individual y privada; tiene un carácter relacional y comunitario. El cristiano nace del seno materno de la Iglesia; su fe es una participación en la fe eclesial que siempre lo precede. En efecto, el acto personal de la fe representa la respuesta a la memoria viva de un acontecimiento que la Iglesia le ha transmitido. Por tanto, la fe del discípulo de Cristo es un comienzo, sostenido y transmitido sólo por la comunión de la fe eclesial, allí donde «el yo creo» del Bautismo se une con «el nosotros creemos» de toda la Iglesia[14]. Por lo tanto, cada creyente se une, pues, a la comunidad de los discípulos y hace suya la fe de la Iglesia. Con la Iglesia, pueblo de Dios en el camino de esta historia y sacramento universal de salvación participa así de su misión.

## 3. LA TRANSMISIÓN DE LA REVELACIÓN EN LA FE DE LA IGLESIA

**22.** La revelación es para toda la humanidad: «[Dios] quiere que todos se salven y lleguen al conocimiento de la verdad» (*1 Tim* 2,4). Por esta voluntad salvífica universal, "Dispuso Dios benignamente que todo lo que había revelado para la salvación de los hombres permaneciera íntegro para siempre y se fuera transmitiendo a todas las generaciones» (DV 7). Así pues, Jesucristo instituyó la Iglesia sobre el fundamento de los Apóstoles. Ella realiza en la historia la misma misión que Jesús recibió del Padre. La Iglesias es inseparable de la misión del Hijo (Cf. AG 3) y de la misión del Espíritu Santo (Cf. AG 4) porque constituyen un solo plan de salvación.

**23.** El Espíritu Santo, verdadero protagonista de toda la misión eclesial, actúa tanto en la Iglesia como en aquellos a

---

[14]    CEC 166-167.

los que ella acoge ya que Dios obra en el corazón de cada persona. El Espíritu Santo continúa fecundando a la Iglesia que vive de la Palabra de Dios y la hace crecer siempre en la comprensión del Evangelio, enviándola y sosteniéndola en la obra evangelizadora el mundo. El mismo Espíritu, desde el interior de la humanidad, siembra la semilla de la Palabra; despierta el deseo de obrar bien; prepara la recepción del Evangelio y concede la fe, para que, a través del testimonio de la Iglesia, las personas puedan reconocer la presencia y la comunicación amorosa de Dios. La Iglesia recibe con obediencia y gratitud esta acción misteriosa del Espíritu; actúa como su instrumento vivo y dócil para guiar hacia la verdad plena (Cf. *Jn* 16,13) enriqueciéndose a sí misma en el encuentro con aquellos a los que entrega el Evangelio.

**24.** Los Apóstoles, fieles al mandato divino, con las obras y el testimonio, con la predicación oral y los escritos inspirados por el Espíritu Santo, transmitieron todo lo que recibieron «para que el Evangelio se conservara constantemente íntegro y vivo en la Iglesia, los Apóstoles dejaron como sucesores suyos a los Obispos, "entregándoles su propio cargo del magisterio"» (DV 7). Esta tradición apostólica «progresa en la Iglesia con la asistencia del Espíritu Santo: puesto que va creciendo en la comprensión de las cosas y de las palabras transmitidas, ya por la contemplación y el estudio de los creyentes, que las meditan en su corazón (Cf. *Lc* 2,19.51); ya por la percepción íntima que experimentan de las cosas espirituales, ya por el anuncio» (DV 8).

**25.** La transmisión del Evangelio según el mandato del Señor se realizó de dos maneras: «con la transmisión viva de la Palabra de Dios (también llamada simplemente Tradición) y

---

[15]   COMPENDIO DEL CATECISMO DE LA IGLESIA CATÓLICA, 13.

con la Sagrada Escritura, que es el mismo anuncio de la salvación puesto por escrito»[15]. Por esto, la Tradición y la Sagrada Escritura están estrechamente unidas y relacionadas y ambas proceden de la misma fuente, la Revelación de Jesucristo. También las dos en la Iglesia hacen presente y fecundo todo el misterio de Cristo.

**26.** La Tradición no es un mero conjunto de doctrinas, sino una experiencia de fe que cada día se renueva. Ella crece, «se consolida con los años, se desarrolla con el tiempo, se profundiza con la edad»[16]. El Magisterio de la Iglesia, sostenido por el Espíritu Santo y dotado del carisma de la verdad, ejerce su oficio de interpretar auténticamente la Palabra de Dios, a la cual siempre sirve. El Magisterio, pues, cumple la tarea de guardar íntegramente la Revelación, la Palabra de Dios contenida en la Tradición y la Sagrada Escritura y asegura su continua transmisión. Este Magisterio vivo no está sobre la Palabra de Dios, sino que la sirve, enseñando solamente lo que le ha sido confiado (Cf. DV 10).

**27.** «En definitiva, mediante la obra del Espíritu Santo y bajo la guía del Magisterio, la Iglesia transmite a todas las generaciones cuanto ha sido revelado en Cristo. La Iglesia vive con la certeza de que su Señor, que habló en el pasado, no cesa de comunicar hoy su Palabra en la Tradición viva de la Iglesia y en la Sagrada Escritura. En efecto, la Palabra de Dios se nos da en la Sagrada Escritura como testimonio inspirado de la revelación que, junto con la Tradición viva de la Iglesia, es la regla suprema de la fe»[17] y la fuente principal de la evangelización. Todas las demás fuentes están al servicio de la Palabra de Dios.

---

[16]  VICENTE DE LERINS, *Commonitorium primum*, 23,9: CCL 64, 178 (PL 50, 668).

[17]  BENEDICTO XVI, Exhortación Apostólica Postsinodal *Verbum Domini* (septiembre 30 de 2010), 18.

## Revelación y Evangelización

**28.** La Iglesia, sacramento universal de salvación, dócil a las indicaciones del Espíritu Santo, escuchando la Revelación, la transmite y apoya la respuesta de la fe; «en su doctrina, en su vida y en su culto perpetúa y transmite a todas las generaciones todo lo que ella es, todo lo que cree» (DV 8). Por esta razón, el mandato de evangelizar a todo el mundo constituye su misión esencial. «Evangelizar constituye, en efecto, la dicha y vocación propia de la Iglesia, su identidad más profunda. Ella existe para evangelizar»[18]. Además, en esta su misión

> la Iglesia comienza por evangelizarse a sí misma. Comunidad de creyentes, comunidad de esperanza vivida y comunicada, comunidad de amor fraterno, tiene necesidad de escuchar sin cesar lo que debe creer, las razones para esperar, el mandamiento nuevo del amor. [...] esto quiere decir que la Iglesia siempre tiene necesidad de ser evangelizada, si quiere conservar su frescor, su impulso y su fuerza para anunciar el Evangelio[19].

**29.** Evangelizar no es, en primer lugar, llevar una doctrina; es, ante todo, hacer presente y anunciar a Jesucristo. La misión evangelizadora de la Iglesia expresa de la mejor manera la economía de la Revelación; en efecto, el Hijo de Dios se encarna, entra en la historia y se hace hombre entre los hombres. La evangelización concretiza esta continua presencia de Cristo, de modo que aquellos que se acercan a la Iglesia puedan encontrar en Cristo el camino «para salvar la propia vida» (*Mt* 16,25) y abrirse a un nuevo horizonte.

**30.** La evangelización tiene como fin último la plenitud de la vida humana. El Occidente cristiano al presentar esta ense-

---

[18] EN 14.

[19] EN 15.

ñanza utilizó el concepto de *salvación*, mientras que el Oriente cristiano prefirió hablar de *divinización*. ¿Por qué Dios se ha hecho hombre? «Para salvarnos», dice y repite Occidente[20]. «Para que el hombre llegue a ser Dios», afirma el Oriente[21]. En realidad, las dos expresiones son complementarias: Dios se ha hecho hombre para que el hombre llegue a ser como Dios lo ha querido y creado, es decir, para que sea a imagen del Hijo, hombre salvado del mal y de la muerte, para participar de la misma naturaleza divina. Los creyentes pueden experimentar ya aquí y ahora esta salvación, sin embargo, ella encontrará su plenitud en la resurrección.

## El proceso de la evangelización

**31.** La evangelización es un proceso, por el que la Iglesia, movida por el Espíritu Santo anuncia el Evangelio que se difunde por todo el mundo. En el proceso de la evangelización[22], la Iglesia:

- impulsada por la *caridad*, impregna y transforma todo el orden temporal, asumiendo las culturas y ofreciendo la luz del Evangelio para que se renueven desde dentro;

- se acerca a todos, solidarizándose, compartiendo, dialogando, dando *testimonio* de la novedad de vida de los cristianos, para que cuantos la encuentran lleguen a interrogarse sobre el sentido de la existencia y sobre las razones de ser de esa fraternidad y esperanza;

- proclama abiertamente el Evangelio mediante el *primer anuncio*, llamando a la *conversión*;

---

[20]    Cf. por ejemplo, ANSELMO DE AOSTA, *Cur Deus homo*, 2, 18: PL 158,425: «Dios se hizo hombre para salvar al hombre».

[21]    GREGORIO DE NIZA, *Oratio catechetica*, 37: *Gregorii Nysseni Oper* 3/4, 97-98 (45,97): «Dios en su manifestarse se ha unido a la naturaleza mortal para que la humanidad fuera divinizada junto a él con la participación en la divinidad».

[22]    Cf. DGC 48.

- inicia en la fe y en la vida cristiana, mediante el *itinerario catecumenal* (catequesis, sacramentos, ejercicio de la caridad, experiencia fraterna) a los que se convierten a Jesucristo, o a los que retoman el camino de su seguimiento, incorporando a unos y reconduciendo a otros a la comunidad cristiana;

- mediante una educación permanente de la fe, la celebración de los sacramentos y el ejercicio de la caridad alimentan en los fieles el don de la *comunión* y despiertan la *misión*, enviando a todos los discípulos de Cristo a anunciar el Evangelio con obras y palabras.

**32.** La evangelización comprende varias etapas y momentos que pueden repetirse si es necesario, con el fin de dar el alimento evangélico más adecuado al crecimiento espiritual de cada persona o comunidad. Debe tenerse en cuenta que esos momentos no son solamente etapas sucesivas, una después de otra, sino, ante todo, dimensiones de un proceso.

**33.** La *acción misionera* es el primer momento de la evangelización.

a. El *testimonio*[23] implica la apertura del corazón, la capacidad de diálogo, las relaciones recíprocas, la disponibilidad para reconocer los signos del bien y la presencia de Dios en las personas que se encuentran. En efecto, Dios sale al encuentro desde el corazón mismo a las personas que se quiere entregar el Evangelio: Él llega siempre primero. El reconocimiento del primado de la gracia es fundamental en la evangelización desde el comienzo. Por lo tanto, los discípulos de Jesús, compartiendo la vida con todos, dan testimonio incluso sin palabras de la alegría del Evangelio

---

[23] EN 21.

que siempre plantea preguntas. El testimonio, que también se expresa como un diálogo respetuoso, se hace anuncio en el momento oportuno.

b. La *disposición a la fe y a la conversión inicial* tiene como objetivo despertar el interés por el Evangelio a través del *primer anuncio*. El Espíritu Santo se sirve de esa disposición para tocar misteriosamente el corazón de las personas: buscadoras de Dios, no creyentes, indiferentes, miembros de otras religiones, personas con un conocimiento distorsionado o superficial de la fe, cristianos de fe débil o que se han alejado de la Iglesia. El interés despertado, sin ser todavía una decisión estable, crea las disposiciones para la aceptación de la fe. «Ese primer movimiento del espíritu humano en dirección a la fe, que ya es fruto de la gracia, recibe varios nombres: atracción a la fe, preparación evangélica, inclinación a creer, búsqueda religiosa. La Iglesia denomina *simpatizantes* a los que muestran esta inquietud»[24].

c. El *tiempo de búsqueda y de maduración*[25] es necesario para transformar el primer interés por el Evangelio en una elección consciente. La comunidad cristiana, de acuerdo con la obra del Espíritu Santo, recibe con satisfacción la petición de los que buscan al Señor y durante un periodo necesario, por medio de los que ella nombra, realiza una primera forma de evangelización y discernimiento, a través del acompañamiento y el anuncio del *kerygma*. Este tiempo, llamado también precatecumenado[26] en el itinerario de la iniciación cristiana, es importante para la recepción del anuncio y para una respuesta y conversión inicial.

---

[24]  DGC 56a; Cf. también RICA, 12 y 111.

[25]  Cf. DGC 56b.

[26]  Cf. RICA, 7. 9-13.

De hecho, ya lleva consigo el deseo de alejarse del pecado y de seguir los pasos de Cristo.

**34.** La *acción catequística-iniciática* está al servicio de la *profesión de fe*. Aquellos que ya han encontrado a Jesucristo sienten un creciente deseo de conocerlo más íntimamente, manifestando así una primera elección por el Evangelio. En la comunidad cristiana, la catequesis junto con los ritos litúrgicos, las obras de caridad y la experiencia fraterna, «comienza con el conocimiento de la fe y con el aprendizaje de la vida cristiana, fomentando un camino espiritual que provoca un "cambio progresivo de sentimientos y costumbres" (AG 13), que trae sin duda «renuncias y luchas, pero también alegrías que Dios concede sin medida»[27]. El discípulo de Jesucristo estará entonces, preparado para la profesión de fe, cuando a través de la celebración de los sacramentos de iniciación quede injertado en Cristo. Esta etapa corresponde al tiempo del catecumenado que es denominado como *purificación e iluminación* en esa iniciación cristiana[28].

**35.** La *acción pastoral* alimenta la fe de los bautizados y los ayuda en el proceso permanente de conversión a la vida cristiana. En la Iglesia «los bautizados, movidos siempre por el Espíritu, alimentados por los sacramentos, la oración, el ejercicio de la caridad y ayudados por las diversas formas de educación permanente de la fe, procuran hacer suyo el deseo de Cristo "sean perfectos, como su Padre celestial es perfecto" (*Mt* 5,48)»[29]. Esta es la llamada a la santidad para entrar en la vida eterna. El comienzo de este paso corresponde al tiempo de la *mistagogía* en el itinerario de la iniciación cristiana[30].

---

[27]   DGC 56c.

[28]   Cf. RICA 7. 14-36.

[29]   DGC 56d.

[30]   Cf. RICA 7. 37-40.

**36.** Durante este proceso de evangelización, se realiza el *ministerio de la Palabra de Dios*, para que el mensaje evangélico llegue a todos. Este ministerio o servicio de la Palabra (Cf. *Hch* 6,4) transmite la Revelación: Dios, «que habla por medio de hombres a la manera humana» (DV 12), se sirve de la palabra de la Iglesia. Por medio de la Iglesia, el Espíritu Santo llega a toda la humanidad; Él es aquel por el cual «la voz del Evangelio resuena viva en la Iglesia, y por ella en el mundo» (DV 8).

**37.** Puesto que «no hay evangelización verdadera, mientras no se anuncie el nombre, la doctrina, la vida, las promesas, el reino, el misterio de Jesús de Nazaret Hijo de Dios»[31], la Iglesia, desde la era apostólica, en su deseo de difundir la Palabra de Dios entre los no creyentes y de ofrecer a todos una comprensión más profunda de esa Palabra, se ha servido de muchos *modos* para que dicho ministerio fuera efectivo, de especial mención son:

- el primer anuncio;
- las distintas maneras de hacer catequesis;
- la homilía y la predicación;
- la lectura orante, también en la forma de *lectio divina*;
- la piedad popular;
- el apostolado bíblico;
- la enseñanza de la teología;
- la enseñanza escolar de la religión;
- estudios y encuentros que relacionan la Palabra de Dios y la cultura contemporánea incluso en un espacio interreligioso e intercultural.

---

[31] EN 22.

## 4. LA EVANGELIZACIÓN EN EL MUNDO CONTEMPORÁNEO

### Una nueva etapa evangelizadora

**38.** La Iglesia se sitúa «en una nueva etapa evangelizadora»[32] porque incluso en este cambio de época el Señor resucitado sigue haciendo nuevas todas las cosas (Cf. *Ap* 21,5). Nuestro mundo es complejo, atravesado por profundos cambios, incluso en Iglesias de tradición antigua se dan fenómenos de abandono de la fe eclesial. El propio camino de la Iglesia está marcado por dificultades y exigencias de renovación espiritual, moral y pastoral. Sin embargo, el Espíritu Santo sigue despertando en las personas la sed de Dios y, en la Iglesia, un nuevo fervor, nuevos métodos y nuevas expresiones para anunciar la buena nueva de Jesucristo.

**39.** El Espíritu Santo es el alma de la Iglesia evangelizadora. Por esta razón, la llamada a una *nueva evangelización*[33], no coincide tanto con una dimensión temporal, sino con hacer que todos los momentos del proceso de evangelización estén más abiertos a la acción renovadora del Espíritu del Resucitado. Los desafíos que los nuevos tiempos lanzan a la Iglesia pueden afrontarse en primer lugar con un dinamismo de renovación; y, del mismo modo, esa actitud es posible manteniendo una fuerte confianza en el Espíritu Santo: «No hay mayor libertad que la de dejarse llevar por el Espíritu, renunciar a calcularlo y controlarlo todo, y permitir que Él nos ilumine, nos guíe, nos oriente, nos impulse hacia donde Él quiera. Él sabe bien lo que hace falta en cada época y en cada momento»[34].

---

[32]    EG 1.17.

[33]    Cf. EN 2; JUAN PABLO II, *Homilía durante la Misa en el Santuario de la Santa Cruz* (junio 9 de 1979); ID., Exhortación apostólica *Christifideles laici* (diciembre 30 de 1988), 34; PONTIFICIO CONSEJO PARA LA PROMOCIÓN DE LA NUEVA EVANGELIZACIÓN, *Enchiridion della nuova evangelizzazione. Testi del Magistero pontificio e conciliare 1939-2012* (2012); EG 14-18.

[34]    EG 280.

**40.** En particular, la espiritualidad de la nueva evangelización se realiza hoy por una *conversión pastoral*, mediante la cual la Iglesia es invitada a *realizarse en salida*, siguiendo un dinamismo que atraviesa toda la Revelación y situándose en un *estado permanente de misión*[35]. Este impulso misionero también lleva a una verdadera *reforma de las estructuras* y dinámicas eclesiásticas, para que todas se vuelvan más misioneras, es decir, capaces de vivir con audacia y creatividad tanto en el panorama cultural y religioso como en el ámbito de toda persona. Cada bautizado, como «discípulo misionero»[36] es sujeto activo de esta misión eclesial.

**41.** Esta nueva etapa de evangelización abarca toda la vida de la Iglesia y se realiza fundamentalmente en tres ámbitos:

a. En primer lugar, está el ámbito de la *pastoral ordinaria*, que se realiza en «comunidades cristianas con estructuras eclesiales adecuadas y sólidas; tienen un gran fervor de fe y de vida; irradian el testimonio del Evangelio en su ambiente y sienten el compromiso de la misión universal»[37]. «También se incluyen en este ámbito los fieles que conservan una fe católica intensa y sincera, expresándola de diversas maneras, aunque no participen frecuentemente del culto. Esta pastoral se orienta al crecimiento de los creyentes, de manera que respondan cada vez mejor y con toda su vida al amor de Dios»[38].

b. En segundo lugar, está «el ámbito de *"las personas bautizadas que no viven las exigencias del Bautismo"*, no tienen una pertenencia cordial a la Iglesia y ya no experimentan

---

[35]  Cf. EG 20-33.

[36]  EG 120; Cf. también V CONFERENCIA DEL EPISCOPADO LATINOAMERICANO, *Documento de Aparecida* (mayo 30 de 2007), 129-346.

[37]  JUAN PABLO II, Carta encíclica *Redemptoris misio* (diciembre 7 de 1990), 33.

[38]  EG 14.

el consuelo de la fe»[39]. En este grupo, sin embargo, hay muchos que han concluido el itinerario de iniciación cristiana y ya han participado en las catequesis o en la educación religiosa de la escuela, por lo cual «además de los métodos pastorales tradicionales, siempre válidos, la Iglesia intenta utilizar también métodos nuevos, usando asimismo nuevos lenguajes, apropiados a las diferentes culturas del mundo, proponiendo la verdad de Cristo con una actitud de diálogo y de amistad»[40].

c.  En tercer lugar, está el ámbito de

> *quienes no conocen a Jesucristo o siempre lo han rechazado*. Muchos de ellos buscan a Dios secretamente, movidos por la nostalgia de su rostro, aun en países de antigua tradición cristiana. Todos tienen el derecho de recibir el Evangelio. Los cristianos tienen el deber de anunciarlo sin excluir a nadie, no como quien impone una nueva obligación, sino como quien comparte una alegría, señala un horizonte bello, ofrece un banquete deseable. La Iglesia no crece por proselitismo sino "por atracción"[41].

Este impulso misionero espontáneo debe ser apoyado por una verdadera *pastoral del primer anuncio*, capaz de tomar iniciativas para proponer explícitamente la buena nueva de la fe, manifestando concretamente la fuerza de la misericordia, corazón mismo del Evangelio, y promoviendo la inclusión de los que se convierten a la comunidad eclesial.

---

[39]  EG 14.

[40]  BENEDICTO XVI, *Homilía en la conclusión de la XIII Asamblea General Ordinaria del Sínodo de los Obispos* (octubre 28 de 2012).

[41]  EG 14; Cf. también BENEDICTO XVI, *Homilía en la Santa Misa de inauguración de la V Conferencia General del Episcopado Latinoamericano y del Caribe* (mayo 13 de 2007).

## Evangelización de las culturas e inculturación de la fe

**42.** Para estar al servicio de la Revelación, la Iglesia está llamada a mirar la historia con los mismos ojos de Dios para reconocer la acción del Espíritu Santo que, soplando donde quiere (Cf. *Jn* 3,8), «suscita en la experiencia humana universal, a pesar de sus múltiples contradicciones, signos de su presencia, que ayudan a los mismos discípulos de Cristo a comprender más profundamente el mensaje del que son portadores»[42]. De esa manera la Iglesia reconoce los *signos de los tiempos* (Cf. GS 4) en el corazón de toda persona y cultura, en todo lo que es auténticamente humano y lo promueve. «Al discernir en los acontecimientos, exigencias y deseos, de los cuales participa juntamente con sus contemporáneos, los signos verdaderos de la presencia o de los planes de Dios» (GS 11), la Iglesia reconoce que no sólo ha dado, sino que también «ha recibido muchos beneficios de la evolución histórica del género humano» (GS 44)[43].

**43.** Evangelizar no significa ocupar un territorio, sino despertar *procesos espirituales* en la vida de las personas para que la fe arraigue y tenga significado. La evangelización de la cultura exige llegar al corazón de la cultura misma, donde se generan nuevos temas y modelos, llegando a los núcleos más profundos de las personas y de las sociedades, para iluminarlos desde dentro con la luz del Evangelio. «Es imperiosa la necesidad de evangelizar las culturas para inculturar el Evangelio. En los países de tradición católica se tratará de acompañar, cuidar y fortalecer la riqueza que ya existe, y en los países de otras tradiciones religiosas o profundamente secularizados se tratará de procurar nuevos procesos de evangelización de la cultura, aunque supongan proyectos a muy largo plazo»[44].

---

[42]   JUAN PABLO II, Carta Apostólica *Novo millennio ineunte* (enero 6 de 2001), 56.

[43]   *Ibíd.*, 56.

[44]   EG 69.

**44.** La relación entre el Evangelio y la cultura siempre ha interrogado la vida de la Iglesia. Su tarea es proteger fielmente el depósito de la fe, pero al mismo tiempo «es necesario que esta doctrina cierta e inmutable, a la que se debe dar el consentimiento libre, se profundice y se exponga de acuerdo a los métodos que hoy se requieren»[45]. En la situación actual, marcada por una gran distancia entre fe y cultura, es urgente repensar la obra de la evangelización con nuevas categorías y nuevos lenguajes que subrayan su dimensión misionera.

**45.** Cada cultura tiene su propia identidad, pero hoy en día muchas expresiones culturales se difunden con el fenómeno de la *globalización*. La cultura se fortalece por los medios de comunicación masivos y por los desplazamientos de las personas.

> Las transformaciones sociales a las que hemos asistido en las últimas décadas tienen causas complejas, que hunden sus raíces en tiempos lejanos, y han modificado profundamente la percepción de nuestro mundo. Pensemos en los gigantescos avances de la ciencia y de la técnica, en la ampliación de las posibilidades de vida y de los espacios de libertad individual, en los profundos cambios en campo económico, en el proceso de mezcla de etnias y culturas causado por fenómenos migratorios de masas, y en la creciente interdependencia entre los pueblos[46].

**46.** Si bien las oportunidades que se proyectan en este nuevo escenario mundial son diferentes, no podemos dejar de tomar nota de las ambigüedades y, con frecuencia, también de las dificultades que acompañan los cambios que se están produciendo. Junto a la preocupante *desigualdad social*, que a

---

[45]   JUAN XXIII, Discurso de apertura del Concilio Vaticano II (octubre 11 de 1962).

[46]   BENEDICTO XVI, Carta Apostólica *Ubicumque et semper* (septiembre 21 de 2010).

menudo conduce a *tensiones planetarias* alarmantes, el *horizonte de significado* de la experiencia humana misma está cambiando profundamente. «En la cultura predominante, el primer lugar está ocupado por lo exterior, lo inmediato, lo visible, lo rápido, lo superficial, lo provisorio»[47]. Ahora se confía un papel central a la *ciencia* y a la *tecnología*, como si ellas solas pudieran responder a las preguntas más profundas. Algunos procesos de formación se organizan con estos planteamientos, olvidando una formación integral, que dé razón a las aspiraciones más auténticas del ser humano. Vivimos en la práctica una verdadera *revolución antropológica*, que trae consecuencias para la experiencia religiosa y que desafía fuertemente a la comunidad eclesial.

**47.** En la formación de este contexto cultural, es innegable el papel que *desempeñan los medios de comunicación*, que han replanteado las coordenadas básicas humanas, yendo más allá de las finalidades propias de la comunicación. «Las nuevas tecnologías no sólo cambian el modo de comunicar, sino que están realizando una vasta transformación cultural. Se está desarrollando una nueva forma de aprender y de pensar, con oportunidades inéditas de entablar relaciones y construir comunión»[48]. Por lo tanto, la transformación cultural toca el ámbito de la identidad y libertad de la persona, así como a las capacidades cognitivas y los sistemas de aprendizaje; inevitablemente afecta sus relaciones y a la vez compromete su experiencia de fe. Para la Iglesia, por tanto, «la revolución de los medios de comunicación y de la información constituye un desafío grande y apasionante que requiere energías renovadas y una imaginación nueva para transmitir a los demás la belleza de Dios»[49].

---

[47]  EG 62.

[48]  BENEDICTO XVI, *Discurso a los participantes de la Asamblea Plenaria del Pontificio Consejo para las Comunicaciones Sociales* (febrero 28 del 2011).

[49]  FRANCISCO, *Mensaje para la 48ª Jornada de las Comunicaciones sociales* (enero 24 de 2014).

## La catequesis al servicio de la nueva evangelización

**48.** En el contexto del renovado anuncio del Evangelio en los cambiantes escenarios de la cultura de hoy, la Iglesia cuida porque cada una de sus actividades tenga una línea evangelizadora y misionera intrínseca. Puesto que «la acción misionera es el paradigma de toda obra de la Iglesia»[50], es necesario que la catequesis esté también al servicio de la nueva evangelización y que, a partir de ella, desarrolle los puntos fundamentales para que toda persona esté abierta al encuentro personal con Cristo. En diferentes contextos eclesiales, teniendo en cuenta otros lenguajes, subrayando algunos *acentos* propios de la catequesis, teniendo un mismos sentir, se reconoce la acción del Señor.

### *La catequesis «en salida misionera»*

**49.** Única es la misión que Jesús resucitado ha transmitido a su Iglesia, pero es multifacética en su ejercicio, centrada en las personas y espacios a quienes se dirige. La *missio ad gentes* es el paradigma de la acción pastoral de la Iglesia; está dirigida a «pueblos, grupos humanos, contextos socioculturales donde Cristo y su Evangelio no son conocidos, o donde faltan comunidades cristianas suficientemente maduras como para poder encarnar la fe en el propio ambiente y anunciarla a otros grupos»[51]. Con este paradigma la Iglesia está llamada hoy a realizar una misión permanente en todo el mundo y a transformar cada acción en una perspectiva misionera.

**50.** En esta renovada conciencia de su vocación, la Iglesia replantea también la catequesis como su tarea *en salida misionera*. Por esta razón, está dispuesta a escuchar las llamadas

---

[50]  EG 15.

[51]  JUAN PABLO II, Carta encíclica *Redemptoris missio* (diciembre 7 de 1990) 33.

de verdad que ya están presentes en las diferentes actividades humanas, con la certeza de que Dios actúa misteriosamente en el corazón de la persona incluso antes de que el Evangelio llegue expresamente a ella. En este sentido, la Iglesia será capaz de estar cerca de la gente de nuestro tiempo, siguiéndola allí donde están. La catequesis también prepara la misión, acompañando a los creyentes en el crecimiento de las actitudes de fe y haciéndolos conscientes de ser *discípulos misioneros*, llamados a participar activamente en el anuncio del Evangelio para hacer presente el Reino de Dios en el mundo: «La intimidad de la Iglesia con Jesús es una intimidad itinerante, y la comunión "esencialmente se configura como comunión misionera"»[52].

## La catequesis en el signo de la misericordia

**51.** El misterio de la fe cristiana encuentra su síntesis en la misericordia, que se ha hecho visible en Jesús de Nazaret. La misericordia, corazón de la Revelación de Jesucristo, manifiesta el misterio mismo de la Trinidad. Es el ideal evangélico de vida, el verdadero criterio de la credibilidad de la fe, el centro más profundo de la experiencia de la Iglesia. Ella está llamada a proclamar esta verdad, que es el amor de Cristo[53]. No hay anuncio de fe si no hay un signo de misericordia. La práctica de la misericordia es ya una auténtica catequesis; es catequesis en acto, es el testimonio claro para creyentes y no creyentes, manifestación del vínculo entre ortodoxia y ortopraxis: «la nueva evangelización […] ha de usar el lenguaje de la misericordia, hecho de gestos y de actitudes antes que de palabras»[54].

---

[52] EG 23; Cf. también JUAN PABLO II, Exhortación Apostólica *Christifideles laici* (diciembre 30 de 1988) 32.

[53] Cf. FRANCISCO, Bula del comienzo del Jubileo extraordinario de la Misericordia *Misericordias bultos* (abril 11 de 2015), n. 12.

[54] FRANCISCO, *Discurso a los participantes en la Asamblea del Pontificio Consejo para la Promoción de la Nueva Evangelización* (octubre 14 de 2013).

**52.** La catequesis puede también comprenderse como una realización de la obra de misericordia espiritual «enseñar al que no sabe». De hecho, la acción catequística consiste en ofrecer la posibilidad de salir de la gran ignorancia, que impide a las personas conocer su identidad y su vocación. En el *De catechizandis rudibus*, el primer escrito cristiano de la pedagogía catequística, San Agustín afirma que la catequesis se convierte en una «oportunidad para la obra de misericordia» porque sacia «con la Palabra de Dios la inteligencia de los que tienen hambre de ella»[55]. Para el santo obispo, toda acción catequística está apoyada por la misericordia de Dios que Cristo ha tenido con la miseria humana. Además, si la misericordia es el corazón de la Revelación, también será la condición del anuncio y el estilo de su pedagogía. Por último, la catequesis instruirá para ser «misericordiosos como el Padre» (*Lc* 6,36), fomentando el conocimiento y la práctica tanto de las *obras de misericordia* espirituales y corporales como invitando también a la búsqueda de nuevas obras que respondan a las necesidades actuales.

### La catequesis como "laboratorio" de diálogo

**53.** En la escuela del admirable *diálogo de salvación* que es la Revelación, la Iglesia se comprende a sí misma llamada al diálogo con las personas de hoy. «La Iglesia debe ir hacia el diálogo con el mundo en que le toca vivir. La Iglesia se hace palabra; la Iglesia se hace mensaje; la Iglesia se hace coloquio»[56]. Esta vocación, que tiene su raíz en el misterio de Dios que en Jesús entra en diálogo íntimo con el hombre, a partir de este diálogo toma forma y asume sus características, es una iniciativa libre y gratuita, se funda en el amor, no se debe a

---

[55] AGUSTÍN DE HIPONA, *De catechizandis rudibus*, 1, 14,22: CCL 46, 146 (PL 40,327).

[56] PABLO VI, Carta encíclica *Ecclesiam suam* (agosto 6 de 1964) n. 34.

los méritos de los interlocutores, no obliga, es para todos sin distinción, crece poco a poco[57]. En la actualidad, este diálogo —con la sociedad, con las culturas y las ciencias, con otros creyentes— es particularmente necesario como una valiosa contribución a la paz[58].

**54.** En el tiempo de la nueva evangelización, la Iglesia desea que también en la catequesis se adopte este *estilo de diálogo*, de modo que el rostro del Hijo se haga más fácilmente visible, al igual que el encuentro con la samaritana, Él se detiene a dialogar con cada persona para conducirla suavemente al descubrimiento del agua viva (Cf. *Jn* 4, 5-42). En este sentido, la catequesis eclesial es un auténtico *«laboratorio» de diálogo*, porque, en lo más profundo de cada persona, se encuentra con la vitalidad y a la vez complejidad de los deseos y búsquedas, las limitaciones e incluso los errores de la sociedad y las culturas de nuestro mundo. Incluso para la catequesis, «se trata, entonces, de adquirir un diálogo pastoral sin relativismos, que no negocia la propia identidad cristiana, sino que quiere alcanzar el corazón del otro, de los demás distintos a nosotros, y allí sembrar el Evangelio»[59].

---

[57]   Cf. *Ibíd.*, 36.

[58]   EG 238-258.

[59]   FRANCISCO, *Discurso a los participantes al Congreso internacional de la pastoral de las grandes ciudades* (noviembre 27 de 2014).

# Capítulo II

# La identidad de la catequesis

## 1. NATURALEZA DE LA CATEQUESIS

**55.** La catequesis es un acto de naturaleza eclesial, nacido del mandato misionero del Señor (Cf. *Mt* 28,19-20) y cuyo objetivo, como su nombre lo indica[1], es hacer que el anuncio de su Pascua *resuene* continuamente en el corazón de cada persona, para que su vida se transforme. En cuanto realidad dinámica y compleja al servicio de la Palabra de Dios, la catequesis acompaña, educa y forma en la fe y para la fe, introduce en la celebración del Misterio, ilumina e interpreta la vida y la historia humana. Integrando armoniosamente estas características, la catequesis expresa la riqueza de su esencia y ofrece su aporte específico a la misión pastoral de la Iglesia.

**56.** La catequesis, etapa privilegiada del proceso de evangelización, generalmente se dirige a las personas que ya han recibido el primer anuncio, en cuyo interior promueve los procesos de iniciación, crecimiento y maduración en la fe. Sin embargo, es cierto que, si bien la distinción conceptual entre *pre-evangelización*, *primer anuncio*, *catequesis* y *formación permanente* sigue siendo útil, en el contexto actual ya no es posible marcar esta diferencia. De hecho, por un lado, aquellos

---

[1] El verbo griego *katechein* significa «resonar», «hacer resonar».

que hoy piden o ya han recibido la gracia de los sacramentos a menudo no tienen una experiencia explícita de fe o no conocen íntimamente su fuerza y ardor; por otro lado, un anuncio formal que se limite a la simple enunciación de los conceptos de la fe no permite una comprensión de la fe misma, la cual es un nuevo horizonte de vida que se abre de par en par a partir del encuentro con el Señor Jesús.

## Relación íntima entre kerygma y catequesis

**57.** Esta exigencia, a la que la Iglesia debe responder en este tiempo presente, pone en evidencia la necesidad de una catequesis que pueda definirse coherentemente de manera *kerygmática,* es decir, una catequesis que sea una «profundización del *kerygma* que se va haciendo carne cada vez más y mejor»[2]. La catequesis, que no siempre se puede distinguir del primer anuncio, está llamada a ser, en primer lugar, un anuncio de la fe y no debe delegar a otras acciones eclesiales la tarea de ayudar a descubrir la belleza del Evangelio. Es importante que, precisamente a través de la catequesis, cada persona descubra que vale la pena creer. De esta manera, la catequesis ya no se limita a ser un mero momento de crecimiento más armónico de la fe, sino que contribuye a *generar* la fe misma y permite descubrir su grandeza y credibilidad. El anuncio, por tanto, ya no puede considerarse simplemente como la primera etapa de la fe, previa a la catequesis, sino más bien como la dimensión constitutiva de cada momento de catequesis.

**58.** El *kerygma,* «fuego del Espíritu que se dona en forma de lenguas y nos hace creer en Jesucristo, que con su muerte y resurrección nos revela y nos comunica la misericordia infinita del Padre»[3], es simultáneamente un *acto de anuncio* y el *contenido* mismo del anuncio que revela y hace presente el

---

[2]    EG 165.

[3]    EG 164.

Evangelio[4]. En el *kerygma*, el sujeto que actúa es el Señor Jesús, que se manifiesta en el testimonio de quien lo anuncia; la vida del testigo que ha experimentado la salvación se convierte, por tanto, en aquello que toca y mueve al interlocutor. En el Nuevo Testamento hay diferentes formulaciones del *kerygma*[5] que responden a las diversas formas de comprender la salvación, que resuena con acentos particulares en las diversas culturas y para personas diversas. Del mismo modo, la Iglesia debe poder encarnar el *kerygma* para las exigencias de sus contemporáneos, favoreciendo y alentando que en los labios de los catequistas (Cf. *Rom* 10,8-10), desde la plenitud de su corazón (Cf. *Mt* 12,34), en una dinámica recíproca de escucha y diálogo (Cf. *Lc* 24,13-35), surjan *anuncios* creíbles, *confesiones de fe vitales*, nuevos *himnos cristológicos* para anunciar a cada persona la buena nueva: «Jesucristo te ama, dio su vida para salvarte, y ahora está vivo a tu lado cada día, para iluminarte, para fortalecerte, para liberarte»[6].

**59.** De esta centralidad del *kerygma* para el anuncio se derivan algunas consideraciones importantes también para la catequesis: «que exprese el amor salvífico de Dios previo a la

---

4    Sobre el término «Evangelio», Cf. BENEDICTO XVI, *Meditación durante la primera Congregación general del Sínodo de los Obispos* (8 de octubre de 2012): «*Evangelio* quiere decir: Dios ha hablado, Dios existe. Este hecho, como tal, es salvación: Dios nos conoce, Dios nos ama, ha entrado en la historia. Jesús es su Palabra, el Dios con nosotros, el Dios que nos muestra que nos ama, que sufre con nosotros hasta la muerte y resucita. Este es el Evangelio mismo. Dios ha hablado, ya no es el gran desconocido, sino que se ha mostrado y esta es la salvación».

5    Entre las numerosas fórmulas del *kerygma*, a modo de ejemplo, Cf. las siguientes: «Jesús es el Hijo de Dios, el Emmanuel, el Dios con nosotros» (Cf. *Mt* 1,23); «el Reino de Dios está llegando: conviértanse y crean en la Buena Noticia» (*Mc* 1,15); «Tanto amó Dios al mundo que dio a su Hijo único para que todo el que crea en Él no se pierda, sino que tenga vida eterna» (*Jn* 3,16); «Yo he venido para que tengan vida, y vida en abundancia» (*Jn* 10,10); «Jesús de Nazaret... pasó haciendo el bien y sanando a todos» (*Hch* 10,38); «Jesús Señor nuestro fue entregado por nuestros delitos y resucitado para nuestra absolución» (*Rom* 4,25); «Jesús es el Señor» (*1 Co* 12,3); «Cristo murió por nuestros pecados» (*1 Co* 15,3); «El Hijo de Dios... me amó y se entregó a sí mismo por mí» (*Gál* 2,20).

6    EG 164.

obligación moral y religiosa, que no imponga la verdad y que apele a la libertad, que posea unas notas de alegría, estímulo, vitalidad, y una integralidad armoniosa que no reduzca la predicación a unas pocas doctrinas a veces más filosóficas que evangélicas»[7]. Los elementos que la catequesis como eco del *kerygma* está invitada a valorar son: el carácter de propuesta; la cualidad narrativa, afectiva y existencial; la dimensión de testimonio de la fe; la actitud relacional; el tono salvífico. En verdad, todo esto cuestiona a la Iglesia misma, llamada a ser la primera en redescubrir el Evangelio que anuncia: el nuevo *anuncio* del Evangelio exige a la Iglesia una *escucha* renovada del Evangelio, junto con sus interlocutores.

**60.** Dado que «el *kerygma* tiene un contenido ineludiblemente social»[8], es importante que se haga explícita la dimensión social de la evangelización, con el fin de comprender su apertura a toda la existencia. Esto significa que la eficacia de la catequesis es visible no sólo a través del anuncio directo de la Pascua del Señor, sino también mostrando cuál es la nueva visión de la vida, del hombre, de la justicia, de la vida social, del cosmos entero que surge de la fe, incluso a través de la realización de signos concretos. Por eso, la presentación de la luz con la que el Evangelio ilumina a la sociedad no es un segundo momento cronológicamente distinto del anuncio mismo de la fe. La catequesis es un anuncio de la fe, el cual afecta necesariamente, aunque sea en germen, todas las dimensiones de la vida humana.

## El catecumenado, fuente de inspiración para la catequesis

**61.** La exigencia de «no dar por supuesto que nuestros interlocutores conocen el trasfondo completo de lo que deci-

---

[7]   EG 165.

[8]   EG 177.

mos o que pueden conectar nuestro discurso con el núcleo esencial del Evangelio»[9] es la razón tanto para afirmar la naturaleza *kerygmática* de la catequesis como para tomar en consideración su inspiración catecumenal. El catecumenado es una antigua práctica eclesial, recuperada después del Concilio Vaticano II (Cf. SC 64-66; CD 14; AG 14), ofrecida a los conversos no bautizados. Por tanto, tiene una intención misionera explícita y se estructura como un todo orgánico y gradual para iniciar en la fe y en la vida cristiana. Precisamente por su carácter misionero, el catecumenado también puede inspirar la catequesis de aquellos que, a pesar de haber ya recibido el don de la gracia bautismal, no disfrutan efectivamente de su riqueza[10]: en este sentido, se habla de la *inspiración catecumenal de la catequesis* o *catecumenado postbautismal* o *catequesis de iniciación a la vida cristiana*[11]. Esta inspiración no olvida que los bautizados «ya han sido introducidos en la Iglesia y hechos hijos de Dios a través del Bautismo. Por tanto, el fundamento de su conversión es el Bautismo ya recibido, cuya fuerza deben desarrollar»[12].

**62.** Con referencia a los sujetos, podemos hablar de tres propuestas catecumenales:

- un *catecumenado en sentido estricto* para los no bautizados, sean niños en edad escolar y adolescentes, o jóvenes y adultos;

- un *catecumenado en sentido analógico* para los bautizados que no han completado los sacramentos de la iniciación cristiana;

---

[9]    EG 34.

[10]   Estas personas pueden ser llamadas *cuasi catecúmenos*: Cf. CT 44.

[11]   CEC 1231 y V CONFERENCIA GENERAL DEL EPISCOPADO LATINOAMERICANO Y DEL CARIBE, *Documento de Aparecida* (mayo 30 de 2007), 286-288.

[12]   RICA 295.

- una *catequesis de inspiración catecumenal* para aquellos que han recibido los sacramentos de iniciación cristiana, pero aún no están suficientemente evangelizados o catequizados, o para aquellos que desean reanudar el camino de la fe.

**63.** La restauración del catecumenado, favorecida por el Concilio Vaticano II, se logró con la publicación del *Ritual de la Iniciación cristiana de adultos*. El catecumenado, «verdadera escuela de formación para la vida cristiana» (AG 14), es un proceso estructurado en cuatro tiempos o períodos, dirigido a guiar al catecúmeno hacia el encuentro pleno con el misterio de Cristo en la vida de la comunidad, y es considerado, por tanto, un *lugar típico* de iniciación, catequesis y mistagogía. Los ritos de paso[13] entre los períodos evidencian la gradualidad del itinerario formativo del catecúmeno:

- en el *precatecumenado* tiene lugar la primera evangelización en orden a la conversión y se hace explícito el *kerygma* del primer anuncio;

- el tiempo del *catecumenado*, propiamente dicho, está destinado a la catequesis integral; se accede a él con el *rito de la admisión*, en el cual puede llevarse a cabo la "entrega de los Evangelios"[14];

- el tiempo de la *purificación* e *iluminación* proporciona una preparación más intensa para los sacramentos de iniciación; este periodo, en el que se ingresa con el *rito*

---

[13]   RICA 6: «Tres son, pues, los *grados* o *pasos* o *puertas* que deben considerarse como los momentos más fuertes e importantes de la iniciación. Estos grados se sellan con tres ritos litúrgicos: el primero, por el *Rito de admisión al catecumenado*, el segundo, por la *elección*, y el tercero, por la *celebración de los sacramentos*».

[14]   Este tiempo prevé celebraciones de la Palabra de Dios, exorcismos, bendiciones y otros ritos. Cf. RICA 68-132.

*de la elección* o de la *inscripción del nombre*, prevé la "entrega del Símbolo" y la "entrega de la Oración del Señor"[15];

▪ con la *celebración de los sacramentos de iniciación* en la Vigilia Pascual comienza el tiempo de la *mistagogía* que se caracteriza por una experiencia cada vez más profunda de los misterios de la fe y de la inserción en la vida de la comunidad[16].

**64.** La *inspiración catecumenal de la catequesis* no significa reproducir al pie de la letra el catecumenado, sino asumir su estilo y dinamismo formativo, respondiendo también a la «necesidad de una *renovación mistagógica*, que podría tomar formas muy diversas de acuerdo con el discernimiento de cada comunidad educativa»[17]. El catecumenado tiene un tono misionero connatural, que con el tiempo se ha debilitado en la catequesis. Se vuelven a proponer los elementos principales del catecumenado, que, después del discernimiento necesario, hoy deben entenderse, valorarse y actualizarse con valor y creatividad, en un esfuerzo de verdadera inculturación. Estos elementos son:

a. el *carácter pascual*: en el catecumenado todo está orientado hacia el misterio de la pasión, muerte y resurrección de Cristo. La catequesis comunica el corazón de la fe de una manera esencial y existencialmente comprensible, poniendo a cada uno en contacto con el Resucitado, ayudándole a reinterpretar y vivir los momentos más intensos de su vida como pasos pascuales;

---

[15] Junto a las entregas mencionadas, durante este periodo el catecúmeno vive los escrutinios y otros ritos preparatorios para la celebración de los sacramentos. Cf. RICA 133-207.

[16] Cf. RICA 208-239.

[17] EG 166.

b. el *carácter iniciático*: el catecumenado es una iniciación a la fe que lleva a los catecúmenos al descubrimiento del misterio de Cristo y de la Iglesia. La catequesis introduce a todas las dimensiones de la vida cristiana, ayudando a cada persona a iniciar, en la comunidad, su propio camino de respuesta a Dios que lo ha buscado;

c. El *carácter litúrgico, ritual* y *simbólico*: el catecumenado está entretejido con símbolos, ritos y celebraciones que tocan los sentidos y los afectos. La catequesis, precisamente gracias al «uso de símbolos elocuentes» y a través de una «renovada valoración de los signos litúrgicos»[18], puede responder de este modo a las necesidades del hombre contemporáneo, que generalmente considera significativas solo aquellas experiencias que lo tocan en su corporalidad y afectividad;

d. El *carácter comunitario*: el catecumenado es un proceso que se realiza en una comunidad concreta, que hace experiencia de la comunión dada por Dios y, por tanto, es consciente de su responsabilidad de anunciar la fe. La catequesis inspirada en el catecumenado integra la contribución de diversos carismas y ministerios (catequistas, servidores de la liturgia y de la caridad, responsables de los grupos eclesiales, junto a los ministros ordenados...), con lo cual se revela que el seno que regenera la fe es la comunidad entera;

e. El *carácter de conversión permanente y de testimonio*: el catecumenado es entendido, en su conjunto, como un camino de conversión y purificación gradual, enriquecido también con ritos que marcan la adquisición de una nueva forma de existir y de pensar. La catequesis, consciente de que la conversión nunca está completamente realizada,

---

[18]   EG 166.

sino que dura toda la vida, educa para descubrirse pecador perdonado y, valorando el rico patrimonio de la Iglesia, establece itinerarios penitenciales y formativos específicos que favorezcan la conversión del corazón y de la mente en un nuevo estilo de vida, que sea perceptible también desde el exterior;

f.	El *carácter progresivo de la experiencia formativa*[19]: el catecumenado es un proceso dinámico estructurado en períodos que se suceden de manera gradual y progresiva. Este carácter evolutivo responde a la biografía misma de la persona, que crece y madura con el tiempo. La Iglesia, acompañando pacientemente y respetando los tiempos reales de la maduración de sus hijos, con este cuidado pone de manifiesto su maternidad.

**65.** La catequesis en clave *kerygmática* y misionera requiere que se realice una pedagogía de iniciación inspirada en el itinerario catecumenal, respondiendo con sabiduría pastoral a la pluralidad de situaciones. En otras palabras, de acuerdo con un sentido madurado en diversas Iglesias, se trata de la *catequesis de iniciación a la vida cristiana*. Es un itinerario pedagógico ofrecido en la comunidad eclesial que lleva al creyente al encuentro personal con Jesucristo a través de la Palabra de Dios, la acción litúrgica y la caridad, integrando todas las dimensiones de la persona, para que crezca en la mentalidad de fe y sea testigo de vida nueva en el mundo.

## 2. LA CATEQUESIS EN EL PROCESO DE LA EVANGELIZACIÓN

### Primer anuncio y catequesis

**66.** Con el primer anuncio, la Iglesia proclama el Evangelio y suscita la conversión. En la acción pastoral ordinaria, este

---

[19]	EG 166. También RICA 4-6.

momento del proceso de evangelización es fundamental. En la misión *ad gentes*, esto ocurre en el periodo llamado precatecumenado. En el momento presente de la nueva evangelización, como ya se ha explicado, se prefiere hablar de catequesis *kerygmática*.

**67.** En el contexto de la misión *ad gentes*, el primer anuncio debe entenderse principalmente en sentido cronológico. De hecho, «revelar a Jesucristo y su Evangelio a los que no los conocen: he ahí el programa fundamental que la Iglesia, desde la mañana de Pentecostés, ha asumido, como recibido de su Fundador». La Iglesia lleva a efecto este primer anuncio «mediante una actividad compleja y diversificada, que a veces se designa con el nombre de *pre-evangelización*, pero que muy bien podría llamarse evangelización, aunque en un estadio de inicio y ciertamente incompleto»[20]. La catequesis desarrolla este momento inicial y lo lleva a la madurez. Por tanto, primer anuncio y catequesis, aunque distintos, son complementarios.

**68.** En muchos contextos eclesiales, el primer anuncio tiene también un segundo significado. «Cuando a este primer anuncio se le llama "primero", eso no significa que está al comienzo y después se olvida o se reemplaza por otros contenidos que lo superan. Es el primero en un sentido cualitativo, porque es el anuncio *principal*, ese que siempre hay que volver a escuchar de diversas maneras y ese que siempre hay que volver a anunciar de una forma o de otra a lo largo de la catequesis, en todas sus etapas y momentos»[21]. El primer anuncio, tarea de todo cristiano, se funda en aquel *vayan* (*Mc* 16,15; *Mt* 28,19) que Jesús indicó a sus discípulos e implica salir, apresurarse, acompañarse, convirtiéndose en verdaderos discípulos misioneros. Así pues, no puede reducirse a la enseñanza de un

---

[20]   EN 51.
[21]   EG 164.

mensaje, sino que es, ante todo, el compartir la vida que proviene de Dios y el comunicar la alegría de haber encontrado al Señor. «No se comienza a ser cristiano por una decisión ética o una gran idea, sino por el encuentro con un acontecimiento, con una Persona, que da un nuevo horizonte a la vida y, con ello, una orientación decisiva»[22].

## Catequesis de iniciación cristiana

**69.** La catequesis de iniciación cristiana conecta la acción *misionera*, que llama a la fe, con la acción *pastoral*, que la nutre continuamente. La catequesis es una parte integral de la iniciación cristiana y está estrechamente unida con los sacramentos de la iniciación, especialmente con el Bautismo. «El vínculo que une la catequesis con el Bautismo es la profesión de fe, que es, al mismo tiempo, el elemento interno de este sacramento y la meta de la catequesis»[23]. «La misión de bautizar —la misión sacramental, por tanto—, está implícita en la misión de evangelizar»[24]; por eso, no se puede separar la misión sacramental del proceso de evangelización. De hecho, el itinerario de la iniciación cristiana es una forma completa de la doctrina que no solo se realiza en la Iglesia, sino que la constituye. En la iniciación cristiana no se limita a una enunciación, sino que se actúa el Evangelio.

**70.** Los sacramentos de la iniciación cristiana constituyen una unidad, porque «ponen los fundamentos de la vida cristiana: los fieles, renacidos en el Bautismo, se fortalecen con la Confirmación, y son alimentados en la Eucaristía»[25]. En efecto, es necesario reiterar que «somos bautizados y confirmados en

---

22    BENEDICTO XVI, Carta encíclica *Deus caritas est* (diciembre 25 de 2005), 1.
23    DGC 66.
24    CEC 1122.
25    COMPENDIO DEL CATECISMO DE LA IGLESIA CATÓLICA, 251.

orden a la Eucaristía. Esto requiere el esfuerzo de favorecer en la acción pastoral una comprensión más unitaria del proceso de iniciación cristiana»[26]. Por tanto, es necesario valorar y prestar atención al orden teológico de los sacramentos —Bautismo, Confirmación, Eucaristía— para «verificar qué praxis puede efectivamente ayudar mejor a los fieles a poner de relieve el sacramento de la Eucaristía como aquello a lo que tiende toda la iniciación»[27]. Es deseable que donde se llevan a cabo experimentos, estos no sean casos aislados, sino el resultado de una reflexión de toda la Conferencia episcopal que confirma las opciones operativas para todo el territorio de su competencia.

**71.** La catequesis de iniciación cristiana es una *formación básica, esencial, orgánica, sistemática* e *integral* de la fe:

a. *básica* y *esencial*, en cuanto es una profundización inicial del *kerygma* que explica los misterios fundamentales de la fe y los valores evangélicos fundamentales. «La catequesis sienta los fundamentos del edificio espiritual del cristiano, nutre las raíces de su vida de fe, habilitándolo para recibir el siguiente alimento sólido en la vida ordinaria de la comunidad cristiana»[28];

b. *orgánica*, en cuanto es coherente y está bien ordenada; *sistemática*, es decir, no improvisada u ocasional. La exposición orgánica y sistemática del misterio cristiano distingue la catequesis de otras formas de anuncio de la Palabra de Dios;

c. *integral*, porque es un aprendizaje abierto a todos los componentes de la vida cristiana. La catequesis favorece

---

[26]   BENEDICTO XVI, Exhortación Apostólica *Sacramentum caritatis* (febrero 22 de 2007) 17.

[27]   *Ibíd.*, 18.

[28]   DGC 67.

gradualmente la interiorización y la integración de estos componentes, provocando una transformación del hombre viejo y la formación de una mentalidad cristiana.

**72.** Tales características de la catequesis de iniciación se expresan de manera ejemplar en las *síntesis* de la fe desarrolladas ya a partir de la Escritura (como la tríada de fe, esperanza, caridad) y luego en la Tradición (la fe creída, celebrada, vivida y orada). Estas síntesis son una forma de comprender armónicamente la vida y la historia, porque no enuncian posiciones teológicas interesantes, sino siempre parciales, más bien proclaman la fe misma de la Iglesia.

## Catequesis y formación permanente a la vida cristiana

**73.** La catequesis se pone al servicio de la respuesta de la fe del creyente, haciéndolo capaz de vivir la vida cristiana en un estado de conversión. En esencia, se trata de favorecer la interiorización del mensaje cristiano, a través de ese dinamismo catequístico que en la progresión sabe integrar escucha, discernimiento y purificación. Dicha acción catequética no se limita al creyente individual, sino que está destinada a toda la comunidad cristiana para apoyar el compromiso misionero de la evangelización. La catequesis también fomenta la inserción de los individuos y de la comunidad en el contexto social y cultural, ayudando a la lectura cristiana de la historia y promoviendo el compromiso social de los cristianos.

**74.** Al estar al servicio de la educación permanente en la fe, la catequesis está relacionada con las diferentes dimensiones de la vida cristiana.

a. *Catequesis y Sagrada Escritura*: La Sagrada Escritura es esencial para progresar en la vida de fe; su centralidad en la catequesis permite transmitir de una manera vital la historia de la salvación y «fomentar, pues, el conocimiento de las figuras, de los hechos y las expresiones fundamentales del texto sagrado»[29].

b.  *Catequesis, liturgia y sacramentos*: la catequesis está orientada a la celebración litúrgica. Son necesarias tanto una catequesis que prepare para los sacramentos como una catequesis mistagógica que favorezca una comprensión y experiencia más profunda de la liturgia.

c.  *Catequesis, caridad y testimonio*: mientras que la catequesis, haciendo eco del Evangelio, da forma a la caridad, la acción caritativa es una parte integral del anuncio catequístico. La caridad no es solo un signo de la acogida del Evangelio, sino también una forma privilegiada de acceder al Evangelio: «El que ama ha nacido de Dios y conoce a Dios» (*1 Jn* 4,7).

## 3. FINALIDAD DE LA CATEQUESIS

**75.** En el centro de todo proceso de catequesis está el encuentro vivo con Cristo. «El fin definitivo de la catequesis es poner a uno no sólo en contacto sino en comunión, en intimidad con Jesucristo: sólo Él puede conducirnos al amor del Padre en el Espíritu y hacernos partícipes de la vida de la Santísima Trinidad»[30]. La comunión con Cristo es el centro de la vida cristiana y, en consecuencia, el centro de la acción catequística. La catequesis está orientada a formar personas que conozcan cada vez más a Jesucristo y su Evangelio de salva-

---

[29]  BENEDICTO XVI, Exhortación Apostólica Postsinodal *Verbum Domini* (septiembre 30 de 2010) 74. Son valiosas todas las iniciativas que ponen la Sagrada Escritura en su primado pastoral, como el *Domingo de la Palabra de Dios*: Cf. FRANCISCO, Carta Apostólica *Aperuit illis* (septiembre 30 de 2019).

[30]  CT 5.

ción liberadora, que vivan un encuentro profundo con Él y que elijan su estilo de vida y sus mismos sentimientos (Cf. *Flp* 2,5), comprometiéndose a llevar a cabo, en las situaciones históricas en las que viven, la misión de Cristo, es decir, el anuncio del Reino de Dios.

**76.** El encuentro con Cristo involucra a la persona en su totalidad: corazón, mente, sentidos. No atañe sólo a la mente, sino también al cuerpo y sobre todo al corazón. En este sentido, la catequesis, que ayuda a la interiorización de la fe y, con esto, brinda una contribución insustituible al encuentro con Cristo, no está sola en la promoción de la búsqueda de este propósito. A esto contribuye con las otras dimensiones de la vida de fe: en efecto, en la experiencia litúrgico-sacramental, en las relaciones afectivas, en la vida comunitaria y en el servicio a los hermanos tiene lugar algo esencial para el *nacimiento del hombre nuevo* (Cf. *Ef* 4,24) y para la *transformación* espiritual personal (Cf. *Rom* 12,2).

**77.** La catequesis hace madurar la conversión inicial y ayuda a los cristianos a dar un significado pleno a su propia existencia, educándolos en una *mentalidad de fe* conforme al Evangelio[31], hasta que gradualmente lleguen a sentir, pensar y actuar como Cristo. En este camino, en el que interviene de manera decisiva el sujeto mismo con su personalidad, la capacidad de acoger el Evangelio es proporcional a la situación existencial y a la etapa de crecimiento de la persona[32]. Sin embargo, se reitera que «*catequesis de adultos*, al estar dirigida a personas capaces de una adhesión plenamente responsable, debe ser considerada como la *forma principal de catequesis*, a la que todas las demás, siempre ciertamente necesarias, de

---

[31]   En EN 44, la finalidad de la catequesis es «formar *costumbres* de vida cristiana».

[32]   Acerca del proceso de recepción personal de la fe, Cf. el n. 396 del presente *Directorio*.

alguna manera se ordenan. Esto implica que la catequesis de las otras edades debe tenerla como punto de referencia»[33].

**78.** La comunión con Cristo implica la confesión de la fe en el único Dios: Padre, Hijo, Espíritu Santo.

> La profesión de fe, interior al Bautismo, es eminentemente trinitaria. La Iglesia bautiza "en el nombre del Padre, del Hijo y del Espíritu Santo" (*Mt* 28, 19), Dios uno y trino, a quien el cristiano confía su vida [...] Es importante que la catequesis sepa vincular bien la confesión de fe cristológica, "Jesús es el Señor", con la confesión trinitaria, "Creo en el Padre, en el Hijo y en el Espíritu Santo", ya que no son más que dos modalidades de expresar la misma fe cristiana. El que, por el *primer anuncio* se convierte a Jesucristo y lo reconoce como Señor, inicia un proceso, ayudado por la catequesis, que desemboca necesariamente en la confesión explícita de la Trinidad[34].

Esta confesión es ciertamente un acto personal del individuo, pero alcanza su plenitud sólo si se hace en la Iglesia.

## 4. TAREAS DE LA CATEQUESIS

**79.** Para lograr su propósito, la catequesis persigue algunas tareas, relacionadas entre sí, que se inspiran en la manera como Jesús formaba a sus discípulos: les hacía *conocer* los misterios del Reino, les enseñaba a *orar*, proponía las *actitudes evangélicas*, los iniciaba en la vida de *comunión* con Él y entre ellos y en la *misión*. Esta pedagogía de Jesús plasmó después la vida de la comunidad cristiana: «asistían con perseverancia a la

---

[33]  DGC 59. Cf. también CONGREGACIÓN PARA EL CLERO, *Directorio general de la catequesis* (abril 11 de 1971), 20 y CT 43.

[34]  DGC 82.

*enseñanza* de los apóstoles, tenían sus bienes en *común*, participaban en la *fracción del pan* y en las *oraciones*» (*Hch* 2,42). La fe, de hecho, exige ser conocida, celebrada, vivida y hecha oración. Así pues, para formar en una vida cristiana integral, la catequesis persigue las siguientes tareas: conduce al conocimiento de la fe; inicia en la celebración del Misterio; forma a la vida en Cristo; enseña a orar e introduce a la vida comunitaria.

## Llevar al conocimiento de la fe

**80.** La catequesis tiene la tarea de favorecer el conocimiento y la profundización del mensaje cristiano. De esta manera, ayuda a conocer las verdades de la fe cristiana, introduce al conocimiento de la Sagrada Escritura y de la Tradición viva de la Iglesia, promueve el conocimiento del *Credo* (*Símbolo de la fe*) y la creación de una visión doctrinal coherente, a la cual se pueda hacer referencia en la vida. Es importante no subestimar esta dimensión cognitiva de la fe e incluirla en el proceso educativo de maduración cristiana integral. En efecto, una catequesis que opusiera contenidos y experiencia de fe resultaría fallida. Sin la experiencia de fe, uno se vería privado de un verdadero encuentro con Dios y con los hermanos; sin contenidos, se impediría la maduración de la fe, capaz de introducir en el sentido de la Iglesia y vivir el encuentro y la confrontación con los otros.

## Iniciar en la celebración del Misterio

**81.** Además de promover un conocimiento vivo del misterio de Cristo, la catequesis también tiene la tarea de ayudar a la comprensión y experiencia de las celebraciones litúrgicas. Con esta tarea, la catequesis ayuda a comprender la importancia de la liturgia en la vida de la Iglesia, inicia en el conocimiento de los sacramentos y en la vida sacramental, especialmente en el sacramento de la Eucaristía, fuente y culmen de la vida y de la misión de la Iglesia. Los sacramentos, celebrados en la liturgia, son un medio especial que comunica plenamente a Aquel que es anunciado por la Iglesia.

**82.** La catequesis también educa en las actitudes que requieren las celebraciones de la Iglesia: alegría por el carácter festivo de las celebraciones, sentido de comunidad, escucha atenta de la Palabra de Dios, oración confiada, alabanza y acción de gracias, sensibilidad con respecto a los símbolos y signos. A través de la participación consciente y activa en las celebraciones litúrgicas, la catequesis educa en la comprensión del año litúrgico, verdadero maestro de la fe, y del significado del domingo, día del Señor y de la comunidad cristiana. Asimismo, la catequesis ayuda a valorizar las expresiones de fe de la piedad popular.

## Formar en la vida en Cristo

**83.** La catequesis tiene la tarea de hacer resonar en el corazón de cada cristiano el llamado a vivir una vida nueva, conforme a la dignidad de hijos de Dios recibida en el Bautismo y a la vida del Resucitado que se comunica con los sacramentos. Esta tarea consiste en mostrar que a la altísima vocación a la santidad (Cf. LG 40)[35] corresponde la respuesta de un estilo de vida filial, capaz de reconducir cada situación al camino de la verdad y la felicidad que es Cristo. En este sentido, la catequesis educa en el seguimiento del Señor, de acuerdo con las disposiciones descritas en las *Bienaventuranzas* (*Mt* 5,1-12), que hacen manifiesta su propia vida. «Jesús explicó con toda sencillez qué es ser santos, y lo hizo cuando nos dejó las Bienaventuranzas (Cf. *Mt* 5,3-12; *Lc* 6,20-23). Son como el carnet de identidad del cristiano»[36].

---

[35]  Sobre el llamado a la santidad en el mundo contemporáneo, véase: FRANCISCO, Exhortación Apostólica *Gaudete et exsultate* (marzo 19 de 2018).

[36]  *Ibíd.*, 63.

**84.** Asimismo, la tarea catequística de educar para la vida buena del Evangelio implica la formación cristiana de la conciencia moral, con el fin de que en cada circunstancia el creyente pueda ponerse a la escucha de la voluntad del Padre para discernir, bajo la guía del Espíritu y en consonancia con la ley de Cristo (Cf. *Gál* 6,2), el mal que hay que evitar y el bien que hay que hacer, realizándolo a través de una caridad activa. Para esto, es importante enseñar cómo extraer del mandamiento de la caridad desarrollado en el *Decálogo* (Cf. *Éx* 20,1-17; *Dt* 5,6-21) y de las virtudes humanas y cristianas, las indicaciones para actuar como cristianos en los diversos ámbitos de la vida. Sin olvidar que el Señor vino para dar vida en abundancia (Cf. *Jn* 10,10), la catequesis ha de saber manifestar «el bien deseable, la propuesta de vida, de madurez, de realización, de fecundidad» para hacer que los creyentes sean «alegres mensajeros de propuestas superadoras, custodios del bien y la belleza que resplandecen en una vida fiel al Evangelio»[37].

**85.** Además, se ha de tener en cuenta que la respuesta a la vocación cristiana común se realiza de manera encarnada, porque cada hijo de Dios, según la medida de su libertad, escuchando a Dios y reconociendo los carismas que Él le ha confiado, tiene la responsabilidad de descubrir su propio papel en el plan de salvación. Por tanto, la educación moral en la catequesis siempre se ejerce sobre un *trasfondo vocacional*, prestando atención, ante todo, a la vida como vocación primera y fundamental. Toda forma de catequesis empleará sus esfuerzos para ilustrar la dignidad de la vocación cristiana, para acompañar en el discernimiento de la vocación específica, para ayudar a consolidar el propio estado de vida. Corresponde a la acción catequística mostrar que la fe, traducida en una vida comprometida a amar como Cristo, es la manera de

---

[37]    EG 168.

fomentar la venida del Reino de Dios en el mundo y de esperar en la promesa de la dicha eterna.

## Enseñar a orar

**86.** La oración es ante todo un don de Dios; de hecho, en cada bautizado «el Espíritu mismo intercede por nosotros con gemidos inefables» (*Rom* 8,26). La catequesis tiene la tarea de educar a la oración y en la oración, desarrollando la dimensión contemplativa de la experiencia cristiana. Es necesario educar para orar *con* Jesucristo y *como* Él:

> Aprender a orar con Jesús es orar con los mismos sentimientos con que se dirigía al Padre: adoración, alabanza, acción de gracias, confianza filial, súplica, admiración por su gloria. Estos sentimientos quedan reflejados en el *Padrenuestro*, la oración que Jesús enseñó a sus discípulos y que es modelo de toda oración cristiana [...] Cuando la catequesis está penetrada por un clima de oración, el aprendizaje de la vida cristiana cobra toda su profundidad[38].

**87.** Esta tarea implica la educación tanto para la oración personal como para la oración litúrgica y comunitaria, comenzando con las *formas permanentes de oración*: bendición y adoración, petición, intercesión, acción de gracias y alabanza[39]. Para lograr estos objetivos hay algunas formas consolidadas: la lectura orante de la Sagrada Escritura, especialmente a través de la liturgia de las horas y la *lectio divina*; la oración del corazón, llamada la *oración de Jesús*[40], la veneración de la Santí-

---

[38]   DGC 85.

[39]   CEC. 2626-2649.

[40]   CEC. 435: «La oración del corazón, en uso en Oriente, llamada *oración de Jesús*, dice: "Señor Jesucristo, Hijo de Dios, ten piedad de mí pecador"». La fórmula pronunciada con la boca es acogida progresivamente por el intelecto para, luego, descender al corazón y crear un corazón inteligente, unificando al hombre interior y haciéndolo íntegro.

sima Virgen María gracias a las prácticas de devoción como el santo Rosario, las súplicas, las procesiones, etc.

## Introducir a la vida comunitaria

**88.** La fe se profesa, se celebra, se expresa y se vive sobre todo en la comunidad: «La dimensión comunitaria no es sólo un "marco", un "contorno", sino que es parte integrante de la vida cristiana, del testimonio y de la evangelización»[41]. La fe se expresa bien en el principio clásico: «*Ídem velle atque ídem nolle* —querer lo mismo y rechazar lo mismo—, es lo que los antiguos han reconocido como el auténtico contenido del amor: el hacerse uno semejante al otro que lleva a un pensar y desear común»[42]. Esto es posible cultivando una *espiritualidad de la comunión*. Y hace captar la luz de la Trinidad en el rostro del hermano, de modo que se lo percibe, en la unidad profunda del Cuerpo místico, como parte de uno mismo; se comparten con él sus alegrías y sufrimientos para intuir sus deseos; se presta atención a sus necesidades; se le ofrece una amistad verdadera y profunda. Ver en el otro sobre todo lo positivo para valorarlo como don de Dios ayuda a rechazar las tentaciones egoístas que generan competencia, oportunismo, desconfianza, envidias y celos.

**89.** Por eso, con respecto a la educación para la vida comunitaria, la catequesis tiene la tarea de desarrollar un sentido de *pertenencia* a la Iglesia; educar en el sentido de *comunión* eclesial, promoviendo la aceptación del Magisterio, la comunión con los pastores y el diálogo fraterno; formar en el sentido de *corresponsabilidad* eclesial, contribuyendo, como sujetos activos, a la edificación de la comunidad y, como discípulos misioneros, a su crecimiento.

---

[41]  FRANCISCO, *Audiencia general* (enero 15 de 2014).

[42]  BENEDICTO XVI, Carta encíclica *Deus caritas est* (diciembre 25 de 2005), 17.

## 5. FUENTES DE LA CATEQUESIS

**90.** Las fuentes de las que bebe la catequesis deben considerarse como interconectadas: la una llama a la otra, y todas derivan de la Palabra de Dios, de la cual son expresión. Dependiendo de los sujetos y de los contextos, la catequesis puede acentuar una de las fuentes frente a las otras. Esto debe hacerse con equilibrio y sin hacer catequesis unilaterales (por ejemplo, una catequesis solamente bíblica o solamente litúrgica o solamente vivencial…). Entre las fuentes, la Sagrada Escritura evidentemente tiene preeminencia por su peculiar relación con la Palabra de Dios. Las fuentes, en cierto sentido, pueden ser también *formas* de catequesis.

### La Palabra de Dios en la Sagrada Escritura y en la sagrada Tradición

**91.** La catequesis extrae su mensaje de la Palabra de Dios, que es su fuente principal. Por eso, «es fundamental que la Palabra revelada fecunde radicalmente la catequesis y todos los esfuerzos por transmitir la fe»[43]. La Sagrada Escritura, que Dios ha inspirado, toca profundamente el alma humana, más que cualquier otra palabra. La Palabra de Dios no se agota en la Sagrada Escritura, porque es una realidad viva, operante y eficaz (Cf. *Is* 55,10-11; *Hb* 4,12-13). Dios habla y su Palabra se manifiesta en la creación (Cf. *Gn* 1,3ss; *Sal* 33,6.9; *Sab* 9,1) y en la historia. En los últimos tiempos, «nos habló por su Hijo» (*Heb* 1,2). El Unigénito del Padre es la Palabra definitiva de Dios, que estaba en el principio junto a Dios, era Dios, presidió la creación (Cf. *Jn* 1,1ss) y se hizo carne (Cf. *Jn* 1,14), naciendo de mujer (Cf. *Gál* 4,4) por el poder del Espíritu Santo (Cf. *Lc* 1,35) para morar entre los suyos (Cf. *Jn* 1,14). Al regre-

---

[43]    EG 175.

sar al Padre (Cf. *Hch* 1,9), lleva consigo la creación redimida por Él, que fue creada en Él y para Él (Cf. *Col* 1,18-20).

**92.** La Iglesia vive su misión en expectante espera de la manifestación escatológica del Señor. «Esta espera nunca es pasiva, sino impulso misionero para anunciar la Palabra de Dios que cura y redime a cada hombre: también hoy, Jesús resucitado nos dice: "Vayan por todo el mundo y proclamen la Buena Noticia a toda criatura" (*Mc* 16,15)»[44]. En efecto, «la fe proviene de la escucha del mensaje y la escucha, por la palabra de Cristo» (*Rom* 10,17). A través de la predicación y la catequesis, el Espíritu Santo mismo enseña, generando un encuentro con la Palabra de Dios, viva y eficaz (Cf. *Heb* 4,12). En la línea de la Tradición, el pensamiento y los escritos de los Padres de la Iglesia juegan un papel importante. En cuanto expresión de la experiencia eclesial del pasado y de la continuidad dinámica que existe entre el anuncio de los primeros discípulos y el nuestro[45], es bueno que la vida y las obras de los Padres encuentren un lugar adecuado entre los contenidos de la catequesis.

## El Magisterio

**93.** Cristo dio a los apóstoles y a sus sucesores el mandato permanente de anunciar el Evangelio hasta los confines de la tierra, prometiéndoles la asistencia del Espíritu Santo (Cf. *Mt* 28,20; *Mc* 16,15; *Jn* 20,21-22; *Hch* 1,8) que los haría maestros de la humanidad en relación con la salvación, transmitiendo la Palabra de Dios oralmente (Tradición) y por escrito (Sagrada Escritura). El Magisterio preserva, interpreta y transmite el

---

[44]  BENEDICTO XVI, Exhortación Apostólica Postsinodal *Verbum Domini* (septiembre 30 de 2010), 121.

[45]  BENEDICTO XVI, *Discurso a los participantes en la Asamblea Plenaria del Pontificio Consejo para la Promoción de la Nueva Evangelización* (mayo 30 de 2011).

depósito de la fe, es decir, el contenido de la Revelación. Básicamente, todo el pueblo de Dios está obligado a custodiar y difundir el depósito de la fe, ya que es tarea de toda la Iglesia anunciar el Evangelio a todas las gentes. Pero la autoridad para enseñar oficial y legítimamente el mensaje salvífico en el nombre de Jesucristo pertenece al colegio de los obispos. Por lo tanto, el Romano Pontífice y los obispos en comunión con él son los sujetos del Magisterio eclesial. Ellos tienen la responsabilidad primaria de instruir al pueblo de Dios sobre los contenidos de la fe y de la moral cristiana, así como de promover su anuncio en todo el mundo (Cf. LG 25).

**94.** La verdad salvífica en sí es siempre la misma e inmutable. Sin embargo, en el tiempo la Iglesia conoce mejor el depósito de la Revelación. Así pues, hay una profundización y un desarrollo homogéneo, en la continuidad de la Palabra misma de Dios. Por eso, el Magisterio presta servicio a la Palabra y al pueblo de Dios recordando las verdades salvíficas de Cristo, clarificándolas y aplicándolas frente a los nuevos desafíos de las diferentes épocas y situaciones, haciendo de puente entre la Escritura y la Tradición. El Magisterio es una institución deseada positivamente por Cristo como elemento constitutivo de la Iglesia. Escritura, Tradición y Magisterio, por tanto, están estrechamente vinculados y ninguno de ellos existe sin los demás. Juntos contribuyen eficazmente, cada uno según su propio modo, a la salvación de los hombres (Cf. DV 10). La catequesis es, entre otras cosas, una mediación de los pronunciamientos del Magisterio.

## La liturgia

**95.** La liturgia es una de las fuentes esenciales e indispensables de la catequesis de la Iglesia, no sólo porque la catequesis puede tomar de ella contenidos, lenguajes, gestos y palabras de fe, sino sobre todo porque se pertenecen mutuamente en el acto mismo de creer. La liturgia y la catequesis, entendidas a la luz de la Tradición de la Iglesia, aunque cada una tiene su propia especificidad, no deben yuxtaponerse, sino que deben entenderse en el contexto de la vida cristiana y eclesial, y ambas están orientadas a hacer vivir la experiencia del amor de Dios. El antiguo principio *lex credendi lex orandi* recuerda, de hecho, que la liturgia es un elemento constitutivo de la Tradición.

**96.** La liturgia es «el lugar privilegiado de la catequesis del pueblo de Dios»[46]. Esto no debe entenderse en el sentido de que la liturgia deba perder su carácter celebrativo y transformarse en catequesis o que la catequesis sea superflua. Si bien es cierto que las dos contribuciones mantienen su especificidad, debe reconocerse que la liturgia es fuente y culmen de la vida cristiana. La catequesis, de hecho, comienza con un primer encuentro efectivo del catequizando con la comunidad que celebra el misterio, y esto equivale a decir que la catequesis tiene su pleno cumplimiento cuando participa en la vida litúrgica de la comunidad. No se puede, por tanto, pensar la catequesis sólo como preparación para los sacramentos, sino que debe ser entendida en relación con la experiencia litúrgica. «La catequesis está intrínsecamente unida a toda la acción litúrgica y sacramental, porque es en los sacramentos y sobre todo en la eucaristía donde Jesucristo actúa en plenitud para la transformación de los hombres»[47]. Por lo tanto, la liturgia y la catequesis son inseparables y se nutren mutuamente.

**97.** El camino formativo del cristiano, como lo atestiguan las *Catequesis mistagógicas* de los Padres de la Iglesia, siempre tuvo un carácter vivencial, sin descuidar, la inteligencia de la fe. El encuentro vivo y persuasivo con Cristo anunciado por

---

[46]     CEC 1074.

[47]     CT 23.

testigos auténticos era determinante. Por tanto, quien introduce en los misterios es, ante todo, un testigo. Este encuentro tiene su fuente y su culmen en la celebración de la Eucaristía y se profundiza en la catequesis.

**98.** La necesidad de un itinerario mistagógico parte de esta estructura fundamental de la experiencia cristiana, de la cual surgen tres elementos esenciales[48]:

a. la interpenetración de los ritos a la luz de los eventos salvíficos, de acuerdo con la Tradición de la Iglesia, releyendo los misterios de la vida de Jesús, y en particular su misterio pascual, en relación con todo el recorrido veterotestamentario;

b. la introducción al significado de los signos litúrgicos, a fin de que la catequesis mistagógica despierte y eduque la sensibilidad de los fieles en el lenguaje de los signos y gestos que, unidos a la palabra, constituyen el rito;

c. la presentación del significado de los ritos en relación con toda la vida cristiana, para hacer evidente el vínculo entre la liturgia y la responsabilidad misionera de los fieles, y hacer crecer la conciencia de que la existencia de los creyentes se transforma gradualmente por los misterios celebrados.

Sin embargo, la dimensión mistagógica de la catequesis no se reduce a la simple profundización de la iniciación cristiana *después* de haber recibido los sacramentos, sino que también incluye la inserción en la liturgia dominical y en las fiestas del año litúrgico con las que la Iglesia alimenta a los catecúmenos y a los niños bautizados mucho antes de que puedan recibir la Eucaristía o acceder a una catequesis orgánica y estructurada.

---

[48] BENEDICTO XVI, Exhortación Apostólica *Sacramentum caritatis* (febrero 22 de 2007), 64.

## El testimonio de los santos y de los mártires

**99.** Desde los primeros siglos, el ejemplo de la Virgen María y la vida de los santos y de los mártires ha sido una parte integral y eficaz de la catequesis: desde las *acta martyrum* hasta las *passiones*, desde los frescos en las Iglesias y los iconos hasta las historias edificantes para los niños y personas analfabetas. Los testimonios de vida y de muerte por el Señor ofrecidos por los santos y los mártires han sido auténticas *sequentiae sancti Evangelii*, pasajes del Evangelio capaces de anunciar a Cristo y de despertar y alimentar la fe en Él.

**100.** La Iglesia considera a los mártires maestros ilustres de la fe, que, con los esfuerzos y sufrimientos de su apostolado, permitieron la primera expansión y formulación de la fe misma. En los mártires la Iglesia encuentra su germen de vida: «*semen est sanguis christianorum*»[49]. Esta ley no pertenece sólo al cristianismo primitivo, sino que es válida para toda la historia de la Iglesia hasta nuestros días. Precisamente el siglo XX, llamado también el *siglo del martirio*, resultó ser especialmente rico en testigos que supieron vivir el Evangelio hasta la prueba suprema del amor. Su testimonio de fe debe ser preservado y transmitido en la predicación y en la catequesis, para alimentar el crecimiento de los discípulos de Cristo. Las apariciones de la Virgen María reconocidas por la Iglesia, las vidas y los escritos de los santos y de los mártires de cada cultura y de cada pueblo son una verdadera fuente de catequesis.

## La teología

**101.** La Revelación de Dios, que sobrepasa la capacidad de conocimiento del hombre, no por eso se opone a la razón humana, sino que la penetra y la eleva. Por eso, la búsqueda

---

[49]  TERTULIANO, *Apologeticum*, 50,13: CCL 1, 171 (PL 1, 603).

creyente de la inteligencia de la fe —es decir, la teología— es una exigencia irrenunciable de la Iglesia. «La labor teológica en la Iglesia está ante todo al servicio del anuncio de la fe y de la catequesis»[50]; penetra con inteligencia crítica los contenidos de la fe, los profundiza y los ordena sistemáticamente, con el aporte de la razón. Sin embargo, Cristo no debe ser explorado solamente en la reflexión sistemática con el mero razonamiento, sino que, en cuanto verdad viva y «sabiduría de Dios» (*1 Co* 1,24), es una presencia que ilumina. La aproximación sapiencial le permite a la teología integrar diferentes aspectos de la fe. Así pues, la teología «contribuye a que la fe sea comunicable y a que la inteligencia de los que no conocen todavía a Cristo la pueda buscar y encontrar»[51]. La ciencia teológica hace su contribución a la catequesis y a la práctica catequística en general a través de las diversas especializaciones que la caracterizan: la teología fundamental, la teología bíblica, la teología dogmática, la teología moral, la teología espiritual...; y más específicamente con la catequética, la teología pastoral, la teología de la evangelización, la teología de la educación y de la comunicación.

## La cultura cristiana

**102.** La cultura cristiana nace de la conciencia de la centralidad de Jesucristo y de su Evangelio, que transforma la vida de las personas. Penetrando lentamente en las diversas culturas, la fe cristiana las ha asumido, purificado y transformado desde el interior, con lo cual ha hecho del estilo evangélico su rasgo esencial, ha contribuido a la creación de una cultura nueva y original, la cristiana, que a lo largo de los siglos ha producido verdaderas obras maestras en todas las ramas del

---

[50]   JUAN PABLO II, Carta encíclica *Fides et ratio* (septiembre 14 de 1998), 99.

[51]   CONGREGACIÓN PARA LA DOCTRINA DE LA FE, Instrucción *Donum veritatis* (mayo 24 de 1990), 7.

saber. Ha actuado como un soporte y vehículo para el anuncio del Evangelio y, en el curso de los cambios históricos, a veces marcados por conflictos ideológicos y culturales, ha logrado preservar valores evangélicos genuinos tales como, por ejemplo, la originalidad de la persona humana, la dignidad de la vida, la libertad como condición de la vida humana, la igualdad entre el hombre y la mujer, la necesidad de «rechazar el mal y elegir el bien» (*Is* 7,15), la importancia de la compasión y de la solidaridad, el consuelo del perdón y de la misericordia, la necesidad de la apertura a la trascendencia.

**103.** Sin embargo, a lo largo de los siglos, se ha llegado, especialmente en sociedades moldeadas por la cultura cristiana, a una crisis cultural, fruto de un secularismo exasperado que ha llevado a un falso concepto de autonomía. Se han aceptado como criterios sólo aquellos basados en el consenso social o en las opiniones subjetivas, a menudo en contraste con la ética natural. Esta «ruptura entre Evangelio y cultura es sin duda el drama de nuestra época»[52]. Parece, pues, evidente que es necesaria una nueva comprensión de la capacidad unificadora de la cultura cristiana[53], que permita que el Evangelio libere energías de verdadera humanidad, paz, justicia, cultura del encuentro. Estas energías que están en la base de la cultura cristiana hacen a la fe más comprensible y deseable.

**104.** La cultura cristiana ha desempeñado un papel determinante en la preservación de culturas precedentes y en el progreso de la cultura internacional. Por ejemplo, ha sido capaz de interpretar según un nuevo espíritu las grandes conquistas de la filosofía griega y de la jurisprudencia romana, para convertirlas en patrimonio de toda la humanidad. También ha

---

[52]   EN 20.

[53]   JUAN PABLO II, Carta encíclica *Fides et ratio* (septiembre 14 de 1988), 85.

dado forma a la percepción de lo bueno, de lo justo, de lo verdadero y de lo bello, suscitando la creación de obras —textos literarios y científicos, composiciones musicales, obras maestras de arquitectura y pintura—, que seguirán siendo a lo largo del tiempo un testimonio de la contribución de la fe cristiana, constituyendo su patrimonio intelectual, moral y estético.

**105.** Este patrimonio, de gran valor histórico y artístico, es una fuente que inspira y fecunda la catequesis, en cuanto transmite la visión cristiana del mundo con la fuerza creadora de la belleza. La catequesis podrá valerse del patrimonio cultural cristiano en su intento «de conservar en los hombres las facultades de la contemplación y de la admiración, que llevan a la sabiduría» (GS 56) y educar, en el momento de la fragmentación, en la visión de la «persona humana integral, en la que destacan los valores de la inteligencia, de la voluntad, de la conciencia y de la fraternidad; todos los cuales se basan en Dios Creador y han sido sanados y elevados maravillosamente en Cristo» (GS 61). El ingente patrimonio cultural cristiano, presentado según el pensamiento de sus autores, puede mediar efectivamente la interiorización de los elementos centrales del mensaje evangélico.

## La belleza

**106.** La Sagrada Escritura presenta de manera inequívoca a Dios como fuente de todo esplendor y belleza. El Antiguo Testamento muestra la creación, con el hombre en la cima, como algo bueno y bello, no tanto en el sentido del orden y la armonía, sino en el de la gratuidad, libre del funcionalismo. Frente a la creación, que debe ser admirada y contemplada por sí misma, hay asombro, éxtasis, reacción emocional y afectiva. Las obras del hombre, como el espléndido templo de Salomón (Cf. *1 Re* 7-8), merecen admiración, en cuanto están ligadas al Creador.

**107.** En el Nuevo Testamento toda la belleza se concentra en la persona de Jesucristo, revelador de Dios y «resplandor de su gloria, semejanza perfecta de su ser» (*Heb* 1,3). Su Evangelio es fascinante porque es una noticia hermosa, buena, alegre, llena de esperanza. Él, «lleno de gracia y verdad» (*Jn* 1, 14), asumiendo sobre sí la humanidad, ha contado a través de las parábolas la belleza de la acción de Dios. En su relación con las personas ha dicho *bellas palabras* que con su eficacia sanan las profundidades del alma: «Tus pecados quedan perdonados» (*Mc* 2,5), «Tampoco yo te condeno» (*Jn* 8,11), «tanto amó Dios amó al mundo» (*Jn* 3, 16), «Vengan a mí todos los cansados y abrumados por cargas, y yo los haré descansar» (*Mt* 11,28). Él ha realizado *bellas acciones*: ha sanado, ha liberado, ha acompañado tocando las heridas de la humanidad. Soportando la crueldad de la condena a muerte como alguien que «sin forma ni belleza» (*Is* 53,2), ha sido reconocido como el «más bello de los hombres» (*Sal* 45,3). Así, ha llevado a la humanidad, purificada, a la gloria del Padre, donde Él mismo «se sentó a la derecha del trono de Dios en las alturas» (*Heb* 1,3) y así ha revelado todo el poder transformador de su Pascua.

**108.** La Iglesia, por tanto, toma en cuenta que el anuncio del Resucitado para alcanzar el corazón humano debe resplandecer de bondad, verdad y belleza. En este sentido, es necesario «que toda catequesis preste especial atención a la *vía de la belleza* (*Via pulchritudinis*)»[54]. Toda belleza puede ser un sendero que ayuda al encuentro con Dios, pero el criterio de su autenticidad no puede ser sólo estético. Es necesario discernir entre la belleza verdadera y las formas aparentemente bellas pero vacías, o incluso nocivas, como el fruto prohibido en el paraíso terrenal (Cf. *Gn* 3,6). Los criterios se encuentran en la exhortación paulina: «tomen en cuenta todo cuanto hay

---

[54]  EG 167. Cf. PONTIFICIO CONSEJO DE LA CULTURA. *La* Via pulchritudinis, *camino de evangelización y de diálogo* (2006).

de verdadero, noble, justo, puro, amable, honorable, virtuoso y digno de elogio» (*Flp* 4,8).

**109.** La belleza está siempre e inseparablemente impregnada de bondad y de verdad. Por eso, contemplar la belleza provoca en la persona sentimientos de alegría, placer, ternura, plenitud, sentido, abriéndola así a lo trascendente. El camino de la evangelización es la *vía de la belleza* y, por tanto, toda forma de belleza es fuente de la catequesis. Mostrando el primado de la gracia, manifiesto especialmente en la Santísima Virgen María; dando a conocer la vida de los santos como verdaderos testigos de la belleza de la fe; destacando la belleza y el misterio de la creación; descubriendo y apreciando el increíble e inmenso patrimonio litúrgico y artístico de la Iglesia; valorizando las formas más elevadas del arte contemporáneo, la catequesis muestra concretamente la belleza infinita de Dios, que se expresa también en las obras del hombre (Cf. SC 122) y conduce a los que reciben catequesis hacia el don bello que el Padre ha hecho en su Hijo.

Capítulo III

# El catequista

## 1. LA IDENTIDAD Y LA VOCACIÓN DEL CATEQUISTA

**110.** «También en la constitución del cuerpo de Cristo hay variedad de miembros y de ministerios. Uno mismo es el Espíritu, que distribuye sus diversos dones, para el bien de la Iglesia, según sus riquezas y la diversidad de los ministerios» (LG 7). En virtud del Bautismo y la Confirmación, los cristianos se incorporan a Cristo y participan en su oficio sacerdotal, profético y real (Cf. LG 31, AA 2); son testigos del anuncio del Evangelio con la palabra y con el ejemplo de la vida cristiana; pero algunos «también pueden ser llamados a cooperar con el Obispo y los sacerdotes en el ejercicio del ministerio de la Palabra»[1]. En el conjunto de los ministerios y de los servicios, con los cuales la Iglesia lleva a cabo su misión evangelizadora, el «ministerio de la catequesis»[2] ocupa un lugar relevante e indispensable para el crecimiento de la fe. Este ministerio introduce a la fe y, junto con el ministerio litúrgico, engendra a los hijos de Dios dentro de la Iglesia. Por lo tanto, la vocación específica del catequista tiene su raíz en la vocación común del pueblo de Dios, llamado a servir al plan salvífico de Dios en favor de la humanidad.

---

[1]     CIC c. 759; Cf. también CCEO c. 624 § 3.

[2]     CT 13.

**111.** Toda la comunidad cristiana es responsable del ministerio de la catequesis, pero cada uno según su condición particular en la Iglesia: ministros ordenados, personas consagradas, fieles laicos. «A través de ellos, en la diversidad de sus funciones, el ministerio catequético ofrece de modo pleno la palabra y el testimonio completo de la realidad eclesial. Si faltase alguna de estas formas de presencia, la catequesis perdería parte de su riqueza y significación»[3]. El catequista pertenece a una comunidad cristiana y es una expresión de la misma. Su servicio es vivido dentro de una comunidad que es el sujeto principal de acompañamiento en la fe.

**112.** El catequista es un cristiano que recibe un llamado particular de Dios, aceptado en la fe, ese llamado lo capacita para el servicio de la transmisión de la fe y para la tarea de iniciar en la vida cristiana. Las causas inmediatas para que un catequista sea llamado a servir a la Palabra de Dios son muy variadas, pero todas son mediaciones que Dios, a través de la Iglesia, usa para llamar a su servicio. Para este llamado, el catequista participa de la misión de Jesús que conduce a sus discípulos a la relación filial con el Padre. Sin embargo, el verdadero protagonista de toda auténtica catequesis es el Espíritu Santo que, mediante la profunda unión nacida del catequista con Jesucristo, hace que los esfuerzos humanos sean efectivos en la actividad de la catequesis. Dicha actividad tiene lugar dentro de la Iglesia: el catequista es testigo de su Tradición viva y mediadora que facilita la inserción de los nuevos discípulos de Cristo en el cuerpo eclesial.

**113.** En virtud de la fe y de la unción bautismal, en colaboración con el Magisterio de Cristo y como servidor de la acción del Espíritu Santo, el catequista es:

---

[3]   DGC 219.

a. *Testigo de la fe* y *custodio de la memoria de Dios*; al experimentar la bondad y la verdad del Evangelio en su encuentro con la persona de Jesús, el catequista guarda, nutre y da testimonio de la nueva vida que se deriva de Él y se convierte en un signo para los demás. La fe contiene la memoria de la historia de Dios con las personas. Custodiar esta memoria, despertarla en los demás y ponerla al servicio del anuncio es la vocación específica del catequista. El testimonio de la vida es necesario para la credibilidad de la misión. Reconociendo sus debilidades ante la misericordia de Dios, el catequista nunca deja de ser el signo de la esperanza para sus hermanos[4];

b. *maestro* y *mistagogo* que introduce al misterio de Dios, revelado en la Pascua de Cristo; como icono de Jesús maestro, el catequista tiene la doble tarea de transmitir el contenido de la fe y conducir al misterio de la fe misma. El catequista está llamado a comunicar la verdad sobre el hombre y sobre su vocación suprema, abriendo al conocimiento de Cristo y, al mismo tiempo, introduciendo en las diversas dimensiones de la vida cristiana, enseñando los misterios de la salvación contenidos en el depósito de la fe y celebrados en la liturgia de la Iglesia;

c. *acompañante* y *educador* de los que le confió la Iglesia; el catequista es experto en el *arte del acompañamiento*[5], tiene habilidades educativas, sabe escuchar y entrar en las dinámicas de la maduración humana, se hace compañero de viaje con paciencia y con sentido de gradualidad, con docilidad a la acción del Espíritu, en un proceso de forma-

---

[4] Cf. FRANCISCO, *Homilía en la Asamblea para la Jornada del catequista con ocasión del Año de la fe* (septiembre 29 de 2013).

[5] Cf. EG 169-173: El proceso formativo, o sea el *acompañamiento personal de los procesos de crecimiento*, facilita la maduración del acto de fe y la interiorización de las virtudes cristianas.

ción, ayuda a los hermanos a madurar en la vida cristiana y a caminar hacia Dios. El catequista, experto en humanidad, conoce las alegrías y las esperanzas del hombre, sus tristezas y angustias (Cf. GS 1) y sabe cómo relacionarlas con el Evangelio de Jesús.

## 2. El Obispo es el primer catequista

**114.** «El Obispo es el primer predicador del Evangelio con la palabra y el testimonio de vida»[6] y, como principal responsable de la catequesis de la diócesis, tiene la función principal, junto con la predicación, de promover la catequesis y preparar sus diversas formas necesarias para los fieles siguiendo los principios y directrices emitidas por la Sede Apostólica. El Obispo, además de la valiosa colaboración de las oficinas diocesanas, puede contar con la ayuda de expertos en teología, en catequética y en ciencias humanas, así como de centros de formación e investigación en el campo de la catequesis. La preocupación del Obispo por la actividad de la catequesis lo invita a:

a. Cuidar por la catequesis que directamente tiene que ver con la transmisión del Evangelio y con la custodia del depósito de la fe;

b. asegurar la inculturación de la fe en el territorio dando prioridad a una catequesis eficaz;

c. elaborar un proyecto global de catequesis que esté al servicio de las necesidades del pueblo de Dios y en armonía con los planes pastorales diocesanos y las directrices de la Conferencia Episcopal;

---

[6] JUAN PABLO II, Exhortación Apostólica Postsinodal *Pastores gregis* (octubre 16 de 2003), 26. Cf. DGC 222.

d. suscitar y sostener «una auténtica pasión por la catequesis, una pasión que se encarne en una organización adecuada y efectiva, que ponga en acción las personas, los medios, las herramientas y también los recursos necesarios»[7];

e. velar para que «los catequistas estén debidamente preparados para su tarea, de tal manera que conozcan totalmente la doctrina de la Iglesia y aprendan técnica y prácticamente las leyes sicológicas y las disciplinas pedagógicas» (CD 14)[8];

f. revisar cuidadosamente la calidad de los textos y las herramientas para la catequesis.

El Obispo debe sentir la urgencia, al menos en los tiempos fuertes del Año litúrgico, particularmente en la Cuaresma, de convocar al pueblo de Dios en su Catedral para impartir la catequesis.

## 3. EL PRESBÍTERO EN LA CATEQUESIS

**115.** El presbítero, como primer colaborador del Obispo y por su mandato, como *educador en la fe* (Cf. PO 6), tiene la responsabilidad de animar, coordinar y dirigir la actividad catequística de la comunidad que se le ha confiado[9]. «La referencia al magisterio del obispo en el único presbiterio diocesano y la obediencia a las orientaciones que cada pastor y las Conferencias episcopales emanan en materia de catequesis para el bien de los fieles, son para el sacerdote elementos que ha de valorar

---

[7]  CT 63; Cf. también CIC c. 775 § 1; CCEO c. 623 § 1.

[8]  Cf. También CIC c. 780.

[9]  Cf. CONGREGACIÓN PARA EL CLERO, *Directorio para el ministerio y la vida de los presbíteros* (febrero 11 de 2013), 65. Cf. DGC 224.

en la acción catequística»[10]. Los sacerdotes pues, disciernen y promueven la vocación y el servicio de los catequistas.

**116.** El párroco es el primer catequista de la comunidad parroquial. Los deberes propios del párroco y en general de los presbíteros en este campo son:

a. Dedicarse con empeño competente y generoso a la catequesis de los fieles confiados a su cuidado pastoral, aprovechando cada oportunidad que ofrece la vida parroquial y el entorno sociocultural para proclamar el Evangelio;

b. cuidar el vínculo entre la catequesis, la liturgia y la caridad, dando importancia al domingo como día del Señor y de la comunidad cristiana;

c. despertar en la comunidad un sentido de responsabilidad hacia la catequesis y discernir las vocaciones específicas al respecto, expresando gratitud y promoviendo el servicio ofrecido por los catequistas;

d. prever la organización de la catequesis, integrándola en el proyecto pastoral de la comunidad, con la colaboración de los mismos catequistas, involucrándolos en las diversas etapas de análisis, programación, elección de herramientas, la puesta en marcha y la evaluación;

e. asegurar la conexión entre la catequesis en la propia comunidad y el programa pastoral diocesano, evitando cualquier forma de subjetivismo en el ejercicio del sagrado ministerio;

f. como catequista de catequistas, cuidar la formación de estos, dedicando a esta tarea el máximo cuidado y acompa-

---

[10] JUAN PABLO II, *Discurso a los participantes en el convenio «la tarea de los presbíteros en la catequesis de Europa»* (mayo 8 del 2003), 3.

ñándolos en el crecimiento de la fe; además, valorando el grupo de catequistas como contexto de comunión y corresponsabilidad necesario para una formación auténtica.

## 4. EL DIÁCONO EN LA CATEQUESIS

**117.** La diaconía de la Palabra de Dios, junto con la liturgia y la caridad, es un servicio que los diáconos ejercen para hacer presente en la comunidad a Cristo que se hizo servidor por amor (Cf. *Lc* 22,27; *Flp* 2,5-11). Además de ser admitidos en la predicación homilética, están llamados a dar «solícita atención a la catequesis de los fieles en las diversas etapas de la existencia cristiana, de forma que les ayuden a conocer la fe en Cristo, a reforzarla con la recepción de los sacramentos y a expresarla en su vida personal, familiar, profesional y social»[11]. Los diáconos participarán en los programas de la catequesis diocesanos y parroquiales, especialmente en lo que respecta a las iniciativas relacionadas con el primer anuncio. También están llamados a anunciar «la Palabra en su eventual ámbito profesional, ya sea con palabras explícitas, ya sea con su sola presencia activa en los lugares donde se forma la opinión pública o donde se aplican las normas éticas (como en los servicios sociales, los servicios a favor de los derechos de la familia, de la vida etc.)»[12].

**118.** En algunas áreas, la catequesis realizada por los diáconos es particularmente valiosa: en el ejercicio de la caridad y la familia. Su acción puede desarrollarse entre privados de la libertad, enfermos, ancianos, jóvenes con dificultades, inmigrantes, etc. Los diáconos tienen la tarea de integrar en la

---

[11]   CONGREGACIÓN PARA LA EDUCACIÓN CATÓLICA - CONGREGACIÓN PARA EL CLERO, *Directorio para el ministerio y la vida de los diáconos permanentes* (febrero 22 de 1988), 25.

[12]   *Ibíd.*, 26.

actividad catequística esas dificultades presentes en las comunidades para animar a todos los creyentes a una verdadera práctica de la caridad. Además, los diáconos permanentes, que viven el matrimonio por su singular estado de vida, están particularmente llamados a ser testigos creíbles de la belleza de este sacramento. Ellos, con la ayuda de sus esposas y posiblemente de sus hijos, pueden participar en la catequesis de las familias y en el acompañamiento de todas aquellas situaciones que requieren especial atención y delicadeza.

## 5. LOS CONSAGRADOS AL SERVICIO DE LA CATEQUESIS

**119.** La catequesis representa un terreno privilegiado para el apostolado de las personas consagradas. De hecho, en la historia de la Iglesia, se cuentan entre las figuras más dedicadas a la animación de la catequesis. La Iglesia convoca, de manera particular, a las personas de vida consagrada a la actividad de la catequesis, en la cual su contribución original y propia no puede ser remplazada por sacerdotes o laicos. «Primer objetivo de la vida consagrada es el de *hacer visibles* las maravillas que Dios realiza en la frágil humanidad de las personas llamadas. Más que con palabras, testimonian estas maravillas con el lenguaje elocuente de una existencia transfigurada, capaz de sorprender al mundo»[13]. La primera catequesis que desafía es la vida misma de las personas consagradas que, viviendo el radicalismo evangélico, son testigos de la plenitud que la vida en Cristo hace posible.

**120.** Las particularidades del propio carisma se valoran más cuando algunos consagrados asumen la tarea de la catequesis. «Manteniendo intacto el carácter propio de la catequesis, los carismas de las diversas comunidades religiosas enriquecen

---

[13]   JUAN PABLO II, Exhortación Apostólica, *Vita Consecrata* (marzo 25 de 1996), 20.

una tarea común con unos acentos particulares, muchas veces de gran hondura religiosa, social y pedagógica. La historia de la catequesis demuestra la vitalidad que estos carismas han aportado a la acción educativa de la Iglesia»[14], especialmente para aquellos que han escogido su ideal de vida en la cateque‐ sis. La Iglesia se fortalece con ese servicio y espera que siem‐ pre se renueve el compromiso en este campo.

## 6. Los laicos catequistas

**121.** Los laicos a través de su inserción en el mundo ofrecen un valioso servicio a la evangelización: su propia manera de vivir como discípulos de Cristo es una forma de proclamación del Evangelio. Comparten todas las formas de compromiso con otras personas, impregnando las realidades temporales con el Espíritu del Evangelio: la evangelización realizada por ellos «adquiere una nota específica y una peculiar eficacia por el hecho de que se realiza dentro de las comunes condiciones de la vida en el mundo» (LG 35). Los laicos, que dan testimonio del Evangelio en diferentes contextos, tienen la oportunidad de interpretar los hechos de la vida de una manera creyente, de hablar de Cristo y de los valores cristianos, de dar razones de sus elecciones. Esta catequesis, por así decirlo, espontánea y ocasional, es de gran importancia porque está relacionada inmediatamente con el testimonio de la vida.

**122.** La vocación al ministerio de la catequesis surge del sacramento del Bautismo y se fortalece con la Confirmación, sacramentos por los cuales el laico participa en el oficio sacer‐ dotal, profético y real de Cristo. Además de la vocación común al apostolado, algunos fieles se sienten llamados por Dios para asumir el papel de catequistas en la comunidad cristiana, al

---

[14]  DGC 229.

servicio de una catequesis más orgánica y estructurada. Este llamado personal de Jesucristo y la relación con Él son el verdadero motor de la acción del catequista: «Desde este conocimiento amoroso de Cristo es de donde brota el deseo de anunciarlo, de evangelizar, y de llevar a otros al *sí* de la fe en Jesucristo»[15]. La Iglesia despierta y discierne esta vocación divina y confiere la misión de catequizar.

**123.** «Sentirse llamado a ser catequista y recibir de la Iglesia la misión para ello, puede adquirir, de hecho, grados diversos de dedicación, según las características de cada uno. A veces, el catequista sólo puede ejercer este servicio de la catequesis durante un periodo limitado de su vida, o incluso de modo meramente ocasional, aunque siempre como un servicio y una colaboración preciosa. Sin embargo, la importancia del ministerio de la catequesis aconseja que en la diócesis exista, ordinariamente, un cierto número de religiosos y laicos, estable y generosamente dedicados a la catequesis, reconocidos públicamente por la Iglesia, y que —en comunión con los sacerdotes y el Obispo— contribuyan a dar a este servicio diocesano la configuración eclesial que le es propia»[16].

## Los padres: sujetos activos de la catequesis

**124.** «Para los padres cristianos la misión educativa, basada como se ha dicho en su participación en la obra creadora de Dios, tiene una fuente nueva y específica en el sacramento del matrimonio, que los consagra a la educación propiamente cristiana de los hijos»[17]. Los padres creyentes, con su ejemplo diario de vida, tienen la capacidad más atractiva de transmitir

---

[15]  CEC 429.

[16]  DGC 231.

[17]  JUAN PABLO II, Exhortación Apostólica *Familiaris consortio* (noviembre 22 de 1981), 38.

a sus hijos la belleza de la fe cristiana. «Para que las familias puedan ser cada vez más sujetos activos de la pastoral familiar, se requiere "un esfuerzo evangelizador y catequístico dirigido a la familia", que la oriente en este sentido»[18]. El mayor desafío en este caso es que las parejas, padres y madres, sujetos activos de la catequesis, superen la mentalidad tan común de delegar a otros, según la cual la fe está reservada a los llamados especialistas de la educación religiosa. Esta mentalidad a veces es favorecida por la misma comunidad que fatigosamente trata de organizar la catequesis con un estilo familiar y a partir de las mismas familias. «La Iglesia está llamada a colaborar, con una acción pastoral adecuada, para que los propios padres puedan cumplir con su misión educativa»[19], convirtiéndose así en los primeros catequistas de sus hijos.

## Padrinos y madrinas, colaboradores de los padres

**125.** En el proceso de iniciación a la vida cristiana, la Iglesia invita a repensar la identidad y la misión del *padrino* y de la *madrina*, como apoyo en el compromiso educativo de los padres. La tarea de los padrinos es «mostrar con amigable familiaridad al catecúmeno la práctica del Evangelio en la vida individual y social, ayudarlo en las dudas y ansiedades, dar testimonio y cuidar el desarrollo de su vida bautismal»[20]. Se tiene la conciencia de que a veces la elección de los padrinos no está motivada por la fe, sino por costumbres familiares o sociales: esto ha contribuido en gran parte a la degradación de estas figuras educativas. En vista de la responsabilidad que conlleva este papel, la comunidad cristiana debe presentar, con discernimiento y espíritu creativo, cursos de catequesis para los padrinos, eso les ayudará a redescubrir el don de la fe

---

[18]   FRANCISCO, Exhortación Apostólica *Amoris laetitia*, 200.

[19]   *Ibíd.*, 85.

[20]   RICA 43.

y su pertenencia eclesial. Aquellos que son indicados para este rol, con frecuencia algunos de ellos experimentan un despertar de su fe bautismal e inician un camino renovado de compromiso y testimonio. Cualquier rechazo a llevar a cabo esta tarea podría tener consecuencias negativas que ameritan ser evaluadas con gran atención pastoral. En los casos en los que no existan las condiciones objetivas[21] para que una persona realice esta tarea de padrino es necesario dialogarlo previamente a la elección de acuerdo con las familias y con el discernimiento de los pastores y se pueden escoger los padrinos entre los agentes pastorales (catequistas, educadores, animadores) ya que son testigos de fe y presencia eclesial.

## El servicio de los abuelos en la transmisión de la fe

**126.** Junto con los padres, los *abuelos*, especialmente en ciertas culturas, juegan un papel particular en la transmisión de la fe a los más jóvenes[22]. También la Escritura cuenta cómo la fe de los abuelos es un testimonio para los nietos (Cf. *2 Tim* 1,5). «La Iglesia ha prestado siempre una atención particular a los abuelos, reconociendo que constituyen una gran riqueza desde el punto de vista humano y social, así como desde el punto de vista religioso y espiritual»[23]. Ante la crisis de las familias, los abuelos, que a menudo tienen mayores raíces en la fe cristiana y un pasado rico de experiencias, se convierten en puntos de referencia importantes. Con frecuencia muchas personas deben a sus abuelos su iniciación a la vida cristiana. La contribución de los abuelos es pues importante en la catequesis tanto por el mayor tiempo que pueden dedicar a ello como por su capacidad de animar a las nuevas generaciones con su afecto. Su sabiduría es, muchas veces, decisiva para

---

[21]    Cf. CIC c. 874; CCEO c. 685.

[22]    Cf. FRANCISCO, *Audiencia general* (marzo 4 y 11 de 2015).

[23]    BENEDICTO XVI, *Discurso a los participantes en la Asamblea plenaria del Pontificio Consejo para la Familia* (abril 5 de 2008).

el crecimiento de la fe. La oración de súplica y los cantos de alabanza de los abuelos apoyan a la comunidad que trabaja y lucha por la vida.

## La gran contribución de las mujeres en la catequesis

**127.** Las *mujeres* desempeñan un papel valioso en las familias y comunidades cristianas, ofreciendo su servicio como esposas, madres, catequistas, trabajadoras y profesionales. Tienen como ejemplo a María «modelo de aquel afecto materno, con el que es necesario estén animados todos los que en la misión apostólica de la Iglesia cooperan para regenerar a los hombres» (LG 65). Jesús con sus palabras y gestos enseñó a reconocer el valor de la mujer. De hecho, las quiso con él como discípulas (Cf. *Mc* 15,40-41) y confió a María Magdalena y a otras mujeres la alegría de llevar a los Apóstoles el anuncio de su resurrección (Cf. *Mt* 28,9-10; *Mc* 16,9-10; *Lc* 24,8-9; *Jn* 20,18). De igual manera, la primera comunidad, sintió la necesidad de hacer suya la enseñanza de Jesús y acogió como un don precioso la presencia de las mujeres en la obra de la evangelización (Cf. *Lc* 8,1-3; *Jn* 4,28-29).

**128.** Las comunidades cristianas están constantemente animadas por el genio femenino por lo que se reconoce como esencial e indispensable su contribución en la realización de la vida pastoral. La catequesis es uno de estos servicios que lleva a reconocer la gran contribución ofrecida por las catequistas que con dedicación, pasión y competencia se dedican a este ministerio. En sus vidas encarnan la imagen de la maternidad, sabiendo testimoniar, incluso en momentos difíciles, la ternura y la dedicación de la Iglesia. Con sensibilidad particular son capaces de comprender el ejemplo de Jesús: servir en las pequeñas cosas como en las grandes, actitud de quien ha entendido completamente el amor de Dios por el ser humano y encima lo prodigan al prójimo cuidando de todos y del mundo.

**129.** Apreciar la sensibilidad específica de las mujeres en la catequesis no significa eclipsar la presencia igualmente significativa de los *varones*. De hecho, a la luz de los cambios antropológicos, es necesario este reconocimiento. No se puede prescindir de las dos presencias, masculina y femenina para un crecimiento humano y espiritual saludable. Por tanto, la comunidad cristiana debe mejorar tanto la presencia de las catequistas, cuyo número es de considerable importancia en la catequesis, como la de los catequistas, que desempeñan un gran papel sobre todo para los adolescentes y jóvenes. En particular, se debe apreciar la presencia de *jóvenes catequistas*, que dan una gran contribución de entusiasmo, creatividad y esperanza. Ellos también están llamados a sentirse responsables en la transmisión de la fe.

# Capítulo IV

# La formación de los catequistas

## 1. NATURALEZA Y FINALIDAD DE LA FORMACIÓN DE LOS CATEQUISTAS

**130.** A lo largo de los siglos, la Iglesia nunca ha descuidado dar prioridad a la formación de los catequistas. Al comienzo del cristianismo, la formación, que se vivió en forma vivencial, giró en torno al encuentro vital con Jesucristo, proclamado con autenticidad y testimoniado con la vida. El carácter de testimonio se convirtió en el marco específico de todo el proceso formativo, que gradualmente se introdujo en el misterio de la fe de la Iglesia. Especialmente en un periodo como el presente, es importante tomar en serio la rapidez de los cambios sociales y la pluralidad cultural con los desafíos que traen. Por eso la formación de los catequistas requiere especial atención ya que la calidad de las propuestas pastorales está necesariamente unida a las personas que las realizan. Frente a la complejidad y necesidades del tiempo que vivimos, es preciso que las Iglesias particulares dediquen a la formación de catequistas las energías y recursos adecuados.

**131.** La *formación* es un proceso permanente que, bajo la guía del Espíritu y en el seno vivo de la comunidad cristiana, ayuda al bautizado a *tomar forma*, es decir, a desvelar su identidad más profunda, que es la de hijo de Dios en una relación de profunda comunión con los demás. El trabajo formativo actúa como una *transformación* de la persona, que interioriza existencialmente el mensaje del Evangelio, para que ello pueda ser luz y orientación en su vida y misión eclesiales. Este proceso, que tiene lugar en lo íntimo del catequista, incide profundamente en su libertad y no puede reducirse simplemente a una instrucción, a una exhortación moral, o a una renovación de métodos pastorales. La formación, que también hace uso de las habilidades humanas, es ante todo una sabia obra de apertura al Espíritu de Dios que, gracias a la disponibilidad de los sujetos y la preocupación materna de la comunidad, *conforma* a los bautizados con Jesucristo, moldeando en sus corazones su rostro de Hijo (Cf. *Gál* 4,19), enviado por el Padre para anunciar el mensaje de salvación a los pobres (Cf. *Lc* 4,18).

**132.** La formación tiene como finalidad, en primer lugar, concientizar a los catequistas de ser, como bautizados, verdaderos *discípulos misioneros*, es decir, sujetos activos de la evangelización y, sobre este fundamento, capacitados por la Iglesia para *comunicar* el Evangelio, *acompañar* y *educar* en la fe. Por lo tanto, la formación de los catequistas ayuda a desarrollar las habilidades necesarias para la comunicación de la fe y para acompañar el crecimiento de los hermanos. La finalidad cristocéntrica de la catequesis plasma toda la formación de los catequistas y les pide que sepan animar el camino catequístico que resalte la centralidad de Jesucristo en la historia de la salvación.

## 2. La comunidad cristiana, lugar privilegiado de la formación

**133.** «La comunidad cristiana es el origen, el lugar y la meta de la catequesis. Es siempre desde la comunidad creyente que nace la proclamación del Evangelio, que invita a hombres y mujeres a convertirse y seguir a Cristo. Y es la misma comunidad que acoge a aquellos que desean conocer al Señor y empeñarse en una vida nueva»[1]. La comunidad es el vientre en el que nace y crece la vocación específica al servicio de la catequesis, es una comunidad real, rica en dones y oportunidades, pero no exenta de límites y debilidades. En esta realidad comunitaria, donde se hace una experiencia concreta de la misericordia de Dios, también se hace posible el ejercicio de la acogida y del perdón mutuos. La comunidad que experimenta la fuerza de la fe y sabe vivir y testimoniar el amor, anuncia y educa de una manera del todo natural. Por lo tanto, el lugar por excelencia para la formación del catequista, es la comunidad cristiana, con la variedad de sus carismas y ministerios, es el ambiente natural en el que se aprende y se vive la vida de fe.

**134.** Dentro de la comunidad tiene un papel particular el *grupo de catequistas* que, junto con los presbíteros, comparten mutuamente el camino de la fe y la experiencia pastoral, así crece la identidad del catequista y se toma conciencia del proyecto evangelizador. Al escuchar las necesidades de las personas, al hacer el discernimiento pastoral, al preparar, evaluar e implementar los itinerarios de fe se va forjando un laboratorio de formación permanente para cada catequista. El grupo de catequistas es el contexto real en el cual todos pueden ser evangelizados continuamente y permanecer disponibles para nuevos aportes formativos.

## 3. Criterios para la formación

**135.** En la formación de los catequistas deben tenerse en cuenta ciertos criterios, que sirven de inspiración para los proyectos formativos. Dado que es necesario capacitar a los catequistas para la evangelización en el mundo de hoy, es

---

[1]    DGC 254.

necesario armonizar sabiamente y con la debida atención a las personas con las verdades de fe, el crecimiento personal y la dimensión comunitaria, el cuidado en las dinámicas espirituales y la dedicación al compromiso por el bien común. De manera concreta se deben considerar estos criterios.

a. *Espiritualidad misionera y evangelizadora*: Es vital que durante todo el proceso formativo se respire la centralidad de la experiencia espiritual en una perspectiva misionera. Para evitar el riesgo de caer en un afán pastoral estéril, el catequista debe ser entrenado como un discípulo misionero, capaz de comenzar siempre desde su propia experiencia de Dios, quien lo envía a caminar al lado de los hermanos. Esta espiritualidad misionera, entendida como un encuentro con los demás, un compromiso en el mundo y una pasión por la evangelización, alimenta la vida del catequista y salva del individualismo, del intimismo, de la crisis de identidad y de la debilidad en el fervor.

b. *Catequesis como formación integral*: se trata de «formar catequistas para que puedan transmitir no sólo una enseñanza, sino también una formación cristiana integral, desarrollando "tareas de iniciación, de educación y de enseñanza". Se necesitan catequistas que sean, al mismo tiempo, maestros, educadores y testigos»[2]. Por esta razón, la formación de catequistas sabrá inspirarse también en la experiencia catecumenal, que, entre otros elementos, se caracteriza precisamente por esta visión de conjunto de la vida cristiana.

c. *Estilo de acompañamiento*: La Iglesia siente el deber de capacitar a sus catequistas en el arte del acompañamiento

---

[2]    DGC 237, Cf. también CONGREGACIÓN PARA EL CLERO, *Directorio Catequístico General* (abril 11 de 1971), 31.

personal, ofreciéndoles la experiencia de *ser acompañados* para crecer en el discipulado y enviándolos también a *acompañar* a sus hermanos. Este estilo requiere una humilde disposición para dejarse tocar por las preguntas y dejarse interrogar por las situaciones de la vida, con una mirada llena de compasión, pero también respetuosa de la libertad de los otros. La novedad a la cual está llamado el catequista radica en la proximidad, en la acogida incondicional y en la gratuidad con la que se pone a disposición para caminar junto a los demás, para escucharlos y explicar las Escrituras (Cf. *Lc* 24,13-35; *Hch* 8,26-39), sin establecer previamente el recorrido, sin pretender ver los frutos y sin reclamar para sí mismo.

d. *Coherencia entre los estilos formativos*: «como criterio general hay que decir que debe existir una coherencia entre la pedagogía global de la formación del catequista y la pedagogía propia de un proceso catequético. Al catequista le sería muy difícil improvisar, en su acción catequética, un estilo y una sensibilidad en los que no hubiera sido iniciado durante su formación»[3].

e. *Perspectiva de la disposición para aprender y de la autoformación*: las ciencias de la formación indican ciertas actitudes como condición para un futuro camino de formación. En primer lugar, es necesario que el catequista madure en la *disposición para aprender*, es decir, la voluntad de dejarse tocar por la gracia, por la vida, por las personas, en una actitud serena y positiva hacia la realidad para *aprender a aprender*. Además, la disponibilidad a la autoformación es lo que le permite al catequista hacer propio un método formativo y saber cómo aplicarlo a sí mismo y a su pro-

---

[3] DGC 237. Cf. EG 171: «Más que nunca necesitamos de hombres y mujeres que, desde su experiencia de acompañamiento, conozcan los procesos».

pio servicio eclesial. Se trata de entenderse concretamente como sujetos siempre en formación y abiertos a las novedades del Espíritu, de saber guardar y nutrir la propia vida de fe, de acoger al grupo de catequistas como recurso para el aprendizaje, de vivir actualizados.

f.  *Dinámica del laboratorio*[4] *en el contexto grupal*, como una práctica formativa en la que la fe se *aprende haciendo*, es decir, valorando lo vivido, las contribuciones y las reformulaciones de cada uno, con miras a un aprendizaje transformador.

## 4. LAS DIMENSIONES DE LA FORMACIÓN

**136.** La formación del catequista incluye varias dimensiones. La más profunda hace referencia al *ser* catequista, incluso antes de *hacer* de catequista. De hecho, la formación lo ayuda a madurar como persona, como creyente y como apóstol. Esta dimensión hoy en día se conjuga también con la expresión *saber estar con*, que resalta cómo la identidad personal es siempre una identidad relacional. Además, para que el catequista pueda llevar a cabo su tarea adecuadamente, la formación también estará atenta a la dimensión del *saber*, lo que implica una doble fidelidad al mensaje y a la persona en el contexto en el que vive. Dado que la catequesis es un acto comunicativo y educativo, la formación no descuidará la dimensión del *saber hacer*.

**137.** Las dimensiones de la formación de los catequistas no deben considerarse independientes entre sí, sino profunda-

---

[4]  Cf. JUAN PABLO II, *Discurso en la Vigilia de oración al final de la XV Jornada mundial de la Juventud* (agosto 19 de 2000): el proceso de vivir la madurez de la fe como elemento de transformación interior ha sido presentado por Juan Pablo II como un *laboratorio de la fe*.

mente relacionadas, siendo aspectos de la unidad indivisible de la persona. Para un crecimiento armonioso de la persona del catequista, lo indicado es que el trabajo de capacitación tenga cuidado de no acentuar una dimensión respecto a otra, sino que busque promover un desarrollo equilibrado, interviniendo en aquellos aspectos que resulten más débiles.

**138.** Por otro lado, el esfuerzo por adquirir estas habilidades, no debe llevar a pensar en los catequistas como agentes competentes en diversas áreas, sino principalmente como personas que han experimentado el amor de Dios y que, sólo por esta razón, se ponen al servicio del anuncio del Reino. El conocimiento de sus propios límites no puede desanimar al catequista o hacer que rechace el llamado al servicio; más bien, puede responder a esta vocación confiando en la relación viva con el Señor y en el deseo de vivir la vida cristiana con autenticidad y generosamente, poniendo a disposición de la comunidad los «cinco panes y dos peces» (Cf. *Mc* 6,38) de sus propios carismas personales. «Procuramos al mismo tiempo, mejorar la formación […] Nuestra imperfección no debe ser una excusa; al contrario, la misión es un estímulo constante para no quedarse en la mediocridad y para seguir creciendo»[5].

## *Ser* y *saber* ser con: madurez humana, cristiana y conciencia misionera

**139.** En la dimensión del *ser*, el catequista está entrenado para convertirse en *testigo de la fe* y *custodio de la memoria de Dios*. La formación ayuda al catequista a reconsiderar su propia acción catequística como una oportunidad para el crecimiento humano y cristiano. Sobre la base de una madurez humana inicial, el catequista está llamado a crecer constantemente en

---

[5]    EG 121.

un equilibrio afectivo, sentido crítico, unidad y libertad interior, viviendo relaciones que apoyen y enriquezcan la fe. «La verdadera formación alimenta sobre todo la espiritualidad del catequista mismo, de modo que su acción brote en verdad del testimonio de su vida»[6]. Por lo tanto, la formación sostiene la conciencia misionera del catequista, a través de la interiorización de las exigencias del Reino que Jesús ha manifestado. El trabajo formativo para la maduración humana, cristiana y misionera requiere un cierto acompañamiento a lo largo del tiempo, porque interviene en el núcleo que fundamenta el actuar de la persona.

**140.** A partir de este nivel de interioridad, germina el *saber ser con*, como una habilidad natural necesaria para la catequesis entendida como un acto educativo y comunicativo. En la relación que es inherente a la esencia misma de la persona (Cf. *Gn* 2,18) se injerta la comunión eclesial. La formación de catequistas se ocupa de mostrar y hacer crecer esta capacidad relacional, que se expresa en la voluntad de vivir los lazos humanos y eclesiales de una manera fraterna y serena[7].

**141.** Al reiterar su compromiso con la maduración humana y cristiana de los catequistas, la Iglesia llama la atención sobre la tarea de vigilar con determinación, para que, en el desarrollo de su misión, se garantice a cada persona, especialmente a los menores y a las personas vulnerables, la protección absoluta contra cualquier forma de abuso. «Para que estos casos, en todas sus formas, no ocurran más, se necesita una continua y profunda conversión de los corazones, acompañada de acciones concretas y eficaces que involucren a todos en la Iglesia, de modo que la santidad personal y el compromiso moral con-

---

[6]   DGC 239.

[7]   Sobre este aspecto particular, Cf. nn. 88-89 (*Introducir en la vida* comunitaria) del presente *Directorio*.

tribuyan a promover la plena credibilidad del anuncio evangélico y la eficacia de la misión de la Iglesia»[8].

**142.** Por su servicio, el catequista desempeña un papel con las personas que acompaña en la fe y es percibido por ellas como una persona de referencia, que ejerce cierta forma de autoridad. Por lo tanto, es necesario que ese papel se viva con el más absoluto respeto por la conciencia de la persona para evitar cualquier tipo de abuso, ya sea de poder, de influencia, económico o sexual. En el recorrido de la formación y a través de un diálogo honesto y con la guía espiritual, se les ayuda a los catequistas a identificar la forma correcta de vivir su autoridad como un verdadero servicio a los hermanos. Además, para no traicionar la confianza de las personas que les han sido confiadas, los catequistas han de distinguir entre *fuero interno* y el *fuero externo* además de tener un gran respeto por la sagrada libertad del otro, sin violarla ni manipularla de ninguna manera.

## *Saber*: formación bíblico-teológica y conocimiento de la persona y del contexto social

**143.** El catequista también es un *maestro* que enseña la fe. De hecho, él hace del testimonio su primera virtud y no olvida que también es responsable de la transmisión de la fe eclesial. Por lo tanto, en su formación busca espacio para profundizar y estudiar el mensaje que debe transmitir en relación con el contexto cultural, eclesial y existencial del interlocutor. No se debe subestimar la exigencia de este aspecto de la formación que además está íntimamente relacionado con el deseo de profundizar en el conocimiento de Aquél que, en la fe, el catequista ya ha reconocido como su Señor. La asimilación del contenido de la fe como *sabiduría de la fe* se lleva a cabo prin-

---

[8]    FRANCISCO, Carta Apostólica *Vos estis lux mundi* (mayo 7 de 2019).

cipalmente a través de la familiaridad con la Sagrada Escritura, con el estudio del *Catecismo de la Iglesia Católica*, de los catecismos de las Iglesias particulares y de los documentos magisteriales.

**144.** Por eso es necesario que el catequista conozca:

- Las principales etapas de la historia de la salvación: el Antiguo Testamento, el Nuevo Testamento y la historia de la Iglesia, a la luz del misterio pascual de Jesucristo;

- los núcleos esenciales del mensaje y de la experiencia cristiana: el *Símbolo de la fe*, la *liturgia* y los *sacramentos*, la *vida moral* y la *oración*.

- Los elementos principales del Magisterio eclesial con respecto a la proclamación del Evangelio y la catequesis.

Además, en algunas partes del mundo, donde conviven católicos de diferentes tradiciones eclesiales, los catequistas han de tener un conocimiento general de la teología, la liturgia y la disciplina sacramental de sus hermanos. Finalmente, en contextos ecuménicos y de pluralismo religioso, se debe cuidar que los catequistas conozcan los elementos esenciales de la vida y de la teología de otras Iglesias, de comunidades cristianas y de otras religiones, para que, con respeto a la identidad de cada uno, el diálogo sea auténtico y fructífero.

**145.** Sin embargo, al presentar el mensaje, es necesario tener cuidado en cómo hacerlo para que pueda ser aceptado y recibido positivamente. Por tanto, es necesario conciliar:

a. El *carácter sintético* y *kerygmático*, de modo que los diversos elementos de la fe se presenten en una visión unitaria y orgánica, capaces de tocar la experiencia humana;

b. la *calidad narrativa* del *relato bíblico*, que «comporta un acercamiento a las Escrituras en la fe y en la Tradición de la Iglesia, de modo que se perciban esas palabras como vivas […] para que todo fiel reconozca que también su existencia personal pertenece a esta misma historia»[9];

c. un *estilo catequético de los contenidos teológicos*, que valora las condiciones de vida de las personas;

d. un *conocimiento de tipo apologético*, que muestre que la fe no se opone a la razón y evidencia las verdades desde una correcta antropología, iluminada por la razón natural, subrayando el papel de los *preambula fidei* para «desarrollar un nuevo discurso sobre la credibilidad, una apologética original que ayude a crear las disposiciones para que el Evangelio sea escuchado por todos»[10].

**146.** Junto con la fidelidad al mensaje de fe, el catequista está llamado a conocer a la persona concreta y el contexto sociocultural en el que vive. Como todos los cristianos, aún más los catequistas «vivan en muy estrecha unión con los demás hombres de su tiempo, y esfuércense en penetrar su manera de pensar y sentir, cuya expresión es la cultura» (GS 62). Este conocimiento llega a través de la experiencia y de la continua reflexión sobre ella, pero también gracias a la preciosa contribución de las ciencias humanas, a la luz de los principios de la doctrina social de la Iglesia. Entre las ciencias debe darse especial importancia a la sicología, la sociología, la pedagogía, las ciencias de la educación y de la comunicación. La Iglesia

---

[9] BENEDICTO XVI, Exhortación Apostólica Postsinodal *Verbum Domini* (septiembre 30 de 2010), 74.

[10] EG 132; Cf. también SÍNODO DE LOS OBISPOS, XIII ASAMBLEA GENERAL ORDINARIA, *La nueva evangelización para la transmisión de la fe cristiana. Listado final de proposiciones* (octubre 27 de 2012), 17.

se siente invitada a dejarse interpelar por estas ciencias por su valioso aporte que dan a la formación de catequistas como a la tarea catequética misma. De hecho, la teología y las ciencias humanas se enriquecen mutuamente.

**147.** Algunos criterios guían el uso de las ciencias humanas en la formación de los catequistas[11]:

- El *respeto por la autonomía de las ciencias*: «La Iglesia afirma la autonomía legítima de la cultura y especialmente de las ciencias» (GS 59);

- *discernimiento* y *evaluación* de las diferentes teorías sicológicas, sociológicas y pedagógicas para apreciar su valor y reconocer sus límites;

- las contribuciones de las ciencias humanas se reciben en la *perspectiva de la fe* y *sobre la base de la antropología cristiana*.

## *Saber hacer*: formación pedagógica y metodológica

**148.** En la dimensión del *saber hacer*, el catequista es capacitado para crecer como *educador* y *comunicador*. «El catequista es un educador que facilita la maduración de la fe que el catecúmeno o catequizando realiza con la ayuda del Espíritu Santo. Lo primero que hay que tener en cuenta en este decisivo aspecto de la formación es respetar la pedagogía original de la fe»[12]. El catequista, reconociendo que su interlocutor es un sujeto activo en el cual la gracia de Dios actúa dinámicamente, se presentará como un facilitador respetuoso de una experiencia de fe de la cual él no es el protagonista.

---

[11]   DGC 243.
[12]   DGC 244.

**149.** La formación pedagógica del catequista tiende a desarrollar ciertas actitudes como:

a. La *capacidad de libertad interior* y *gratuidad*, de *dedicación* y *coherencia* para ser un testigo creíble de la fe;

b. la *capacidad de comunicación* y de *narración de la fe* como habilidad de presentar la historia de la salvación de una manera vital de tal manera que las personas puedan sentirse parte de ella;

c. el *desarrollo de una mentalidad educativa*, que implica la voluntad de construir relaciones maduras con las personas y la capacidad de guiar las dinámicas del grupo, favoreciendo la activación de los procesos de aprendizaje tanto individuales como comunitarios;

d. la g*estión serena de las relaciones educativas* en su calidad afectiva, entrando en sintonía con el mundo interior del otro y disponiéndose a que pueda expresar sus propias emociones;

e. la *capacidad de preparar un itinerario de fe* que consiste en considerar las circunstancias socioculturales, desarrollar un plan realista de acción, usar con creatividad lenguajes, técnicas y herramientas, saber evaluar.

En el proceso educativo, lugar rico para el crecimiento y el diálogo, también se experimentan errores y limitaciones, requiere paciencia y dedicación. Es bueno madurar la disponibilidad para ser educado mientras se educa; de hecho, la experiencia en sí misma es un laboratorio de capacitación en el que el aprendizaje es más profundo.

**150.** Como educador, el catequista también tendrá la función de mediar la pertenencia a la comunidad y de vivir el servicio de la catequesis como un *estilo de comunión*. De hecho, el catequista lleva a cabo este proceso educativo no individualmente, sino junto con la comunidad misma y en su nombre. De ahí que sepa trabajar en comunión, buscando el acuerdo con el grupo de catequistas y con los otros trabajadores pastorales. Además, está llamado a cuidar la calidad de las relaciones y a animar las dinámicas del grupo de catequesis.

## 5. LA FORMACIÓN CATEQUÉTICA DE LOS CANDIDATOS AL ORDEN SAGRADO

**151.** En la preocupación de la Iglesia por la catequesis, la responsabilidad recae en aquellos que han sido constituidos como ministros de la Palabra de Dios por el sacramento del Orden. De hecho, la calidad de la catequesis en una comunidad depende también de los ministros ordenados que se ocupan de ella. Por esta razón, a lo largo del proceso formativo de los candidatos a las Órdenes sagradas, no puede faltar una instrucción específica sobre el anuncio y la catequesis (Cf. OT 19). Una adecuada formación de los futuros presbíteros y diáconos permanentes en esta área se verá luego en frutos concretos: pasión por el anuncio del Evangelio, capacidad de catequizar a los fieles, habilidad para dialogar con la cultura, espíritu de discernimiento, voluntad de formar y colaborar con catequistas laicos, capacidad de diseñar creativamente caminos de educación en la fe. Se aplican también a los candidatos a las Órdenes sagradas los mismos criterios formativos ya enunciados anteriormente.

**152.** Por lo tanto, es necesario en los Seminarios y en las casas de formación[13]:

---

[13]  Cf. CONGREGACIÓN PARA EL CLERO, *El don de la vocación presbiteral, Ratio fundamentalis institutionis sacerdotalis* (diciembre 8 de 2016), especialmente los nn. 59, 72, 157b, 177, 181, 185.

a.  Empapar a los candidatos, a través de la formación espiritual, de un espíritu misionero que los impulse a anunciar explícitamente el Evangelio a aquellos que no lo conocen y a no descuidar la educación en la fe de cada bautizado;

b.  garantizar experiencias de primer anuncio y ejercicios en las diversas formas de catequesis;

c.  introducirlos en un conocimiento detallado y profundo del *Catecismo de la Iglesia Católica*;

d.  profundizar el *Ritual de Iniciación Cristiana de Adultos* como una herramienta preciosa para la catequesis y la mistagogía;

e.  dar a conocer las orientaciones relacionadas con la catequesis de su propia Iglesia particular;

f.  asegurar en el plan de estudios el conocimiento de la catequesis, del Magisterio en esta materia y de las demás ciencias humanas.

**153.** Los Obispos se encargarán de integrar las indicaciones antes mencionadas en los proyectos formativos de sus seminaristas y candidatos para el diaconado permanente. También prestarán una especial atención a la formación catequética de los presbíteros, especialmente en el contexto de su formación permanente. Esta atención tiene la intención de promover la actualización catequético-pastoral necesaria, que dará a los presbíteros un mayor y directo afianzamiento en la acción catequística, y al mismo tiempo les ayuda a sentirse partícipes en la formación de los catequistas.

## 6. CENTROS PARA LA FORMACIÓN

### Los centros de formación básica para catequistas

**154.** Los *Centros de formación básica para catequistas*, con enfoque parroquial, interparroquiales o el diocesano, tienen la tarea de proponer una formación sistemática fundamental. Es recomendable una formación básica sobre los contenidos esenciales, presentados de manera sencilla, pero con un estilo formativo apropiado a las necesidades actuales. Esta formación, que tiene el valor de ser *sistemática* ya que garantiza una visión global, es de todas maneras una formación de *calidad*, asegurada por formadores especializados con gran sensibilidad y experiencia pastoral. Además, al permitir el intercambio y el conocimiento con otros catequistas se alimenta la comunión eclesial.

### Los centros de especialización para responsables y animadores de la catequesis

**155.** Los *centros de especialización*, de carácter diocesano, interdiocesano, o nacional, tienen el objetivo de promover la formación de animadores y responsables tanto de catequesis como de catequistas que pretenden especializarse en este servicio de una manera más estable. El nivel formativo de estos *centros* es más exigente y, por lo tanto, la intensidad educativa es más prolongada y pide más tiempo. Partiendo de una base formativa común de corte teológico y antropológico, para llegar luego a los laboratorios formativos más experimentales, estos centros cultivan las especializaciones catequéticas que se consideren necesarias para las exigencias particulares del territorio eclesial. Es, pues, necesario tener la capacidad de promover la formación de responsables que a su vez garanticen la formación continua de los otros catequistas y puedan asegurar el acompañamiento personalizado de los participantes. Quizá sea apropiado que la oferta de estos *centros*, con la colaboración de otras oficinas pastorales de la Diócesis o de la Iglesia particular, se dirija a los responsables de los diferentes sectores pastorales, se convierta en *centros para la formación de agentes de pastoral*.

## Los centros superiores para expertos en catequética

**156.** Los *centros superiores para expertos en catequética*, a nivel nacional o internacional, ofrecen a los presbíteros, diáconos, personas consagradas y laicos una formación catequética de nivel superior, con el objetivo de preparar a los catequistas responsables de la catequesis a nivel diocesano o en el ámbito de las congregaciones religiosas. Además, estos *centros superiores* forman a profesores de catequética para Seminarios, casas de formación y promueven también la investigación en el campo catequético. Están estructurados como verdaderos *institutos universitarios* en cuanto a su organización de los estudios, duración de los cursos y condiciones de admisión. Dada su importancia para la misión eclesial, es deseable que los *institutos de formación catequética* ya existentes se fortalezcan y que puedan crearse otros. Los Obispos deben tener especial cuidado para elegir las personas adecuadas para dirigir estos centros, sostenerlos de tal manera que nunca falten en sus respectivas diócesis los expertos en catequesis.

## Segunda parte

# El proceso de la catequesis

# Capítulo V

# La pedagogía de la fe

## 1. LA PEDAGOGÍA DIVINA EN LA HISTORIA DE LA SALVACIÓN

**157.** La Revelación es la gran obra educativa de Dios. De hecho, también puede interpretarse en clave pedagógica. En ella encontramos los elementos característicos que pueden conducir a identificar una *pedagogía divina*, capaz de inspirar profundamente la acción educativa de la Iglesia. La catequesis también sigue las huellas de la pedagogía de Dios. Desde el comienzo de la historia de la salvación, la Revelación de Dios se manifiesta como una iniciativa de amor que se expresa en muchas atenciones educativas. Dios ha preguntado al hombre, a quien pidió una respuesta. A Adán y a Eva pidió una respuesta de fe, en obediencia a su mandato; en su amor, a pesar de la desobediencia, Dios continuó comunicando la verdad de su misterio poco a poco, gradualmente, hasta la plenitud de la Revelación en Jesucristo.

**158.** El objetivo de la Revelación es la salvación de cada persona que se realiza a través de una original y eficaz *pedagogía de Dios* a lo largo de la historia. Dios en la Sagrada Escritura se revela como un Padre misericordioso, un maestro, un sabio (Cf. *Dt* 8,5; *Os* 11,3-4; *Prov* 3,11-12), que encuentra al hombre en la condición propia y lo libera del mal, atrayéndolo hacia Él con lazos de amor. Poco a poco y con paciencia, conduce a la madurez al pueblo elegido y a cada persona que lo escucha. El Padre, como brillante educador, transforma los acontecimientos de su pueblo en enseñanzas de sabiduría (Cf. *Dt* 4,36-40; 11,2-7), adaptándose a las edades y situaciones en las que vive. Da lecciones que se transmitirán de generación en generación (Cf. *Éx* 12,25-27; *Dt* 6,4-8; 6,20-25; 31,12-13; *Jos* 4,20-24), amonesta y educa también a través de pruebas y sufrimientos (Cf. *Am* 4,6; *Os* 7,10; *Jr* 2, 30; *Hb* 12,4-11; *Ap* 3,19).

**159.** Esta pedagogía divina se hace visible también en el misterio de la encarnación cuando el ángel Gabriel le pide a una joven de Nazaret su participación activa con el poder del Espíritu Santo: el *fiat* de María es la respuesta plena de la fe (Cf. *Lc* 1,26-38). Jesús cumple su misión como salvador y pone de manifiesto la pedagogía de Dios. Los discípulos han experimentado la *pedagogía de Jesús*, de quien los Evangelios narran los rasgos distintivos: la acogida al pobre, al sencillo, al pecador, el anuncio del Reino de Dios como buena noticia, el estilo de amor que libera del mal y promueve la vida. La palabra y el silencio, la parábola y la imagen se convierten en una verdadera pedagogía para revelar el misterio de su amor.

**160.** Jesús cuidó con esmero la formación de sus discípulos en vista de la evangelización. Se presentó ante ellos como el único maestro y, al mismo tiempo, como un amigo paciente y fiel (Cf. *Jn* 15,15; *Mc* 9,33-37; *Mc* 10,41-45). Él ha enseñado la verdad a lo largo de su vida. Les planteó preguntas (Cf. *Mc* 8,14-21.27). Les explicó con mayor profundidad lo que proclamó a la multitud (Cf. *Mc* 4,34; *Lc* 12, 41). Les enseñó a orar (Cf. *Lc* 11,1-2). Los envió a una misión no solos, sino como una pequeña comunidad (Cf. *Lc* 10,1-20). Les prometió el Espíritu Santo que los guiaría a la verdad plena (Cf. *Jn* 16,13), sosteniéndolos en los momentos difíciles (Cf. *Mt* 10,20; *Jn* 15,26; *Hch* 4,31). Por tanto, la forma de relacionarse de Jesús se califica con rasgos delicadamente educativos. Jesús sabe acoger y, al mismo tiempo, llevar a la mujer samaritana hacia un camino de aceptación gradual de la gracia y de disponibilidad para la conversión. Resucitado, se acerca a los dos de Emaús, camina con ellos, dialoga, comparte sus sufrimientos. Al mismo tiempo, invita a abrir el corazón, conduce a la experiencia eucarística y abre los ojos para ser reconocido; finalmente, se hace a un lado para dejar espacio a la iniciativa misionera de los discípulos.

**161.** Jesucristo es «el Maestro que revela a Dios a los hombres y al hombre a sí mismo; el Maestro que salva, santifica y guía, que está vivo, que habla, exige, que conmueve, que endereza, juzga, perdona, camina diariamente con nosotros en la historia; el Maestro que viene y que vendrá en la gloria»[1]. En todos los diversos medios utilizados para enseñar quién era, Jesús evocó y obtuvo una respuesta personal de sus oyentes. Esta es la respuesta de la fe y, aún más profundamente, la obediencia de la fe. Esta respuesta, debilitada por el pecado, necesita una conversión permanente. De hecho, Jesús como maestro presente y operante en la vida de la persona, la instruye desde el interior llevándola a la verdad sobre Él y guiándola hacia la conversión. «La alegría del Evangelio llena el corazón y la vida entera de los que se encuentran con Jesús. Quienes se dejan salvar por Él son liberados del pecado, de la tristeza, del vacío interior, del aislamiento. Con Jesucristo siempre nace y renace la alegría»[2].

**162.** El Espíritu Santo, anunciado por el Hijo antes de su Pascua (Cf. *Jn* 16,13) y prometido a todos los discípulos, es un

---

[1]  CT 9.

[2]  EG 1.

don y es el dador de todos los dones. Los discípulos fueron guiados por el Paráclito al conocimiento de la verdad y dieron testimonio «hasta los confines de la tierra» (*Hch* 1,8), de lo que del Verbo de la vida habían escuchado, visto, contemplado y tocado (Cf. *1 Jn* 1,1). La acción del Espíritu Santo en la persona la mueve a adherirse al verdadero bien, a la comunión del Padre y del Hijo, y la sostiene con una acción providencial, para que pueda corresponder a la acción divina. Al actuar en el interior de la persona y al morar en ella, el Espíritu Santo la vivifica, la conforma con el Hijo brindándole los dones de la gracia y permeándola con gratitud, lo cual es al mismo tiempo consuelo y deseo de realizar cada vez más profundamente su semejanza con Cristo.

**163.** La respuesta a la acción del Espíritu Santo produce una auténtica renovación del creyente: recibida la unción (Cf. *1 Jn* 2,27) y comunicada la vida del Hijo, el Espíritu lo convierte en una nueva creatura. Hijos en el Hijo, los cristianos reciben un espíritu de caridad y de adopción a través del cual confiesan su filiación al llamar a Dios *Padre*. El hombre, renovado y hecho hijo, es una creatura neumática, espiritual, en comunión, que se deja conducir por el viento del Señor (Cf. *Is* 59,19), suscitando en él, «el querer como el actuar» (*Flp* 2,13), que le permite corresponder libremente al bien que Dios quiere. «El Espíritu Santo, además, infunde la fuerza para anunciar la novedad del Evangelio con audacia (*parresía*), en voz alta y en todo tiempo y lugar, incluso a contracorriente»[3]. Estas referencias nos permiten comprender el valor que la pedagogía divina tiene para la vida de la Iglesia, y cuán decisivo aparece su ejemplaridad también en la catequesis, llamada a dejarse inspirar y animar por el Espíritu de Jesús y, con su gracia, moldear la vida de fe del creyente.

---

[3]   EG 259.

## 2. LA PEDAGOGÍA DE LA FE EN LA IGLESIA

**164.** Los relatos de los Evangelios atestiguan los rasgos de la relación educativa de Jesús e inspiran la acción pedagógica de la Iglesia. Desde el principio, la Iglesia ha vivido su misión

> como una continuación visible y actual de la pedagogía del Padre y del Hijo. Siendo nuestra "madre, ella es también la educadora de nuestra fe". Estas son las razones profundas por las que la comunidad cristiana es en sí misma catequesis viviente. Siendo lo que es, anuncia, celebra, vive y permanece siempre como el espacio vital indispensable y primario de la catequesis. La Iglesia ha generado a lo largo de los siglos un incomparable patrimonio de pedagogía de la fe: sobre todo el testimonio de los y las catequistas santos. Una variedad de vías y formas originales de comunicación religiosa como el catecumenado, los catecismos, los itinerarios de vida cristiana; un valioso tesoro de enseñanzas catequéticas, de expresiones culturales de la fe, de instituciones y servicios de la catequesis. Todos estos aspectos constituyen la historia de la catequesis y entran con derecho propio en la memoria de la comunidad y en el quehacer del catequista[4].

**165.** La catequesis se inspira en los rasgos de la pedagogía divina que se acaban de describir. De esta manera, se convierte en una acción pedagógica al servicio del *diálogo de salvación* entre Dios y el hombre. Por lo tanto, es importante que estas características se evidencien:

- Hacer presente la iniciativa del amor gratuito de Dios;
- resaltar el destino universal de la salvación;
- evocar la necesaria conversión para la obediencia a la fe;

---

[4] DGC 141, Cf. también CCC 169.

- asumir el principio de la gradualidad de la Revelación y la trascendencia de la Palabra de Dios, así como su inculturación en las culturas humanas;

- reconocer la centralidad de Jesucristo, Palabra de Dios hecha carne que determina la catequesis como *pedagogía de la encarnación*;

- valorar la experiencia comunitaria de la fe como propia del pueblo de Dios;

- construir una pedagogía de signos, donde los hechos y las palabras se relacionen entre sí;

- recordar que el amor inagotable de Dios es la razón última de todas las cosas.

**166.** El camino de Dios que se revela y salva, combinado con la respuesta de fe de la Iglesia en la historia, se convierte en la fuente y en el modelo de la pedagogía de fe. Por lo tanto, la catequesis se configura como un proceso que permite la madurez de la fe a través del respeto por el itinerario de cada creyente. Así pues, la catequesis es una *pedagogía en acto de la fe*, que lleva a cabo un trabajo conjunto de *iniciación, educación* y *enseñanza*, teniendo siempre clara la unidad entre el contenido y la forma con la cual se transmite. La Iglesia es consciente de que el Espíritu Santo actúa eficazmente en la catequesis: esta presencia hace de la catequesis una original pedagogía de la fe.

## Criterios para el anuncio del mensaje evangélico

**167.** En su acción catequística, la Iglesia se preocupa por ser fiel al corazón del mensaje del Evangelio.

A veces, escuchando un lenguaje completamente ortodoxo, lo que los fieles reciben, debido al lenguaje que ellos utilizan y comprenden, es algo que no responde al verdadero Evangelio de Jesucristo. Con la santa intención de comunicarles la verdad sobre Dios y sobre el ser humano, en algunas ocasiones les damos un falso dios o un ideal humano que no es verdaderamente cristiano. De ese modo, somos fieles a una formulación, pero no entregamos la substancia[5].

Para evitar este peligro y para que la obra del anuncio del Evangelio se inspire en la pedagogía de Dios, es bueno que la catequesis considere estos criterios que están fuertemente vinculados entre sí, ya que todos provienen de la Palabra de Dios.

### *Criterio trinitario y cristológico*

**168.** La catequesis es necesariamente trinitaria y cristológica. «El misterio de la Santísima Trinidad es el misterio central de la fe y de la vida cristiana. Es el misterio de Dios en sí mismo. Es, pues, la fuente de todos los otros misterios de la fe; es la luz que los ilumina»[6]. Cristo es el camino que conduce al misterio íntimo de Dios. Jesucristo no sólo transmite la Palabra de Dios: Él es la Palabra de Dios. La Revelación de Dios como Trinidad es vital para comprender no sólo la originalidad propia del cristianismo y de la Iglesia, sino también la noción de persona como ser relacional y de comunión. Sin un mensaje claramente trinitario del Evangelio, por Cristo al Padre en el Espíritu Santo, la catequesis traicionaría su peculiaridad.

**169.** El *cristocentrismo* es lo que caracteriza esencialmente al mensaje transmitido por la catequesis. Esto significa, en primer lugar, que en el corazón de la catequesis está la persona de Jesucristo viva, presente y operante. El anuncio del Evan-

---

[5] EG 41

[6] CEC 234.

gelio es presentar a Cristo y todo lo demás en referencia a Él. Además, como Cristo es «la clave, el centro y el fin de toda la historia humana» (GS 10), la catequesis ayuda al creyente a insertarse activamente en Él, mostrando cómo Cristo es su cumplimiento y significado último. Finalmente, la centralidad de Cristo significa que la catequesis se compromete a «transmitir lo que Jesús enseña acerca de Dios, del hombre, de la felicidad, de la vida moral, de la muerte»[7], ya que el mensaje del Evangelio no proviene del hombre, sino que es Palabra de Dios. Resaltar la centralidad de Cristo anunciándolo, favorece el seguimiento de Él y la comunión con Él.

**170.** La catequesis y la liturgia, recogiendo la fe de los Padres de la Iglesia, han plasmado una forma propia de leer e interpretar las Escrituras, que todavía hoy conserva su gran valor. Se caracteriza por una presentación unitaria de la persona de Jesús a través de sus *misterios*[8], es decir, según los principales acontecimientos de su vida, entendidos en su perenne sentido teológico y espiritual. Estos misterios se celebran en las diversas fiestas del Año litúrgico y están representados por los bellos iconos que adornan muchas Iglesias. En esta presentación de la persona de Jesús están unidos el dato bíblico y la Tradición de la Iglesia: esa forma de leer la Sagrada Escritura es particularmente preciosa en la catequesis, que uniendo Antiguo y Nuevo Testamento ha indicado que mediante una *lectura tipológica de la Sagrada Escritura* se puede comprender profundamente el significado de los acontecimientos y de los textos que cuentan la única historia de la salvación. Esta lectura señala a la catequesis un camino permanente, aún hoy muy actual, que permite a los que crecen en la fe comprender que nada de la antigua alianza se termina con Cristo, sino que en Él todo se cumple.

---

[7]   DGC 98.

[8]   CEC 512ss.

## Criterio histórico-salvífico

**171.** El significado del nombre de Jesús, «Dios salva», recuerda que todo lo que se refiere a Él es salvífico. La catequesis nunca puede ignorar el misterio pascual con el cual la salvación ha sido donada a la humanidad, fundamento de todos los sacramentos y fuente de toda gracia. La redención, la justificación, la liberación, la conversión y la filiación divina son aspectos esenciales del gran don de la salvación.

> La economía de la salvación tiene un carácter histórico, ya que se realiza en el tiempo […] La Iglesia, al transmitir hoy el mensaje cristiano desde la viva conciencia que tiene de él, guarda constante memoria de los acontecimientos salvíficos del pasado, narrándolos de generación en generación. A su luz, interpreta los acontecimientos actuales de la historia humana, donde el Espíritu de Dios renueva la faz de la tierra y permanece en una espera confiada de la venida del Señor.

Por lo tanto, la presentación de la fe tomará en consideración los hechos y las palabras con las cuales Dios se reveló al hombre a través de las grandes etapas del Antiguo Testamento, la vida de Jesús, Hijo de Dios, y la historia de la Iglesia.

**172.** Con el poder del Espíritu Santo, también la historia de las personas, dentro de la cual está la Iglesia, es historia de salvación que continúa en el tiempo. De hecho, el Señor Jesús revela que la historia no está sin rumbo porque lleva dentro de sí la presencia de Dios. La Iglesia, en su actual peregrinar hacia el cumplimiento del Reino, es un signo eficaz de la meta hacia la cual se dirige el mundo. El Evangelio, principio de esperanza para el mundo entero y para la humanidad de todos los tiempos, ofrece una visión que incluye la confianza en el amor de Dios. Por tanto, el mensaje cristiano siempre debe presentarse en relación con el significado de la vida, de la verdad y de la dignidad de la persona. Cristo vino por nuestra salvación, para que tengamos vida en plenitud. «En realidad, el misterio del hombre sólo se esclarece en el misterio del Verbo encarnado» (GS 22). La Palabra de Dios, mediada por la catequesis, ilumina la vida humana, le da su significado más profundo y acompaña al hombre en los caminos de la belleza, de la verdad y de la bondad.

**173.** El anuncio del Reino de Dios incluye un mensaje de liberación y promoción humana, íntimamente relacionado con el cuidado y la responsabilidad hacia la creación. La salvación dada por el Señor y anunciada por la Iglesia, concierne a todas las cuestiones de la vida social. Por lo tanto, es necesario tener en cuenta la complejidad del mundo contemporáneo y la conexión íntima existente entre la cultura, la política, la economía, el trabajo, el medio ambiente, la calidad de vida, la pobreza, los conflictos sociales, las guerras[9]. «El Evangelio tiene un criterio de totalidad que le es inherente: no termina de ser Buena Noticia hasta que no es anunciado a todos, hasta que no fecunda y sana todas las dimensiones del hombre, y hasta que no integra a todos los hombres en la mesa del Reino»[10]. La vida eterna será siempre el horizonte final del anuncio de la salvación. Solamente en ella el compromiso por la justicia y el deseo de liberación tendrán pleno cumplimiento.

### *Criterio de la primacía de la gracia y de la belleza*

**174.** Otro criterio de la visión cristiana de la vida es la primacía de la gracia. Toda catequesis debe ser «una catequesis de la gracia, pues por la gracia somos salvados, y también por la gracia nuestras obras pueden dar fruto para la vida eterna»[11].

---

[9]   Cf. FRANCISCO, Carta encíclica *Lauda Si'* (mayo 24 de 2015), 17-52.

[10]  EG 237.

[11]  CEC 1697.

Por lo tanto, la verdad enseñada comienza con la iniciativa amorosa de Dios y continúa con la respuesta humana que proviene de la escucha y es siempre fruto de la gracia. «La comunidad evangelizadora experimenta que el Señor tomó la iniciativa, la ha primereado en el amor (Cf. *1 Jn* 4,10); y, por eso, ella sabe adelantarse»[12]. Conscientes de que los frutos de la catequesis no dependen de la capacidad de hacer y de programar, Dios ciertamente pide una verdadera colaboración a su gracia, así pues, invita a invertir en el servicio por la causa del Reino, empleando todos los recursos de inteligencia y de operatividad que la acción catequística precisa.

**175.** «Anunciar a Cristo significa mostrar que creer en Él y seguirlo no es sólo algo verdadero y justo, sino también bello, capaz de colmar la vida de un nuevo resplandor y de un gozo profundo, aun en medio de las pruebas»[13]. La catequesis siempre debe transmitir la belleza del Evangelio que ha resonado en los labios de Jesús para todos: pobres, sencillos, pecadores, publicanos y prostitutas, que se han sentido acogidos, comprendidos y ayudados, invitados y servidos por el mismo Señor. De hecho, el anuncio del amor misericordioso y gratuito de Dios que se manifestó plenamente en Jesucristo, muerto y resucitado, es el corazón del *kerygma*. Hay también aspectos del mensaje del Evangelio que son generalmente difíciles de aceptar, especialmente cuando llama a la conversión y al reconocimiento del pecado. Sin embargo, la catequesis no es ante todo la presentación de una moral, sino un anuncio de la belleza de Dios, que se puede experimentar, que toca el corazón y la mente transformando la vida[14].

---

[12]   EG 24.

[13]   EG 167.

[14]   En el n. 165 de EG se hace referencia explícita a algunas «características del anuncio que hoy son necesarias en cualquier lugar».

## Criterio de la eclesialidad

**176.** «La fe tiene una forma necesariamente eclesial, se confiesa desde el interior del Cuerpo de Cristo, como una comunión concreta de los creyentes»[15]. De hecho,

> cuando la catequesis transmite el misterio de Cristo, en su mensaje resuena la fe de todo el pueblo de Dios a lo largo de la historia: la de los apóstoles, que la recibieron del mismo Cristo y de la acción del Espíritu Santo; la de los mártires, que la confesaron y la confiesan con su sangre; la de los santos, que la vivieron y viven en profundidad; la de los Padres y doctores de la Iglesia, que la enseñaron luminosamente; la de los misioneros, que la anuncian sin cesar; la de los teólogos, que ayudan a comprenderla mejor; la de los pastores, en fin, que la custodian con celo y amor y la enseñan e interpretan auténticamente. En verdad, en la catequesis, está presente la fe de todos los que creen y se dejan conducir por el Espíritu Santo[16].

Además, la catequesis inicia a los creyentes en el misterio de la comunión vivida, no sólo en la relación con el Padre por Cristo en el Espíritu, sino también en la comunidad de creyentes a través de la obra del mismo Espíritu. Educando en la comunión, la catequesis enseña a poder vivir en la Iglesia y como Iglesia.

## Criterio de unidad e integridad de la fe

**177.** La fe, transmitida por la Iglesia, es una sola. Los creyentes, aunque dispersos por todo el mundo, forman un solo pueblo. Incluso la catequesis, al explicar la fe con lenguajes

---

[15]  FRANCISCO, Carta encíclica *Lumen Fidei* (junio 29 de 2013), 22.
[16]  DGC 105.

culturales muy diferentes, no hace otra cosa que confirmar un solo bautismo y una sola fe (Cf. *Ef* 4,5). «El que se convierte en discípulo de Cristo tiene derecho a recibir la *palabra de la fe* no mutilada, ni falsificada, ni disminuida, sino completa e integral, en todo su rigor y en todo su vigor»[17]. Por lo tanto, un criterio fundamental de la catequesis será también expresar la integridad del mensaje, evitando presentaciones parciales o no conformes con él. De hecho, Cristo no dio ningún conocimiento secreto a unos pocos y escogidos privilegiados (la llamada *gnosis*), sino que su enseñanza es para todos, en la medida en que cada uno pueda recibirla.

**178.** La presentación de la integridad de las verdades de la fe debe tener en cuenta el principio de la *jerarquía de las verdades* (Cf. UR 11): de hecho, «todas las verdades reveladas proceden de la misma fuente divina y son creídas con la misma fe, pero algunas de ellas son más importantes por expresar más directamente el corazón del Evangelio»[18]. La unidad orgánica de la fe da testimonio de su esencia última y permite que se anuncie y enseñe en su inmediatez, sin reducciones ni disminuciones. La enseñanza, aunque sea gradual y con adaptaciones a las personas y a las circunstancias, no afecta su unidad y coherencia.

## 3. La pedagogía de la Catequesis

**179.** Frente a los desafíos actuales, la plena conciencia de la reciprocidad entre el contenido y el método es cada vez más importante, tanto en la evangelización como en la catequesis. La pedagogía original de la fe está inspirada en la condescendencia de Dios que se hace concreta en la doble finalidad —a Dios y al hombre— y, por tanto, en la elaboración de una sínte-

---

[17]   CT 30.

[18]   EG 36.

sis sabia entre las dimensiones teológicas y antropológicas de la vida de fe. En el camino de la catequesis, el principio *evangelizar educando* y *educar evangelizando*[19] recuerda, entre otras cosas, que la obra del catequista consiste en encontrar y mostrar los signos de la acción de Dios ya presentes en la vida de las personas y acompañándolas, proponer el Evangelio como la fuerza transformadora de toda la existencia, a la cual dará pleno sentido. Ese acompañamiento a cada persona en un camino de crecimiento y conversión está necesariamente marcado por la gradualidad, ya que el acto de creer implica un descubrimiento progresivo del misterio de Dios, una apertura y una confianza en Él que van creciendo con el tiempo.

## Relación con las ciencias humanas

**180.** La catequesis es una acción esencialmente educativa. Siempre se ha realizado en la fidelidad a la Palabra de Dios y en atención e interacción con las prácticas educativas de la cultura. Gracias a las investigaciones y a las reflexiones de las ciencias humanas, han surgido teorías, enfoques y modelos que renuevan profundamente la práctica educativa y aportan una contribución significativa a un conocimiento profundo de la persona, de las relaciones humanas, de la sociedad y de la historia. Sus aportes son esenciales. Especialmente la pedagogía y la didáctica enriquecen los procesos educativos de la catequesis. Junto con ellas, la sicología también tiene un valor importante, sobre todo porque ayuda a comprender los dinamismos motivacionales, la estructura de la personalidad, los elementos relacionados con el malestar y las patologías, las diferentes etapas del desarrollo y los comportamientos evolutivos, la dinámica de la maduración religiosa y las experiencias que abren a las personas al misterio de lo sagrado. Además, las ciencias sociales y de la comunicación abren al conocimiento

---

[19]   Cf. DGC 147; GE 1-4: CT 58.

del contexto sociocultural en el que todos vivimos y que de alguna manera nos condicionan.

**181.** La catequesis evita identificar la acción salvífica de Dios con la acción pedagógica humana; de igual modo, cuida por no separar o poner en conflicto esos procesos. En la lógica de la encarnación, la fidelidad a Dios y la fidelidad a la persona están profundamente implicadas. Por lo tanto, hay que tener en cuenta que la inspiración de la fe, por sí misma ayuda a una correcta valoración de los aportes de las ciencias humanas. Los enfoques y técnicas desarrollados por las ciencias tienen valor en la medida en que se ponen al servicio de la transmisión y educación de la fe. La fe reconoce la autonomía de las realidades temporales y también de las ciencias (Cf. GS 36), respeta sus lógicas que, si son auténticas, están abiertas a la verdad de lo humano; al mismo tiempo, también incluye estos aportes dentro del horizonte de la Revelación.

# Capítulo VI

# El Catecismo de la Iglesia católica

## 1. EL CATECISMO DE LA IGLESIA CATÓLICA

### Nota histórica

**182.** La Iglesia, desde la época de los escritos del Nuevo Testamento, ha hecho sus propias fórmulas cortas y concisas a través de las cuales poder profesar, celebrar y testimoniar su fe. Ya en el siglo IV, los Obispos recibieron explicaciones más amplias de la fe a través las síntesis y los compendios. En dos momentos históricos, después del Concilio de Trento y en los años siguientes al Concilio Vaticano II, la Iglesia consideró oportuno ofrecer una exposición orgánica de la fe por medio de un Catecismo de carácter universal, que es un instrumento de comunión eclesial y también un punto de referencia para la catequesis[1].

**183.** En 1985, durante el Sínodo extraordinario de los Obispos, celebrando el vigésimo aniversario de la clausura del Concilio Vaticano II, muchos Padres sinodales expresaron el deseo de redactar un catecismo o compendio de la doctrina católica sobre la fe y la moral. El *Catecismo de la Iglesia Cató-*

---

[1]  Cf. JUAN PABLO II, Constitución Apostólica *Fidei depositum* (octubre 11 de 1992); CEC 11.

*lica* fue promulgado el 11 de octubre de 1992 por Juan Pablo II, seguido por la *editio typica* latina del 15 de agosto de 1997. Fue el resultado de la colaboración y consulta de todo el episcopado católico, de numerosas instituciones teológicas y catequéticas y de muchos expertos y especialistas en las diversas disciplinas. El *Catecismo* es, por tanto, una obra colegial y el fruto del Concilio Vaticano II.

## Identidad, propósito y destinatarios del Catecismo

**184.** El *Catecismo* es «un texto oficial del Magisterio de la Iglesia que, recoge de forma precisa, a modo de síntesis orgánica, los acontecimientos y verdades fundamentales, que expresan la fe común del pueblo de Dios, y que constituyen la referencia básica indispensable de la catequesis»[2]. Es una expresión de la doctrina de la fe de siempre, pero difiere de otros documentos del Magisterio, porque su propósito es ofrecer una síntesis orgánica del patrimonio de la fe, la espiritualidad y la teología de la historia de la Iglesia. Aunque diferente de los catecismos locales, que sirven a una parte determinada del pueblo de Dios, es, sin embargo, el texto de referencia de lo que es seguro y auténtico para su redacción, como «instrumento fundamental para aquel acto unitario con el que la Iglesia comunica el contenido completo de la fe»[3].

**185.** El *Catecismo* se publicó, en primer lugar, para los pastores y los fieles, y entre ellos especialmente para aquellos que tienen una responsabilidad en el ministerio de la catequesis al interior de la Iglesia. Su propósito es establecer «una norma segura para la enseñanza de la fe»[4]. Por esta razón, ofrece una respuesta clara y fiable al derecho legítimo de todos los bauti-

---

[2]    DGC 124.

[3]    FRANCISCO, Carta encíclica *Lumen fidei* (junio 29 de 2013), 46.

[4]    JUAN PABLO II, Constitución Apostólica *Fidei depositum* (octubre 11 de 1992), IV.

zados de tener acceso a la presentación de la fe de la Iglesia en su integridad y en forma sistemática y comprensible. El *Catecismo*, precisamente porque es responsable de la Tradición Católica, puede fomentar el diálogo ecuménico y puede ser útil para todos aquellos, incluso los no cristianos, que desean conocer la fe católica.

**186.** El *Catecismo*, teniendo como primera preocupación la unidad de la Iglesia en la única fe, no abarca todos los contextos culturales específicos. Sin embargo, «todo agente catequístico podrá recibir de este texto una valiosa ayuda para transmitir, a nivel local, el único y perenne depósito de la fe, tratando de conjugar, con la ayuda del Espíritu Santo, la maravillosa unidad del misterio cristiano con la multiplicidad de las exigencias y de las situaciones de los destinatarios de su anuncio»[5]. La inculturación recibirá una especial atención por parte de la catequesis en los diferentes contextos.

## Fuentes y estructura del Catecismo

**187.** El *Catecismo* se ofrece a toda la Iglesia «por una catequesis renovada en las fuentes vivas de la fe»[6]. Entre estas fuentes, en primer lugar, se encuentran las Sagradas Escrituras divinamente inspiradas, entendidas como un único libro en el que Dios «dice sólo una palabra, su Verbo único, en quien él se dice en plenitud»[7], siguiendo la visión patrística donde «uno es el discurso de Dios que se desarrolla a través de la Sagrada Escritura y sólo uno es la Palabra que resuena en la boca de todos los santos escritores»[8].

---

[5]  Juan Pablo II, Carta Apostólica *Laetamur magnopere* (agosto 15 de 1997).

[6]  Juan Pablo II, Constitución Apostólica *Fidei depositum* (octubre 11 de 1992), I.

[7]  Cf. CEC 102.

[8]  Agustín de Hipona, *Enarratio in Psalmum* 103, 4,1: CCL 40, 1521 (PL 37, 1378).

**188.** El *Catecismo* también se basa en la fuente de la Tradición, que incluye, en sus formas escritas, una rica variedad de formulaciones clave de fe, tomadas de los escritos de los Padres, las diversas profesiones de la fe, los Concilios ecuménicos, el Magisterio Papal, el ritual litúrgico oriental y occidental, así como el Derecho Canónico. También hay ricas citas de un amplio número de escritores eclesiásticos, santos y doctores de la Iglesia. Además, las anotaciones históricas y hagiográficas enriquecen la exposición doctrinal, que también se nutre de la iconografía.

**189.** El *Catecismo* se divide en cuatro partes siguiendo las dimensiones fundamentales de la vida cristiana, que tienen su origen y razón en el relato de los Hechos de los Apóstoles: «Los discípulos asistían con perseverancia a la enseñanza de los apóstoles, tenían sus bienes en común, participaban en la fracción del pan y en las oraciones» (*Hch* 2,42)[9]. En esta dimensión, se ha articulado la experiencia del catecumenado de la antigua Iglesia y se ha estructurado la presentación de la fe en los diversos catecismos a lo largo de la historia, aunque con diferentes acentos y modalidades. Ellos son: la *profesión de fe* (el Símbolo), la *liturgia* (los sacramentos de la fe), la *vida del discipulado* (los mandamientos), la *oración cristiana* (Padrenuestro). Estas dimensiones son los pilares del catecismo y paradigma para la formación de la vida cristiana. De hecho, la catequesis: abre a la fe en Dios uno y Trino y a su plan de salvación; educa para la acción litúrgica e inicia a la vida sacramental de la Iglesia; sostiene la respuesta de los creyentes con la gracia de Dios; introduce en la práctica de la oración cristiana.

---

[9]   El texto de *Hch* 2,42 también se cita en el n. 79 del presente *Directorio*: Las tareas de la catequesis y la estructura del *Catecismo* se derivan de las dimensiones fundamentales de la vida cristiana.

## Significado teológico-catequético del Catecismo

**190.** El *Catecismo* no es en sí mismo una propuesta de método catequístico, no da ninguna indicación al respecto, ni debe confundirse con el proceso de la catequesis, sobre el que siempre necesita de una mediación[10]. Sin embargo, su propia estructura «presenta el desarrollo de la fe hasta el punto de tocar los grandes temas de la vida cotidiana. A través de sus páginas se descubre que todo lo que se presenta no es una teoría, sino el encuentro con una Persona que vive en la Iglesia»[11]. El *Catecismo*, refiriéndose a la globalidad de la vida cristiana, apoya el proceso de conversión y maduración. Hace su trabajo cuando la inteligencia de las palabras se refiere a la apertura del corazón, pero también cuando la gracia de la apertura del corazón da lugar al deseo de conocer mejor a Aquel en quien el creyente ha depositado su confianza. Por lo tanto, el conocimiento al que se refiere el *Catecismo* no es abstracto: su propia estructura en cuatro partes, de hecho, armoniza la fe profesada, celebrada, vivida y orada, ayudando así a encontrarse con Cristo poco a poco. La propuesta catequística, sin embargo, no sigue necesariamente el orden de las partes del *Catecismo*.

**191.** La estructura sinfónica del *Catecismo* se puede ver en el vínculo teológico entre sus contenidos y sus fuentes, y en la interacción entre la Tradición Occidental y Oriental. Refleja también la unidad del misterio cristiano y la circularidad de las virtudes teologales y manifiesta la belleza armoniosa que caracteriza la verdad católica. Une al mismo tiempo, esta verdad de todos los tiempos con la actualidad eclesial y social. Evidentemente, el *Catecismo*, ordenado así, promueve la importancia del equilibrio y la armonía en la presentación de la fe.

---

[10]   Cf. CEC 24.

[11]   BENEDICTO XVI, Carta Apostólica *Porta fidei* (octubre 11 del 2011), 11.

**192.** El contenido del *Catecismo* se presenta de tal manera que manifiesta la pedagogía de Dios. La exposición de la doctrina respeta plenamente los caminos de Dios y del hombre y encarna las líneas dominantes de la renovación de la catequesis del siglo veinte. La narrativa de la fe en el *Catecismo* concede un lugar de absoluta importancia a Dios y a la obra de la gracia, que en la distribución de la materia ocupa la mayor parte: esto es ya un anuncio catequético. En la misma línea, todos los demás criterios se presentan al servicio del anuncio fecundo del Evangelio como: la centralidad trinitaria y cristológica, la historia de la salvación, la eclesialidad del mensaje, la jerarquía de las verdades, la importancia de la belleza. En todo esto se puede leer que el propósito del *Catecismo* es despertar el deseo por Cristo, presentado al Dios deseable que busca el bien del hombre. Por lo tanto, el *Catecismo* no es una expresión estática de la doctrina, sino un instrumento dinámico, adecuado para inspirar y nutrir el camino de la fe para la vida de cada persona y, como tal, sigue siendo válido para la renovación de la catequesis.

## 2. El Compendio del Catecismo de la Iglesia Católica

**193.** El *Compendio* es un instrumento que contiene la riqueza del *Catecismo* en una forma sencilla, inmediata y accesible para todos. Se refiere naturalmente a la estructura del *Catecismo* y a su contenido. De hecho, el *Compendio* constituye «es una síntesis fiel y segura del *Catecismo de la Iglesia Católica*. Contiene, de modo conciso, todos los elementos esenciales y fundamentales de la fe de la Iglesia, de manera tal que constituye [...] una especie de *vademécum*, a través del cual las personas, creyentes o no, pueden abarcar con una sola

---

[12] Benedicto XVI, *Motu Proprio para la aprobación y la publicación del Compendio del Catecismo* (junio 28 de 2005).

mirada de conjunto el panorama completo de la fe católica»[12]. Una característica peculiar del *Compendio* es su forma dialógica. En verdad, propone «un diálogo ideal entre el maestro y el discípulo, a través de una secuencia apremiante de preguntas, que implican al interlocutor, invitándole a continuar el descubrimiento de aspectos siempre nuevos de la verdad de su fe»[13]. También son valiosas las imágenes que enmarcan la articulación del texto. El *Compendio*, sin duda, gracias a su claridad y concisión se presenta como una gran ayuda para la memorización de los contenidos fundamentales de la fe.

---

[13] COMPENDIO DEL CATECISMO DE LA IGLESIA CATÓLICA, *Introducción del cardenal Joseph Ratzinger* (marzo 20 de 2005), 4.

# Capítulo VII

# La metodología en la catequesis

## 1. LA RELACIÓN CONTENIDO-MÉTODO

**194.** El misterio de la encarnación inspira la pedagogía de la catequesis. Esto también tiene implicaciones para la metodología de la catequesis, que debe referirse a la Palabra de Dios y al mismo tiempo asumir los casos auténticos de la experiencia humana. Se trata de vivir la fidelidad a Dios y al hombre para evitar cualquier oposición o separación o neutralidad entre el método y el contenido. El contenido de la catequesis, siendo objeto de fe, no puede someterse indiferentemente a cualquier método, pero requiere que refleje la naturaleza del mensaje evangélico con sus fuentes y que considere también las circunstancias concretas de la comunidad de la Iglesia y de los bautizados. Es importante tener en cuenta que el propósito educativo de la catequesis determina las opciones metodológicas.

## La pluralidad de los métodos

**195.** La Iglesia, manteniendo viva la primacía de la gracia, siente con responsabilidad y pasión educativa sincera, la atención a los procesos catequísticos y al método. La catequesis no sigue un método único, está abierta a valorar diferentes métodos, confrontándose con la pedagogía y la enseñanza, y dejándose guiar por el Evangelio para reconocer la verdad del ser humano. A lo largo de la historia de la Iglesia, muchos carismas al servicio de la Palabra de Dios han generado diferentes caminos metodológicos, signo de vitalidad y riqueza. «La edad y el desarrollo intelectual de los cristianos, su grado de madurez eclesial y espiritual, y muchas otras circunstancias personales piden que la catequesis adopte diferentes métodos»[1]. La comunicación de la fe en la catequesis, que también pasa por la mediación humana, sigue siendo un acontecimiento de gracia, realizada por el encuentro de la Palabra de Dios con la experiencia de la persona. El apóstol Pablo declara que «a cada uno de nosotros se le ha dado su propio don según la medida en que Cristo los ha distribuido» (*Ef* 4,7). Por lo tanto, la gracia se expresa tanto a través de signos sensibles que se abren al misterio, como de otras maneras desconocidas para el ser humano.

**196.** Debido a que la Iglesia no tiene un método propio para el anuncio del Evangelio, es necesario un trabajo de discernimiento para examinar todo y adoptar lo que es bueno (Cf. *1 Tes* 5,21). En la catequesis, como se ha hecho varias veces en la historia, se pueden valorar caminos metodológicos más centrados en los hechos de la vida o más orientados al mensaje de la fe. Eso depende de las situaciones concretas de los sujetos de la catequesis. En uno y otro caso, es importante un *principio de correlación* que ponga en relación ambos aspectos. Los acontecimientos personales y sociales de la vida y de la historia, encuentran en el contenido de la fe una luz interpretativa; esto, por otro lado, siempre debe presentarse dando una idea de las implicaciones que tiene para la vida. Este procedimiento presupone una capacidad hermenéutica: la existencia, si se interpreta en relación con el anuncio cristiano, se manifiesta en su verdad; el *kerygma*, por otro lado, siempre tiene un valor salvífico y de plenitud de vida.

---

[1]    CT 51.

## 2. LA EXPERIENCIA HUMANA

**197.** La experiencia humana es parte constitutiva de la catequesis, tanto en su identidad como en su proceso, así como en su contenido y método, porque no es sólo el lugar en el que resuena la Palabra de Dios, sino también el espacio en el que Dios habla. La experiencia de las personas o de la sociedad en su conjunto debe abordarse con una actitud de amor, acogida y respeto. Dios actúa en la vida de cada persona y en su historia, y el catequista, inspirado por el estilo de Jesús, se deja interpelar por esta presencia. Esto libera a la persona y a la historia de considerarse sólo como destinatarios de la propuesta unilateral y la abre a una relación de reciprocidad y de diálogo, escuchando lo que el Espíritu Santo ya está realizando silenciosamente.

**198.** Jesús, en su anuncio del Reino, *busca, encuentra* y *acoge* a las personas en sus situaciones concretas de la vida. También en su enseñanza, parte desde la observación de los acontecimientos de la vida y de la historia, releyéndolos con una óptica de sabiduría. La experiencia humana, en las parábolas de Jesús se ve claramente como su punto de partida. Partiendo de los hechos y vivencias conocidos por todos, provoca en los interlocutores interrogantes e inicia en ellos un proceso interior de reflexión. En efecto, las parábolas no son sólo ejemplos para entender un mensaje, sino que conducen a tomar posición en la vida con disponibilidad y en sintonía con el plan de Dios. Jesús ayudó a vivir las experiencias humanas al reconocer la presencia y el llamado de Dios.

**199.** La catequesis, siguiendo el ejemplo de Jesús, ayuda a *iluminar* e *interpretar* las experiencias de la vida a la luz del Evangelio. El ser humano de hoy experimenta situaciones fragmentarias de las que él mismo lucha por captar el sentido verdadero. Ello puede incluso conducirle a una vida separada entre lo que cree y lo que vive. La relectura de la existencia con ojos de fe le ayuda a tener una mirada sabia e integral. Si la catequesis descuida esa relación entre experiencia humana y mensaje revelado, cae en el peligro de yuxtaposiciones artificiales o en la incomprensión de la verdad.

**200.** Jesús utiliza las experiencias y situaciones humanas para *señalar realidades trascendentes* y al mismo tiempo indicar la actitud que se debe seguir. Al explicar los misterios del Reino, recurre de hecho a situaciones cotidianas de la naturaleza y de la actividad humana (por ejemplo, la semilla que crece, el comerciante en busca de un tesoro, el padre que prepara la fiesta de bodas para su hijo...). Para hacer inteligible el mensaje cristiano, la catequesis debe valorar la experiencia humana, que sigue siendo la mediación prioritaria para acceder a la verdad de la Revelación.

### 3. LA MEMORIA

**201.** La memoria es una dimensión constitutiva de la historia de la salvación. El pueblo de Israel es invitado a mantener vivos sus recuerdos, a no olvidar los beneficios del Señor. Se trata de guardar en nuestro corazón los acontecimientos que testimonian la iniciativa de Dios, que a veces son difíciles de entender pero que se perciben como acontecimientos salvadores. María sabe guardar todo en su corazón (Cf. *Lc* 2,51). La memoria, por tanto, en su sentido más profundo, conduce de nuevo a la primacía de la gracia; al reconocimiento de los dones de Dios y la gratitud por ellos; al vivir dentro de una tradición sin cortar sus raíces. La catequesis valora la celebración o *memoria* de los grandes acontecimientos de la historia de la salvación, para ayudar al creyente a sentirse parte de esta historia. A la luz de esto, comprendemos el valor de la memoria en la catequesis, como una clave importante para la transmisión de la Revelación. El apóstol Pedro escribe: «Por eso siempre estaré recordándoles estas cosas, aunque ya las sepan y estén afianzados en la verdad que ahora posee [...] Pero me esforzaré para que, en todo momento, incluso después de mi partida, puedan ustedes recordar todo esto» (*2 Pe* 1,12.15). La catequesis es parte de la anamnesis de la Iglesia que mantiene viva la presencia del Señor. Por lo tanto, la memoria es un aspecto constitutivo de la pedagogía de la fe desde el comienzo del cristianismo.

**202.** Según una tradición que se remonta a los primeros siglos de la Iglesia, se pedía que los creyentes memorizaran la Profesión de fe. Esto no se puso por escrito, pero permaneció vivo en la mente y en el corazón de cada creyente al punto de hacerla alimento cotidiano. Es importante que la catequesis, después de un camino en el que el valor y la explicación de la profesión de la fe se haga evidente, así como otros textos de la Sagrada Escritura, la liturgia y la piedad popular, también ayude a memorizarlos, para ofrecer así un contenido inmediato que hace parte sin duda del patrimonio común de todos los creyentes. «Estas flores de la fe y la piedad —si se puede decir así—, no brotan en las zonas desérticas de una catequesis sin memoria. Lo esencial es que esos textos memorizados sean interiorizados y entendidos progresivamente en su profundidad, para que sean fuente de vida cristiana personal y comunitaria»[2].

**203.** «El aprendizaje de las fórmulas de fe y su profesión creyente debe incluirse en el cauce del ejercicio tradicional y válido de la *traditio* y *redditio*, gracias al cual, a la entrega de la fe en la catequesis (*traditio*) corresponde la respuesta del hombre a lo largo del camino catequético y después en la vida (*redditio*)»[3]. Esa respuesta, sin embargo, no es automática, ya que la fe transmitida y escuchada necesita una recepción ade-

---

[2] CT 55.

[3] DGC 155.

cuada (*receptio*) e interiorizada. Con el fin de superar los riesgos de una memorización estéril o que se tenga como fin a sí misma, debe considerarse su relación con otros elementos del proceso catequético, como el diálogo la reflexión, el silencio, el acompañamiento.

## 4. EL LENGUAJE

**204.** El lenguaje, con sus significados relacionales, es constitutivo de la experiencia humana. La catequesis se mide por la diversidad de las personas, su cultura, su historia o entorno, su manera y capacidad de entender la realidad. Esta es una acción pedagógica que se articula sobre los diversos lenguajes de las personas y que al mismo tiempo es portadora de un lenguaje específico. De hecho, «no creemos en las fórmulas, sino en las realidades que éstas expresan y que la fe nos permite *tocar* […] Sin embargo, nos acercamos a estas realidades con la ayuda de las formulaciones de la fe. Estas permiten expresar y transmitir la fe, celebrarla en comunidad, asimilarla y vivir en ella cada vez más. La Iglesia […] nos enseña el lenguaje de la fe para introducirnos en la inteligencia y la vida de la fe»[4].

**205.** Por tanto, la catequesis se expresa en un lenguaje que es expresión de la fe de la Iglesia. En su historia, la Iglesia ha comunicado la fe a través de la Sagrada Escritura (*lenguaje bíblico*), símbolos y ritos litúrgicos (*lenguaje simbólico-litúrgico*), los escritos de los Padres, profesiones de fe, formulaciones del Magisterio (*lenguaje doctrinal*) y el testimonio de santos y mártires (*lenguaje performativo*). Esos son los principales lenguajes de la fe eclesial que permiten a los fieles tener una lengua común. La catequesis los valora, explica su significado y relevancia para la vida de los creyentes.

---

4    Cat. 170-171.

**206.** Al mismo tiempo, la catequesis asume creativamente los lenguajes de las culturas de los pueblos, a través de los cuales la fe se expresa de manera propia, y ayuda a las comunidades eclesiales a encontrar nuevas maneras, adecuadas a los interlocutores. Así pues, la catequesis es un lugar de inculturación de la fe. En efecto, «la misión es siempre idéntica, pero el lenguaje con el cual anunciar el Evangelio pide ser renovado con sabiduría pastoral. Esto es esencial tanto para ser comprendidos por nuestros contemporáneos, como para que la Tradición Católica pueda hablar a las culturas del mundo de hoy y a ayudarles a abrirse a la fecundidad perenne del mensaje de Cristo»[5].

## El lenguaje narrativo

**207.** La catequesis valora todos los lenguajes que le ayudan a llevar a cabo sus tareas; en particular, tiene una atención especial por el *lenguaje narrativo* y por el *lenguaje autobiográfico*. En los últimos años, el redescubrimiento de la *narración* sobresale en los diversos espacios culturales, no sólo como un instrumento lingüístico, sino sobre todo como una forma a través de la cual la persona se entiende a sí misma y a la realidad que le rodea dando sentido a lo que vive. La comunidad de la Iglesia también es cada vez más consciente de la identidad narrativa de la misma fe, así lo demuestra la Sagrada Escritura en los grandes relatos de los orígenes, los patriarcas, el pueblo elegido, en la historia de Jesús contada en los Evangelios y en las historias de los comienzos de la Iglesia.

**208.** A lo largo de los siglos, la Iglesia ha sido como una comunidad familiar que, en diversas formas, ha continuado narrando la historia de la salvación, incorporando a aquellos

---

[5]   FRANCISCO, *Discurso a los participantes en la Asamblea Plenaria del Pontificio Consejo para la Promoción de la Nueva Evangelización* (mayo 29 de 2015).

que la han acogido. El lenguaje narrativo tiene la capacidad intrínseca de armonizar todos los lenguajes de la fe en torno a su núcleo, que es el misterio pascual. Además, favorece el dinamismo vivencial de la fe ya que involucra a la persona en todas sus dimensiones: afectiva, cognitiva, volitiva. Por lo tanto, es bueno reconocer el valor de la narración en la catequesis porque acentúa la dimensión histórica de la fe y su significado existencial, construyendo un lazo estrecho entre la historia de Jesús, la fe de la Iglesia y la vida de quienes la cuentan y escuchan. El lenguaje narrativo es particularmente apropiado para la transmisión del mensaje de la fe en una cultura cada vez más pobre de modelos de comunicación profundos y eficaces.

## El lenguaje del arte

**209.** Las *imágenes* del arte cristiano, cuando son auténticas, a través de una percepción sensible, sugieren que el Señor está vivo, presente y operante en la Iglesia y en la historia[6]. Son, por tanto, un verdadero lenguaje de la fe. Es conocido el dicho: «Si un pagano te pregunta: "Muéstrame tu fe" […] tú lo llevarás a una Iglesia y le mostrarás los iconos sagrados»[7]. Ese repertorio iconográfico, a pesar de la gran y legítima variedad de estilos, fue en el primer milenio un tesoro común de la Iglesia indivisa y desempeñó un papel importante en la evangelización, porque, mediante la mediación de los símbolos universales, tocó los deseos y afectos más profundos que son capaces de llevar a cabo una transformación interior. Así pues, en nuestro tiempo, las imágenes cristianas pueden ayudar a experimentar el encuentro con Dios a través de la contemplación de su belleza. De hecho, son imágenes que elevan

---

[6]    Cf. JUAN PABLO II, Carta Apostólica *Duodecimum saeculum* (diciembre 4 de 1987), 11.

[7]    *Adversus Constantinum Caballinum*, 10: PG 95, 325.

la mirada de quienes las contemplan hacia el Invisible, dando así acceso a la realidad de un mundo espiritual y escatológico.

**210.** La importancia de las imágenes en la catequesis hace referencia a una antigua sabiduría de la Iglesia. Ellas, entre otras cosas, ayudan a conocer y memorizar los acontecimientos de la historia de la salvación de un modo más rápido e inmediato. La conocida *Biblia pauperum* era un conjunto ordenado, visible para todos, de episodios bíblicos representados en diversas expresiones artísticas en las catedrales e iglesias, sigue siendo hoy siendo una verdadera catequesis. Cuando las obras de arte se eligen con precisión, pueden ayudar a mostrar inmediatamente los múltiples aspectos de las verdades de la fe, tocando el corazón y ayudando a la interiorización del mensaje.

**211.** El *patrimonio musical* de la Iglesia, de inmenso valor artístico y espiritual, es también un vehículo de la fe y un bien precioso para la evangelización, ya que infunde en el espíritu humano el deseo de infinito. El poder de la *música sacra* lo describe bien san Agustín: «Cuando lloré al escuchar tus himnos y tus cánticos, fuertemente conmovido con las voces de tu Iglesia, que dulcemente cantaba, penetraban aquellas voces mis oídos y tu verdad se derretía en mi corazón, con lo cual se encendía al afecto de mi piedad y corrían mis lágrimas y me sentía bien con ellas»[8]. Las canciones litúrgicas también poseen una riqueza doctrinal que, transmitida con el sonido de la música, llega más fácilmente a la mente y se imprime profundamente en el corazón de las personas.

**212.** La Iglesia, que a lo largo de los siglos ha interactuado con diferentes expresiones artísticas (literatura, teatro, cine, etc.), está llamada, con un sentido crítico adecuado, a dialo-

---

[8]   Agustín de Hipona, *Confessiones*, 9, 6,14: CCL 27, 141 (PL 32, 769-770).

gar también con el a*rte contemporáneo*, «incluso con aquellos modos no convencionales de belleza, que pueden ser poco significativos para los evangelizadores, pero que se han vuelto particularmente atractivos para otros»[9]. Tal arte puede tener el mérito de abrir a la persona al lenguaje de los sentidos, ayudándole no sólo a seguir siendo un espectador de la obra de arte, sino a involucrarse en él. Esas experiencias artísticas, a menudo atravesadas por una fuerte búsqueda de sentido y espiritualidad, pueden ayudar a la conversión de los sentidos, que son parte del camino de la fe; entonces nos invitan a superar un cierto intelectualismo en el que puede caer la catequesis.

## El lenguaje y los instrumentos digitales

**213.** El lenguaje de la catequesis atraviesa inevitablemente todas las dimensiones de la comunicación y sus herramientas. Los profundos cambios en la comunicación, evidentes a nivel técnico, producen cambios a nivel cultural[10]. Las nuevas tecnologías han creado una nueva infraestructura cultural que afecta la comunicación y la vida de las personas. En el espacio *virtual*, que muchos consideran no menos importante que el mundo real, las personas adquieren noticias e información, desarrollan y expresan opiniones, participan en debates, dialogan y buscan respuestas a sus preguntas. Por tanto, no valorar adecuadamente estos fenómenos conduce al riesgo de ser insignificantes hoy para muchas personas.

**214.** En la Iglesia estamos acostumbrados, con cierta frecuencia, a una comunicación unidireccional: se predica, se enseña y se presentan síntesis dogmáticas. Además, el texto

---

[9]   EG 167.

[10]  Acerca de la cultura digital en general, Cf. los nn. 359-372 (*Catequesis y cultura digital*) del presente *Directorio*.

escrito tiene dificultad para llegar a los más jóvenes, acostumbrados a un lenguaje en el que convergen las palabras escritas, los sonidos y las imágenes. Las formas de comunicación digital, en cambio, ofrecen mayores posibilidades, ya que están abiertas a la interacción. Por lo tanto, además del conocimiento tecnológico, es necesario aprender modos eficaces de comunicación, y garantizar a la vez una *presencia en la red* que sea testigo de los valores evangélicos.

**215.** Las tecnologías de la información y la comunicación, las redes sociales, los dispositivos digitales, fomentan los esfuerzos de colaboración, del trabajo en común, del intercambio de experiencias y del conocimiento mutuo. «Las *redes sociales*, además de instrumento de evangelización, pueden ser un factor de desarrollo humano. Por ejemplo, en algunos contextos geográficos y culturales en los que los cristianos se sienten aislados, las redes sociales permiten fortalecer el sentido de su efectiva unidad con la comunidad universal de los creyentes»[11].

**216.** Es de alabar que las comunidades se comprometan no sólo a abordar este nuevo desafío cultural, sino que también lleguen a las nuevas generaciones con las herramientas que son comunes hoy en la didáctica. También es una prioridad para la catequesis educar en el buen uso de estos instrumentos y en una comprensión más profunda de la cultura digital, ayudando a discernir los aspectos positivos de aquellos que no lo son. El catequista de hoy debe ser consciente de las profundas huellas que puede dejar el mundo virtual, especialmente en las personas más jóvenes o frágiles, y de la gran influencia que puede tener en el manejo de las emociones o en el proceso de construcción de la identidad personal.

---

[11]  BENEDICTO XVI, *Mensaje para la XLVII Jornada Mundial de las Comunicaciones Sociales* (enero 24 de 2013).

**217.** Sin embargo, la realidad virtual no puede remplazar la realidad espiritual, sacramental y eclesial vivida en el encuentro directo con las personas: «nosotros somos medios y el problema de fondo no es la adquisición de sofisticadas tecnologías, aunque sean necesarias para una presencia actual y significativa. Que nos quede siempre claro que creemos en un Dios apasionado por el hombre, que quiere manifestarse mediante nuestros medios, aunque siempre son pobres, porque es Él quien obra, transforma, salva la vida del hombre»[12]. Para testimoniar el Evangelio, se requiere pues una comunicación auténtica, resultado de una interacción real entre las personas.

## 5. EL GRUPO

**218.** La comunidad cristiana es el sujeto principal de la catequesis. Por esta razón, la pedagogía de la catequesis debe dirigir todos los esfuerzos para hacer comprender la importancia de la comunidad como un espacio fundamental para el crecimiento personal. La forma comunitaria es también visible en la dinámica del grupo, un lugar concreto para vivir «nuevas relaciones generadas por Jesucristo», que pueden «transformarse en una verdadera experiencia de fraternidad»[13]. El cuidado de las relaciones grupales tiene un significado pedagógico: desarrolla el sentido de pertenencia eclesial y ayuda al crecimiento de la fe.

**219.** El grupo es importante en los procesos de formación de las personas. Esto se aplica a todas las edades: para los más pequeños, a los que se les ayuda a vivir una buena socialización; para los jóvenes, que sienten mucho la necesidad de rela-

---

[12] FRANCISCO, *Discurso a los participantes de la Asamblea Plenaria del Pontificio Consejo para las Comunicaciones Sociales* (septiembre 21 de 2013).

[13] EG 87.

ciones auténticas; para los adultos, que quieren experimentar el compartir y la corresponsabilidad en la Iglesia y en la sociedad. Al catequista se le invita a dar vida a la experiencia comunitaria como expresión coherente de la vida de la Iglesia, que en la celebración de la Eucaristía encuentra su forma más plena y visible. Como lugar auténtico de relaciones entre las personas, la experiencia del grupo es sin duda un lugar propicio para acoger y compartir el mensaje salvífico. Además del anuncio del Evangelio en forma comunitaria, la comunicación de la fe también requiere el contacto personal.

**220.** La interacción constructiva entre las diferentes personas constituye al grupo como un lugar donde florece un profundo intercambio y una gran comunicación. Cuando esa interacción es intensa y eficaz, el grupo sirve mejor como apoyo para el crecimiento de sus miembros. En cuanto realidad eclesial, el grupo está animado por el Espíritu Santo, verdadero autor de todo progreso en la fe. Sin embargo, esta apertura a la gracia no desconoce el uso de las disciplinas pedagógicas, que también corresponden al grupo como realidad social, con sus dinámicas y sus leyes de crecimiento propio. Saber valorar estos aportes puede ser una oportunidad válida para fortalecer el sentido de identidad y pertenencia, facilitar la participación activa de cada miembro, promover los procesos de interiorización de la fe y gestionar los problemas interpersonales de una manera positiva. Cada dinámica de grupo tiene su culmen en la asamblea dominical, donde, en la experiencia de encontrarse con el Señor y viviendo la fraternidad, el grupo crece en su disposición a servir, especialmente a los más pobres y a dar testimonio ante el mundo.

## 6. El espacio

**221.** Toda cultura, sociedad o comunidad, tiene no sólo su propio lenguaje verbal, icónico y gestual, sino que también se expresa y se comunica a través del espacio. Del mismo modo, la Iglesia ha dado significados específicos a sus espacios, utilizando los elementos de la arquitectura en función del mensaje cristiano. A lo largo de los siglos, ha creado espacios adecuados para acoger a la gente y llevar a cabo sus actividades: celebración de los misterios divinos, compartir fraternalmente y enseñar. Por ejemplo, en las construcciones paleocristianas, el llamado nártex (*narthex*), era un espacio, generalmente situado entre los pasillos y la fachada principal de la Basílica, destinado a albergar penitentes y catecúmenos. Estaba decorado con escenas bíblicas o representaciones de los misterios de la fe, el nártex, por medio de las imágenes, se convirtió pues en un espacio de catequesis. En la vida de una comunidad, junto al espacio dedicado a la liturgia, también son importantes los lugares para el apostolado y la formación cristiana, para la socialización y la caridad.

**222.** Los espacios para la catequesis son lugares a través de los cuales la comunidad expresa su forma de evangelizar. En el contexto social y cultural de hoy, es necesaria una reflexión sobre la especificidad de los lugares de la catequesis como instrumento de proclamación y educación en las relaciones humanas. Por lo tanto, es necesario que estos lugares sean acogedores, bien cuidados, para que se perciba un clima de familiaridad que fomente una participación alegre en las actividades comunitarias. Los ambientes comunes, que recuerdan las estructuras escolares no son los mejores lugares para llevar a cabo actividades catequísticas. Así pues, es bueno que estos espacios se adapten al significado real de la catequesis.

**223.** Sin embargo, es cierto que la dinámica de la Iglesia *en salida*, que identifica a la catequesis, tiene sin duda implicaciones para los espacios. Hay que buscar otros espacios para la catequesis: la casa, el apartamento, los ambientes educativos, culturales y recreativos, las cárceles, etc. Estos lugares, a menudo descentralizados en comparación con los espacios de la comunidad creyente, son propicios para la catequesis ocasional, ya que se crean relaciones más familiares y por ende la catequesis, con estos lazos bien visibles en la vida cotidiana se hace más eficaz.

# Capítulo VIII

# La catequesis
# en la vida de las personas

**224.** Cada bautizado, llamado a la madurez de la fe, tiene derecho a una catequesis adecuada. Por lo tanto, es deber de la Iglesia responder satisfactoriamente. El Evangelio no está pensado para la persona en abstracto, sino para *cada persona*, real, concreta, histórica, arraigada en una situación particular y marcada por dinámicas sicológicas, sociales, culturales y religiosas, porque «todos han sido comprendidos en el misterio de la redención»[1]. Por un lado, la fe no es un proceso lineal, participa en el desarrollo de la persona, y esto, a su vez, influye en el camino de la fe. No se puede olvidar que cada etapa de la vida está expuesta a desafíos específicos y debe afrontar las dinámicas siempre nuevas de la vocación cristiana.

**225.** Por lo tanto, es razonable ofrecer caminos de catequesis que se diversifiquen en función de las diferentes necesidades, edad de los sujetos y estados de vida. Así pues, es esencial respetar los datos antropológico-evolutivos y teológico-pastorales, teniendo en cuenta las ciencias de la educación. Por esta razón es pedagógicamente importante, en el proceso de la cate-

---

[1]    JUAN PABLO II, Carta encíclica *Redemptor hominis* (marzo 4 de 1979), 13.

quesis, dar a cada etapa su propia importancia y especificidad. A este respecto, sólo se indican algunos elementos generales, para las consideraciones adicionales la competencia es de los directores de catequesis, de las Iglesias particulares y de las Conferencias episcopales.

## 1. CATEQUESIS Y FAMILIA

**226.** La familia es una comunidad de amor y vida, que consiste en «un conjunto de relaciones interpersonales —relación conyugal, paternidad-maternidad, filiación, fraternidad— mediante las cuales toda persona humana queda introducida en la *familia humana* y en la *familia de Dios*, que es la Iglesia»[2]. El futuro de las personas, de la comunidad humana y de la comunidad de la Iglesia dependen en gran medida de la familia, célula fundamental de la sociedad. Gracias a la familia, la Iglesia se convierte en una *familia de familias* y se enriquece con la vida de estas iglesias domésticas. Por lo tanto, «con íntimo gozo y profunda consolación, la Iglesia mira a las familias que permanecen fieles a las enseñanzas del Evangelio, agradeciéndoles el testimonio que dan y alentándolas. Gracias a ellas, en efecto, se hace creíble la belleza del matrimonio indisoluble y fiel para siempre»[3].

## Ámbitos de la catequesis familiar

### La catequesis en la familia

**227.** *La familia es un anuncio de fe* como lugar natural en el cual la fe puede vivirse de manera sencilla y espontánea. Ella

---

[2]    JUAN PABLO II, Exhortación apostólica *Familiaris consortio* (noviembre 22 de 1981), 15.

[3]    AL 86.

tiene un carácter único: transmite el Evangelio enraizándolo en el contexto de profundos valores humanos. Sobre esta base humana es más honda la iniciación en la vida cristiana: el despertar al sentido de Dios, los primeros pasos en la oración, la educación de la conciencia moral y la formación en el sentido cristiano del amor humano, concebido como reflejo del amor de Dios Creador y Padre. En resumen, es una educación cristiana testimonial más que aprendida, más ocasional que sistemática, más permanente y cotidiana que estructurada en períodos[4].

**228.** La vida matrimonial y familiar, vivida según el plan de Dios, es ya un Evangelio en sí mismo, en el que se puede leer el amor gratuito y paciente de Dios por la humanidad. Los cónyuges cristianos en virtud del sacramento del matrimonio participan en el misterio de la unidad y del amor fecundo entre Cristo y la Iglesia. La *catequesis en la familia*, por tanto, tiene la tarea de hacer que los protagonistas de la vida familiar, especialmente los esposos y padres, descubran el don que Dios les da a través del sacramento del matrimonio.

## La catequesis con la familia

**229.** *La Iglesia anuncia el Evangelio a la familia.* La comunidad cristiana es *familia de familias* y es en sí misma familia de Dios. La comunidad y la familia son, la una para la otra, una referencia constante y mutua: mientras que la comunidad recibe de la familia una comprensión de la fe inmediata y naturalmente vinculada a los acontecimientos de la vida, la familia a su vez recibe de la comunidad una clave explícita para releer con fe su propia experiencia. Consciente de esta profunda conexión, la Iglesia, en su preocupación evangeliza-

---

[4]     DGC 255.

dora, anuncia el Evangelio a las familias, haciendo la experiencia de que es «la alegría que llena el corazón y la vida entera, porque en Cristo somos liberados del pecado, de la tristeza, del vacío interior, del aislamiento»[5].

**230.** En el tiempo actual, la *catequesis con las familias* tiene su punto central en el *kerygma*, porque incluso «ante las familias, y en medio de ellas, debe volver a resonar siempre el primer anuncio, que es "lo más bello, lo más grande, lo más atractivo y al mismo tiempo lo más necesario", y "debe ocupar el centro de la actividad evangelizadora"»[6]. Además, en la dinámica de la conversión misionera, la *catequesis con las familias* se caracteriza por un estilo de humilde comprensión y por un anuncio concreto, no teórico ni separado de los problemas de las personas. La comunidad, en su compromiso evangelizador y catequístico dirigido al interno de las familias, realiza caminos de fe que les ayudan a tener una clara conciencia de su identidad y misión: los acompaña y les apoya, por lo tanto, en su actividad de transmisión de la vida, les ayuda en el ejercicio de su tarea educativa original y promueve una auténtica espiritualidad familiar. De este modo, la familia se hace consciente de su papel y se convierte, en la comunidad y junto con ella, en un sujeto activo de la obra de la evangelización.

### La catequesis de la familia

**231.** *La familia anuncia el Evangelio.* Como Iglesia doméstica fundada en el sacramento del Matrimonio que también tiene una dimensión misionera, la familia cristiana participa en la misión evangelizadora de la Iglesia y, por tanto, es sujeto de catequesis. «El ejercicio de transmitir a los hijos la fe, en el sentido de facilitar su expresión y crecimiento, ayuda a que la

---

[5]  AL 200; Cf. también EG 1.
[6]  AL 58; Cf. también EG 35 y 164.

familia se vuelva evangelizadora, y espontáneamente empiece a transmitirla a todos los que se acercan a ella y aun fuera del propio ámbito familiar»[7]. Por lo tanto, la familia está llamada, además del servicio educativo natural de los hijos, a contribuir en la construcción de la comunidad cristiana y a testimoniar el Evangelio en la sociedad. «El ministerio de evangelización y de catequesis de la Iglesia doméstica ha de quedar en íntima comunión y ha de armonizarse responsablemente con los otros servicios de evangelización y de catequesis presentes y operantes en la comunidad eclesial, tanto diocesana como parroquial»[8]. Por consiguiente, la *catequesis de la familia* será toda contribución específica que las familias cristianan dan, con su propia sensibilidad, a los diferentes caminos de fe que la comunidad propone.

## Indicaciones pastorales

**232.** La Iglesia en su cuidado materno acompaña a sus hijos a lo largo de su vida. Reconoce, sin embargo, que algunos momentos son acontecimientos decisivos, en los cuales el hombre se deja tocar con mayor facilidad por la gracia de Dios y se pone a disposición para un itinerario de fe. En estos caminos, será apropiado valorar la generosa y valiosa ayuda de otras parejas, que han vivido durante mucho tiempo la experiencia matrimonial. La comunidad estará más atenta a los siguientes momentos:

a. La *catequesis de jóvenes y adultos que se preparan para el matrimonio*[9] proporciona una formación remota, una formación próxima y otra inmediata a la celebración del sacramento del Matrimonio, presentado como una verda-

---

[7]  AL 289.

[8]  JUAN PABLO II, Exhortación apostólica *Familiaris consortio* (noviembre 22 de 1981), 53.

[9]  Cf. AL 205-216.

dera vocación. En estos itinerarios de fe, graduales y continuos, siguiendo la inspiración catecumenal, «hay que dar prioridad —junto con un renovado anuncio del *kerygma*— a aquellos contenidos que, comunicados de manera atractiva y cordial, les ayuden [a los novios] a comprometerse en un camino de toda la vida [...] Se trata de una suerte de "iniciación" al sacramento del matrimonio que les aporte los elementos necesarios para poder recibirlo con las mejores disposiciones y comenzar con cierta solidez la vida familiar»[10]. Es bueno que se abandone la denominación, donde todavía esté en uso, de *cursos de preparación para el Matrimonio*, para devolver a este itinerario su auténtico significado formativo y catequístico.

b.  Las *catequesis de las parejas jóvenes*[11] son las catequesis ofrecidas en forma mistagógica a los recién casados después del Matrimonio, para llevarlos a descubrir en lo que se han convertido gracias al sacramento celebrado. Es bueno que estos itinerarios formativos, a la luz de la Palabra de Dios, dirijan la vida de las parejas jóvenes cada vez más conscientes del don y de la misión recibidos.

c.  La *catequesis de los padres que piden el Bautismo para sus hijos*: la comunidad, en la persona de los catequistas, tiene cuidado de acoger, escuchar y comprender las motivaciones de la petición de los padres, para preparar un camino adecuado y puedan despertar la gracia del don de la fe que han recibido. Es bueno que también los padrinos participen en este itinerario y que se haga en un periodo de tiempo suficiente.

d.  La *catequesis de los padres cuyos hijos recorren el camino de la iniciación cristiana*: la comunidad fomenta la par-

---

[10]   AL 207.

[11]   Cf. AL 217-230.

ticipación de los padres en el camino de la iniciación de los hijos, que para algunos es un momento de profundización de la fe, para otros un auténtico espacio de primer anuncio.

e.  La *catequesis intergeneracional* establece que el camino de la fe es una experiencia formativa, no dirigida a una edad determinada, sino compartida entre diferentes generaciones dentro de una familia o comunidad, siguiendo el Año litúrgico. Esta propuesta mejora el intercambio de la experiencia de la fe entre generaciones, inspirándose en las primeras comunidades cristianas.

f.  La *catequesis en los grupos de casados y en los grupos de familias* tiene como protagonistas a las mismas parejas casadas. Estos itinerarios de catequesis pretenden desarrollar una espiritualidad conyugal y familiar, capaz de dar un nuevo vigor e impulso a la vida matrimonial, redescubriendo la dimensión conyugal de la alianza entre Dios y los hombres y el papel de la familia en la construcción del Reino de Dios.

## Nuevos escenarios familiares

**233.** La precariedad y lo imprevisible de los procesos sociales y culturales vigentes, han alterado también, entre otras cosas, la noción y la realidad de la familia. Las crisis matrimoniales y familiares aumentan, y a menudo se resuelven «dando origen a nuevas relaciones, nuevas parejas, nuevas uniones y nuevos matrimonios, creando situaciones familiares complejas y problemáticas para la opción cristiana»[12]. A pesar de las heridas, el vacío de su significado trascendente y las fragilidades que las caracterizan, hay, sin embargo, como una nostalgia

---

[12]    AL 41.

familiar, a pesar de todo hay algunos que, al darse cuenta de su valor, todavía la buscan y están ansiosos por construirla.

**234.** Con cuidado, respeto y preocupación pastoral, la Iglesia quiere acompañar a los hijos marcados por el amor herido, que se encuentran en una condición más frágil, devolviéndoles su confianza y esperanza. «Con el enfoque de la pedagogía divina, la Iglesia mira con amor a quienes participan en su vida de modo imperfecto: pide para ellos la gracia de la conversión; les infunde valor para hacer el bien, para hacerse cargo con amor el uno del otro y para estar al servicio de la comunidad en la que viven y trabajan»[13]. Es importante que cada comunidad cristiana se acerque a las realidades familiares heterogéneas, con sus luces y sombras, para *acompañarlas* adecuadamente y *discernir* la complejidad de las situaciones, sin caer en formas de idealización y pesimismo. En esencia, «Se trata de *integrar* a todos, se debe ayudar a cada uno a encontrar su propia manera de participar en la comunidad eclesial, para que se sienta objeto de una misericordia "inmerecida, incondicional y gratuita"»[14].

**235.** Por lo tanto, acompañar en la fe e introducir en la vida de la comunidad las situaciones *irregulares*, «implica tomarse muy en serio a cada persona y el proyecto que Dios tiene sobre ella»[15] con un estilo de cercanía, escucha y comprensión. Además del acompañamiento espiritual personal, los catequistas han de encontrar formas y maneras de fomentar la participación de estos hermanos también en la catequesis: en grupos específicos formados por personas que comparten la misma experiencia conyugal o familiar; o en otros grupos de familias o adultos que ya existan. De esta manera es posible evitar ais-

---

[13]    AL 78.

[14]    AL 297.

[15]    EG 160.

lamientos o discriminación y despertar el deseo de aceptar y responder al amor de Dios.

## 2. CATEQUESIS CON NIÑOS Y JÓVENES

**236.** «Esta etapa de la vida, en la que tradicionalmente se distingue la *primera infancia* o edad escolar y la *niñez*, se caracteriza, a los ojos de la fe y de la razón misma, por tener la gracia de una vida que comienza»[16] marcada por la sencillez y la gratuidad de la acogida. San Agustín señaló ya la niñez y la infancia como una época en la que se aprende el diálogo con el Maestro que habla en la intimidad. Es desde una edad temprana que el niño debe ser ayudado a percibir y desarrollar el sentido de Dios y la intuición natural de su existencia (Cf. GE 3). La antropología y la pedagogía confirman, de hecho, que el niño es capaz de Dios y que sus preguntas sobre el sentido de la vida también nacen donde los padres están poco atentos a la educación religiosa. Los niños tienen la capacidad de hacer preguntas significativas sobre la creación, la identidad de Dios, el porqué del bien y del mal, y son capaces de alegrarse frente al misterio de la vida y del amor.

**237.** Los estudios realizados por las ciencias socio-psico-pedagógicas y de la comunicación, son de gran ayuda para delinear la identidad concreta de los niños, que tienen situaciones de vida muy diferentes en distintos contextos geográficos. Las variables sociales y culturales, de hecho, influyen en gran medida la conducta de los niños y de los jóvenes, la percepción de sus necesidades por parte de los adultos, la forma en que se entienden y viven las dinámicas familiares, la experiencia escolar, la relación con la sociedad y con la fe. En particular, debe tenerse en cuenta la condición de *nativos digitales* que caracteriza hoy a gran parte de los niños del mundo. Es un

---

[16]    DGC 177.

fenómeno de alcance global, cuyas consecuencias aún no son claramente perceptibles, pero que ciertamente está cambiando los modos de conocer y de relacionarse de las nuevas generaciones, influyendo de alguna manera también en el impulso natural hacia la experiencia religiosa.

**238.** Es igualmente importante considerar que muchos niños y jóvenes están profundamente afectados por la fragilidad de los lazos dentro de las familias, incluso en situaciones de bienestar económico; otro, por el contrario, viven en condiciones ambientales fuertemente marcadas por la pobreza, la violencia y la inestabilidad. Estos niños, que por diferentes razones sufren la falta de referencias seguras en la vida, a menudo también carecen de la posibilidad de conocer y amar a Dios. La comunidad eclesial ha de dialogar con sus padres, apoyándolos en la tarea educativa y estando presente y dispuesta para ofrecer siempre la atención materna concreta: éste es el primer y fundamental anuncio de la bondad providencial de Dios.

**239.** La *infancia*, o edad preescolar, es un tiempo decisivo en el descubrimiento de la realidad religiosa, donde se aprende por los padres y por el ambiente de vida una actitud de apertura y aceptación, o, al contrario, un rechazo y negación de Dios. También se aprende el primer conocimiento de la fe: un primer descubrimiento del Padre que está en los cielos, bueno y providente, hacia el cual se dirige el corazón con un gesto de afecto y veneración; el nombre de Jesús y María y algunos relatos de los principales momentos de la vida del Señor Jesús; signos, símbolos y gestos religiosos. En este contexto, no se debe olvidar la participación en las fiestas principales del Año litúrgico, por ejemplo, haciendo en familia el pesebre como preparación a la Navidad[17], permitiendo así al niño vivir una forma

---

[17]    Cf. FRANCISCO, Carta apostólica *Admirabile signum* (diciembre 1 de 2019).

de catequesis participando directamente en el misterio de la encarnación. Cuando el niño entra en contacto, en la familia o en otros ambientes de crecimiento, con los diferentes aspectos de la vida cristiana, aprende e interioriza una primera forma de *socialización religiosa* preparatoria para el seguimiento y desarrollo de su conciencia moral cristiana. Más que la catequesis en su propio sentido, a esta edad es la *primera evangelización* y *anuncio de la fe en una forma claramente educativa* atenta a desarrollar el sentido de confianza, gratuidad, entrega de sí mismo, invocación y participación, la que le ayudará a entrar en la fuerza salvífica de la fe.

**240.** La *niñez* (6 -10 años), según una tradición establecida en muchos países, este es el periodo en el cual se completa en la parroquia la iniciación cristiana comenzada con el Bautismo. El itinerario global de iniciación cristiana tiene como objetivo dar a conocer los principales acontecimientos de la historia de la salvación que serán objeto de una reflexión más profunda en edades posteriores y a sensibilizar gradualmente sobre la propia identidad como bautizado. Con la catequesis de iniciación cristiana se apunta al primer conocimiento de la fe (primer anuncio) y con el proceso de iniciación se introduce al niño en la vida de la Iglesia y en la celebración de los sacramentos. La catequesis, no fragmentada, sino articulada a lo largo de un itinerario que propone de manera esencial todos los misterios de la vida cristiana y su impacto en la conciencia moral, también está atenta a las condiciones existenciales de los niños y a sus preguntas propias de la edad. A lo largo del camino de iniciación, hay, de hecho, una enseñanza de las verdades de la fe que se fortalece con el testimonio de la comunidad, la participación en la liturgia, el encuentro con la palabra de Jesús en la Sagrada Escritura, el comienzo del ejercicio de la caridad. Corresponde a las Conferencias episcopales determinar la duración y la forma en que se aplica el camino de iniciación a la vida cristiana y a los sacramentos.

**241.** La niñez es también la etapa de la entrada en el mundo de la escuela primaria. El niño, luego un joven, entra en una comunidad más grande de la familia, donde tiene la oportunidad de desarrollar sus habilidades intelectuales, afectivas, relacionales. De hecho, en muchos países del mundo, se imparte una enseñanza religiosa específica en la escuela, y en algunos casos, también se da la posibilidad de llevar a cabo en la escuela la catequesis de iniciación a la vida cristiana y a los sacramentos, de acuerdo con las instrucciones y disposiciones del Obispo local. En esos contextos, la colaboración entre catequistas y profesores se convierte en un recurso educativo importante y es una oportunidad favorable para dar visibilidad a una comunidad de adultos testigos de la fe.

**242.** La necesidad de hacer del proceso de iniciación cristiana una verdadera introducción vivencial a la amplia vida de fe hace ver al catecumenado como una fuente esencial de inspiración. Sería muy apropiada una *iniciación cristiana establecida según el modelo de formación del catecumenado*, pero con criterios, contenidos y metodologías adecuadas para los niños. La articulación del desarrollo del proceso de iniciación cristiana para los niños, inspirado en el catecumenado, necesita tiempo, ritos de paso y participación activa en la mesa eucarística que constituye la culminación del proceso de iniciación. En su desarrollo, los catequistas se comprometen a dejar a un lado la visión tradicional que ve al niño como sujeto pasivo de la atención pastoral y asumen, más bien, una perspectiva gradual que los educa poco a poco, según sus capacidades y los ve como sujetos activos dentro y fuera de la comunidad. La inspiración catecumenal también les permite reconsiderar el papel primordial de la familia y de toda la comunidad hacia los más pequeños, activando procesos de evangelización mutua entre los distintos sujetos eclesiales involucrados.

**243.** Se invita a cada Iglesia local, a través de las oficinas y organismos correspondientes, a evaluar la situación en la que viven los niños y a estudiar las modalidades y los itinerarios iniciáticos y catequísticos más adecuados para hacerlos conscientes de que son hijos de Dios y miembros de la Iglesia, familia de Dios, que en el día dedicado al Señor se reúne para celebrar la Pascua.

## 3. LA CATEQUESIS EN LA REALIDAD JUVENIL

**244.** Existe una profunda conexión entre la posibilidad de una propuesta renovada de fe a los jóvenes y la disponibilidad de la Iglesia de rejuvenecerse, es decir, mantenerse en un proceso de conversión espiritual, pastoral y misionera. «La capacidad [de los jóvenes] de renovar, de reclamar, de exigir coherencia y testimonio, de volver a soñar y de reinventar»[18], puede ayudar a la comunidad eclesial a comprender las transformaciones culturales de nuestro tiempo y a aumentar la confianza y la esperanza. Toda la comunidad tiene la tarea de transmitir la fe y de ser testigo de la posibilidad de caminar en la vida con Cristo. La proximidad del Señor Jesús con los dos de Emaús, su caminar juntos, hablar, acompañar, ayudar a abrir los ojos, es una fuente de inspiración para caminar *con* los jóvenes. Dentro de estas dinámicas, el Evangelio debe anunciarse al mundo de la juventud con valentía y creatividad, se debe proponer la vida sacramental y el acompañamiento espiritual. A través de la mediación eclesial, los jóvenes podrán descubrir el amor personal del Padre y la compañía de Jesucristo y vivir esta etapa de la vida, particularmente «buena para los grandes ideales, para generosos heroísmos, para las exigencias de pensamiento y acción»[19].

**245.** La catequesis en el mundo de la juventud requiere siempre renovarse, fortalecerse y realizarse en el contexto más

---

[18]  ChV 100.

[19]  PABLO VI, *Homilía en la beatificación de Nunzio Sulprizio* (diciembre 1 de 1963).

amplio de la pastoral juvenil. Debe caracterizarse por dinámicas pastorales y relacionales de escucha, reciprocidad, corresponsabilidad y reconocimiento del protagonismo juvenil. Aunque no hay límites claros y los enfoques típicos de cada cultura son decisivos, es útil distinguir la edad juvenil entre preadolescentes, adolescentes, jóvenes y jóvenes-adultos. Es crucial profundizar el estudio del mundo de los jóvenes, utilizando la contribución de la investigación científica y teniendo en cuenta las situaciones de los diferentes países. Una consideración de carácter general se refiere a la cuestión del lenguaje de los jóvenes. Las nuevas generaciones están, en general, fuertemente marcadas por las *redes sociales* y el llamado mundo virtual. Eso ofrece oportunidades que no tenían las generaciones anteriores, pero al mismo tiempo presenta sus riesgos. Es pues de gran importancia considerar cómo la experiencia de las relaciones tecnológicas, construye la concepción del mundo, la realidad y las relaciones interpersonales. Por lo tanto, es necesario insistir en la necesidad de una acción pastoral que adapte la catequesis de los jóvenes para saber traducir en su lenguaje, el mensaje de Jesús.

## Catequesis con los preadolescentes

**246.** Hay muchos signos que nos hacen ver la preadolescencia[20] como una etapa de la vida caracterizada por la dinámica de la *transición* de una situación conocida y segura a algo nuevo e inexplorado. Esto, por un lado, puede generar impulso y entusiasmo, por otro lado, causa una sensación de confusión y desconcierto. La preadolescencia se caracteriza precisamente por esta mezcla de emociones contradictorias y oscilantes, que en realidad surgen de la necesidad de medirse,

---

[20] El término *preadolescencia* puede tener significados diversos en las culturas. Aquí señala el tiempo que va entre los 10 a los 14 años. En otro lugar este momento es llamado *primera adolescencia* (*early adolescence*), mientras el término *preadolescence* indica la última etapa de la infancia (9-10 años).

experimentar, probarse a sí mismo, redefinir —como protagonistas y de forma autónoma— una identidad que quiere renacer. De hecho, en este periodo, acompañado de un fuerte desarrollo de la dimensión física y emocional, el lento y agotador proceso de personalización del individuo comienza a tomar forma.

**247.** La preadolescencia es también el momento en que se reelabora la imagen de Dios recibida en la infancia: por esta razón, es importante que la catequesis acompañe cuidadosamente esta delicada etapa para sus futuros desarrollos, incluso recurriendo a la investigación y a las herramientas de las ciencias humanas. Sin miedo a señalar lo esencial, la propuesta de fe a los preadolescentes se preocupará por sembrar en sus corazones las semillas de una visión de Dios que más tarde madurará: el *kerygma* hablará especialmente del Señor Jesús como un hermano que ama, como un amigo que ayuda a vivir las relaciones en su mejor momento, no juzga, es fiel, valora los recursos y los sueños, cumpliendo los deseos de belleza y de bien. Además, se invita a la catequesis a reconocer el protagonismo de los preadolescentes, a crear un contexto de relaciones de grupo significativas, a dar espacio a la experiencia, a crear un clima en el cual se acepten las preguntas haciéndoles interactuar con el Evangelio. El preadolescente puede entrar más fácilmente en el mundo de la experiencia cristiana descubriendo que el Evangelio toca precisamente las dinámicas relacionales y afectivas a las cuales es particularmente sensible. El catequista, capaz de confiar y esperar, se tomará en serio las dudas e inquietudes del preadolescente, convirtiéndose en su compañero discreto pero presente.

## Catequesis con los adolescentes

**248.** La adolescencia es una etapa de vida que oscila entre los 14 y 21 años y que a veces va un poco más allá. Se caracteriza por el impulso hacia la independencia y, al mismo tiempo, por el miedo a comenzar a distanciarse del contexto familiar; ello conduce a un malestar constante entre impulsos de entusiasmo y vueltas hacia atrás. «Los adolescentes [...] están en camino, en tránsito [...] Viven esta tensión, ante todo en sí mismos y luego con los que les rodean», pero «la adolescencia no es una enfermedad contra la que tenemos que luchar. Es parte del crecimiento normal, natural, de la vida de nuestros hijos»[21]. Por lo tanto, será tarea de la comunidad y del catequista desarrollar el espacio interior para captar y acoger sin juicio y con sincera pasión educativa esa búsqueda de libertad de los adolescentes, empezando por conducirla hacia un proyecto de vida abierto y audaz.

**249.** En su camino de fe, los adolescentes necesitan ser apoyados por testigos convencidos y comprometidos. Uno de los desafíos de la catequesis es precisamente el poco testimonio de la fe vivida dentro de las familias y de los ámbitos de socialización en los que viven. Por otra parte, el alejamiento de los adolescentes de la Iglesia, no depende tanto de la calidad de lo propuesto en los años de la infancia —aunque ello es importante también— sino de una propuesta alegre y significativa para la edad juvenil. Al mismo tiempo, los adolescentes cuestionan la autenticidad de las figuras adultas y necesitan sacerdotes, adultos y jóvenes mayores en los que puedan ver una fe vivida con alegría y coherencia. La tarea pues de la comunidad es buscar para esta catequesis personas que estén disponibles para sintonizar con el mundo juvenil, iluminándolo con la alegría de la fe. Es importante que la catequesis se realice dentro de la pastoral juvenil con una fuerte connotación educativa y vocacional, en el contexto de la comunidad cristiana y en los entornos de la vida de los adolescentes.

---

[21] FRANCISCO, *Discurso al Encuentro pastoral de la Diócesis de Roma* (junio 19 del 2017).

## Catequesis con los jóvenes

**250.** La rápida transformación cultural y social también afecta a los jóvenes. En algunas partes del mundo, el condicionamiento de la sociedad de consumo y de meritocracia impulsa a muchos a alcanzar niveles de estudio especializados, con el fin de lograr objetivos profesionales bien calificados. Muchos jóvenes sientes la necesidad de salir para vivir experiencias laborales y estudios particulares. Por otro lado, muchos otros, por falta de trabajo, caen en una sensación de inseguridad, que fácilmente desemboca en desilusión y aburrimiento y, en ocasiones, les provoca angustia y depresión. Por otra parte, en los países marcados por un gran subdesarrollo económico y otros conflictos que causan movimientos migratorios, los jóvenes sienten una falta general de esperanza en su futuro y se ven obligados a llevar unas condiciones de vida humillantes.

**251.** Desde el punto de vista de la experiencia religiosa hay una gran diversidad. Muchos jóvenes muestran un impulso hacia la búsqueda de significado, solidaridad y compromiso social. A menudo están abiertos a las prácticas religiosas y son sensibles a las diferentes espiritualidades. Respecto a la vivencia eclesial, en esta etapa de la vida, hay muchos que se distancian de la Iglesia o muestran indiferencia o desconfianza hacia ella. Entre las causas, es necesario considerar la falta de testimonio, credibilidad, la ausencia de apoyo espiritual y moral por parte de la familia, o una catequesis débil, o una comunidad cristiana poco significativa. Sin embargo, es igualmente cierto que muchos jóvenes participan de forma activa y con entusiasmo en la vida de la Iglesia, en sus experiencias misioneras y de servicio, y llevan una vida de oración auténtica e intensa.

**252.** El Señor Jesús, que «santificó la juventud por el hecho mismo de haberla vivido»[22], reuniéndose con los jóvenes en el

---

[22]  SÍNODO DE LOS OBISPOS, XV ASAMBLEA GENERAL ORDINARIA, *Documento final* (octubre 27 de 2018), 63.

curso de su ministerio público les mostraba la benevolencia del Padre, los interrogaba y los invitaba a una vida plena. La Iglesia, expresando el mismo cuidado de Jesús, quiere escuchar a los jóvenes con paciencia, comprender sus ansiedades, dialogar con verdadero corazón, acompañarlos en el discernimiento de su proyecto de vida. Por lo tanto, la pastoral juvenil de la Iglesia será, en primer lugar, una *animación de carácter humanizador y misionero*, capaz de reconocer en la experiencia humana los signos del amor y de la llamada de Dios. A la luz de la fe, la búsqueda de la verdad y la libertad encuentran su sentido auténtico, el deseo de amar y ser amados, aspiraciones personales y compromiso apasionado con los demás y con el mundo. Al ayudar a los jóvenes a descubrir, desarrollar y vivir su plan de vida según Dios, la pastoral juvenil podrá adoptar nuevos estilos y estrategias. Es necesario «adquirir otra flexibilidad, y convocar a los jóvenes a eventos, a acontecimientos que cada tanto les ofrezcan un lugar donde no sólo reciban una formación, sino que también les permitan compartir la vida, celebrar, cantar, escuchar testimonios reales y experimentar el encuentro comunitario con el Dios vivo»[23]. Por lo tanto, también la catequesis con los jóvenes será redefinida por las notas de este estilo pastoral.

**253.** Cada proyecto formativo, que une la preparación litúrgica, espiritual, doctrinal y moral, estará «centrado en dos grandes ejes: uno es la profundización del *kerygma,* la experiencia fundante del encuentro con Dios a través de Cristo muerto y resucitado. El otro es el crecimiento en el amor fraterno, en la vida comunitaria, en el servicio»[24]. La catequesis presentará entonces el anuncio de la Pascua de Jesús, verdadera juventud del mundo, como un núcleo de significado alrededor del cual se construye la respuesta vocacional[25]. La *dimensión vocacio-*

---

[23]   ChV 204.

[24]   ChV 213.

[25]   Cf. ChV, capítulo VIII.

*nal* de la catequesis juvenil pide que se desarrollen cursos de formación en referencia a las experiencias de vida. Digno de apreciar es que muchas veces el camino de la fe de los jóvenes también está facilitado por pertenecer a una asociación o a un movimiento eclesial. De hecho, la dinámica del grupo, permite que la catequesis permanezca íntimamente conectada con la experiencia concreta[26].

**254.** Además de itinerarios catequísticos orgánicos y estructurados, se debe valorar la catequesis realizada de forma ocasional en los ambientes de la vida de los jóvenes: escuelas, universidades, asociaciones culturales y recreativas. Entre las experiencias relevantes, además de los eventos diocesanos, nacionales o continentales, vale la pena señalar la *Jornada Mundial de la Juventud*, que es una oportunidad especial para dirigirse a muchos jóvenes, de otra manera inalcanzables. Sería bueno que, en preparación a esa *Jornada*, y en su realización, sacerdotes y catequistas desarrollen caminos que les permitan vivir plenamente esa experiencia de fe. No se debe olvidar la fascinación que la peregrinación ejerce sobre tantos jóvenes: es útil que sea vivida como un momento de catequesis.

**255.** Hay que valorar la contribución, creativa y corresponsable, que los jóvenes dan a la catequesis. El servicio catequístico que prestan a los niños es un apoyo para su propio crecimiento de fe. Ello invita a la comunidad cristiana a que cuide especialmente la formación de los jóvenes catequistas: «También es necesario un compromiso renovado con los catequistas, que a menudo son jóvenes al servicio de otros jóvenes, casi sus contemporáneos. Es importante cuidar adecuadamente su formación y hacer que su ministerio sea más ampliamente reconocido por la comunidad»[27].

---

[26]   Cf. ChV 219-220.

[27]   SÍNODO DE LOS OBISPOS, XV ASAMBLEA GENERAL ORDINARIA, *Documento final* (octubre 27 de 2018), 133.

**256.** La Iglesia mira hoy más de cerca la transición de la juventud a la edad adulta. En comparación con un pasado bastante reciente, la entrada en la fase adulta de la existencia se retrasa cada vez más para muchos jóvenes, particularmente en algunos contextos sociales. Esta transición significa que a menudo se enfrentan personas que, a pesar de tener todas las cualificaciones para llevar una vida adulta (edad, grado de estudio, deseo de entrega), no encuentran condiciones favorables para hacer efectivo su deseo de realización, ya que no tienen una condición laboral y económica estable que les permita la formación de una familia. Ciertamente esta situación tiene repercusiones en su mundo interior y afectivo. Por lo tanto, habrá que pensar nuevas formas de acción pastoral y catequística que ayuden a la comunidad cristiana a interactuar con los *jóvenes adultos*, apoyándolos en su camino.

## 4. CATEQUESIS CON LOS ADULTOS

**257.** La condición del adulto es hoy en día particularmente compleja. En comparación con el pasado, esta edad de la vida ya no se entiende como un estado ya logrado, sino como un proceso continuo de renovación que tiene en cuenta la evolución de la sensibilidad personal, el entrelazamiento de las relaciones, las responsabilidades de las cuales una persona debe hacerse cargo. En ese dinamismo de situaciones en el que se entrelazan factores familiares, culturales y sociales, el adulto reformula constantemente su identidad, reaccionando creativamente a los diferentes momentos de transición que vive. La dinámica de *convertirse en adultos* se refiere inevitablemente también a la dimensión religiosa, siendo el acto de fe un proceso interno íntimamente ligado a su personalidad. De hecho, en las etapas de la edad adulta, la fe misma está llamada a tomar diferentes formas, a evolucionar y a madurar para que sea auténtica y continua respuesta a los interrogantes de la vida. Por lo tanto, cada posible camino de fe con los adultos requiere que las experiencias de vida no sólo se tengan en cuenta, sino que se vuelvan a leer a la luz de la fe como oportunidades y así se integren en el mismo camino formativo.

**258.** La relación de los adultos con la dimensión de la fe es muy variada y es justo que cada persona sea acogida y escuchada en su propia peculiaridad. Sin disminuir lo que caracteriza cada situación, es posible considerar ciertos tipos de adultos que viven la fe de diferentes maneras:

- Adultos creyentes, que viven su fe y quieren profundizarla;

- adultos que, aunque bautizados, no están debidamente formados o no han completado la iniciación cristiana y pueden ser llamados *cuasi catecúmenos*[28];

- adultos bautizados que, aunque no viven habitualmente su fe, todavía buscan contacto con la comunión eclesial en ciertos momentos particulares de la vida;

- adultos que provienen de otras denominaciones cristianas u otras experiencias religiosas;

- adultos que regresan a la fe católica después de haber tenido experiencias en los nuevos movimientos religiosos;

- adultos no bautizados, a los cuales se dirige el verdadero catecumenado.

**259.** La tarea de madurar la fe bautismal es una responsabilidad personal que el adulto debe sentir especialmente como una prioridad para participar en un proceso permanente de formación de la propia identidad personal. Esta tarea, propia-

---

[28]  CT 44.

mente de cada persona, se enfrenta en la edad adulta a las responsabilidades familiares y sociales a las que está llamada y que pueden provocar momentos de crisis incluso muy profundos. Por eso, ya en esta etapa de la vida y con acentuaciones propias, el acompañamiento y el crecimiento de la fe son necesarios para que el adulto madure esa sabiduría espiritual que ilumina y da unidad a las diversas experiencias de su vida personal, familiar y social.

**260.** La catequesis con los adultos se configura como un proceso personal y comunitario de aprendizaje, destinado a adquirir una *mentalidad de fe* «hasta alcanzar la medida de la madurez de Cristo en su plenitud» (*Ef* 4,13). El objetivo principal de la catequesis es pues la formación y maduración de la vida en el Espíritu, según los principios de gradualidad y progresividad, de modo que el mensaje evangélico sea acogido en su dinámica transformadora y, por tanto, pueda ser efectivo en la vida personal y social. En última instancia, la catequesis con los adultos logra su propósito cuando hace que los adultos mismos sean capaces de asumir su propia experiencia de fe y quieran seguir caminando y creciendo en ella.

**261.** La tarea general de la catequesis con los adultos pide ser configurada teniendo en cuenta los diferentes tipos de personas y experiencias religiosas a las cuales se refiere. De hecho, las *tareas* particulares que siguen, incluso pueden responder a un desarrollo cronológico y muestran en verdad el continuo intento de la comunidad eclesial por posicionarse ante los adultos, tratando de comprender la situación existencial concreta y escuchando las necesidades reales. He aquí esas tareas especiales de la catequesis con los adultos:

a. *Despertar la fe*, fomentando un nuevo comienzo de la experiencia creyente y sabiendo valorar los recursos humanos y espirituales nunca extinguidos en el interior de cada persona, con miras a una recuperación libre y personal de la motivación inicial en términos de atracción, gusto y voluntad;

b. *purificar la fe* de representaciones religiosas parciales, engañosas o erróneas, ayudando a las personas a reconocer sus limitaciones y a buscar una síntesis más auténtica de fe que conduzca al camino de plenitud de vida al que llama el Evangelio;

c. *alimentar la fe* gracias también a un tejido de relaciones eclesiales significativas, promoviendo la formación de conciencias cristianas maduras, capaces de dar razón de su esperanza y dispuestas a un diálogo sereno e inteligente con la cultura contemporánea;

d. *ayudar a compartir y testimoniar la fe*, estableciendo espacios para compartir realizando servicios en la Iglesia y en el mundo como signo de la presencia del Reino de Dios.

En resumen, la catequesis con los adultos tiene como tarea acompañar y educar la formación de los rasgos típicos del cristiano adulto en la fe, discípulo del Señor Jesús, dentro de una comunidad cristiana capaz de constituirse en salida, es decir, insertada en realidades sociales y culturales para el testimonio de la fe y la realización del Reino de Dios.

**262.** Para que la catequesis con los adultos sea significativa y capaz de alcanzar sus objetivos, es importante considerar ciertos *criterios*:

a. Es esencial que esta catequesis, inspirada en la experiencia misionera del catecumenado, sea una *expresión de la comunidad* eclesial en su totalidad, como un vientre que genera la fe. Puesto que la comunidad cristiana es un elemento estructural del proceso catequístico del adulto y no sólo su entorno, es necesario que sea capaz de renovarse, dejándose alcanzar y provocar por las sensibilidades de los adultos del tiempo presente, además de ser capaz de acogida, presencia y apoyo;

b.  dado que la catequesis de los adultos es un proceso educativo a la *vida cristiana en su totalidad*, es importante que proponga experiencias concretas y cualificadas de fe (profundización de la Sagrada Escritura y doctrina, espacios de espiritualidad, celebraciones litúrgicas y prácticas de piedad popular, experiencias de fraternidad eclesial, ejercicios misioneros de caridad y testimonio en el mundo...), que respondan a las diferentes necesidades de la persona con su totalidad de afectos, pensamientos, relaciones;

c.  los adultos no deben ser considerados receptores de la catequesis, sino *protagonistas junto con los propios catequistas*. Así pues, es necesario que se haga una acogida respetuosa al adulto como persona que ya ha desarrollado experiencias y convicciones también en el nivel de la fe y que es capaz de ejercer su libertad, creciendo en el diálogo con nuevas convicciones;

d.  la catequesis con los adultos tiene cuidado en reconocer su *situación de hombres y mujeres*, teniendo en cuenta la peculiaridad con la cual cada uno experimenta la vivencia de la fe; también es importante prestar atención a la *condición laical* de los adultos, que son llamados por el Bautismo a «buscar el Reino de Dios tratando y ordenando, según Dios, los asuntos temporales» (LG 31);

e.  es importante mantener una *coordinación* de la catequesis con los adultos, especialmente con la pastoral familiar y juvenil y con las otras dimensiones de la vida de fe —la experiencia litúrgica, el servicio de la caridad, la dimensión socio-cultural— con el fin de conseguir una articulación de la pastoral eclesial.

**263.** En la catequesis con los adultos es decisiva la figura del catequista, que es como un acompañante y, al mismo tiempo, un educador capaz de apoyarlos también en los procesos de crecimiento personal. Este acompañante, incluso en una relación de fraternidad sincera, mantiene conscientemente una función educativa con la intención de facilitar en ellos una relación adulta con el Señor, relaciones eclesiales significativas y opciones de testimonio cristiano en el mundo. En el momento oportuno, el acompañante es capaz de hacerse a un lado, animando así a los sujetos a asumir su propia responsabilidad en su camino de fe. Por tanto, es importante que los catequistas de adultos sean cuidadosamente elegidos y capacitados para ejercer este delicado ministerio a través de una formación específica.

**264.** La catequesis con los adultos tiene una gran variedad de *formas* con acentos muy diferentes:

- Catequesis como una verdadera iniciación a la fe, es decir, el acompañamiento de candidatos al Bautismo y a los sacramentos de iniciación mediante la vivencia del catecumenado;

- catequesis como una nueva iniciación a la fe, es decir, el acompañamiento de aquellos que, aunque bautizados, no han terminado la iniciación o no han sido evangelizados;

- catequesis como un redescubrimiento de la fe a través de "centros de escucha" u otros modos, es decir, la propuesta en clave evangelizadora destinada a los más alejados;

- catequesis de proclamación de la fe en los ambientes de la vida de trabajo, de descanso o en las manifestaciones de la piedad popular o de peregrinaciones a santuarios;

- catequesis con parejas con ocasión del Matrimonio o en la celebración de los sacramentos de los hijos, que a menudo se convierte en un punto de partida para nuevas experiencias de catequesis;

- catequesis para la profundización de la fe a partir de la Sagrada Escritura o documentos del Magisterio o de la vida de los santos y testigos de la fe;

- catequesis litúrgica, que tiene como objetivo la participación consciente en las celebraciones comunitarias;

- catequesis sobre cuestiones morales, culturales o socio-políticas que tienen como objetivo la participación en la vida de la sociedad, que sea activa y esté inspirada por la fe;

- catequesis en el contexto de la formación específica de los agentes de pastoral, que es una oportunidad privilegiada para los itinerarios de fe.

**265.** Por último, hay que reconocer la contribución a la formación cristiana de los adultos proporcionada por las asociaciones, movimientos y grupos eclesiales que garantizan un acompañamiento constante y variado. Significativo es el hecho de que a menudo, estas realidades presentan la vida cristiana como un encuentro personal y existencial con la persona viva de Jesucristo, en el contexto de una vivencia grupal y de relaciones fraternas. De hecho, los pequeños grupos, precisamente porque permiten más fácilmente el intercambio de experiencias de vida y el establecimiento de relaciones fraternas y amistosas, se convierten en una valiosa oportunidad para la transmisión de la fe de persona a persona[29].

---

[29]  Cf. EG 127-129.

## 5. CATEQUESIS CON LOS ANCIANOS

**266.** Las personas mayores son un patrimonio de la memoria y, a menudo, guardianes de los valores de una sociedad. Las decisiones sociales y políticas que no reconocen su dignidad personal se revierten contra la sociedad misma. «La Iglesia no puede y no quiere conformarse a una mentalidad de intolerancia, y mucho menos de indiferencia y desprecio, respecto a la vejez»[30]. Más bien, ve a los ancianos como un don de Dios, una riqueza para la comunidad, y considera que su cuidado pastoral es tarea importante.

**267.** A los ancianos se les debe dar una catequesis apropiada, atenta a los aspectos particulares de su condición de fe.

> El anciano puede haber llegado a esta edad con una fe sólida y rica: entonces la catequesis ayudará a seguir recorriendo el camino realizado en una actitud de acción de gracias y de espera confiada; otros viven una fe más o menos oscurecida y una débil práctica cristiana: entonces la catequesis aportará una luz y experiencia religiosa nuevas; a veces el anciano llega a sus días con profundas heridas en su alma y cuerpo: la catequesis le ayudará a vivir su situación en actitud de invocación, perdón, paz interior. En cualquier caso, la condición del anciano reclama una catequesis de esperanza que proviene de la certeza del encuentro definitivo con Dios[31].

Así pues, es muy importante considerar las diferentes condiciones personales y sociales, a menudo marcadas por la soledad y el sentido de inutilidad, para que se inicie una catequesis capaz de hacer que los ancianos se sientan bienvenidos y reconocidos en la comunidad.

---

[30] FRANCISCO, *Audiencia general* (marzo 4 del 2015).

[31] DGC 187.

**268.** La Sagrada Escritura presenta al anciano creyente como símbolo de la persona rica en sabiduría y de respeto a Dios, es decir, como custodio de una profunda experiencia de vida, que lo convierte de cierta manera en un *catequista natural de la comunidad*. La vejez es un tiempo de gracia, en la que el Señor renueva su llamada a apreciar y transmitir la fe; orar, especialmente con la forma de intercesión; estar cerca de los necesitados. Los ancianos, con su testimonio, transmiten a los jóvenes el sentido de la vida, el valor de la tradición y de algunas prácticas religiosas y culturales; dan dignidad a la memoria y a la entrega de generaciones pasadas; miran con esperanza más allá de las dificultades presentes. La Iglesia, reconociendo el valor de las personas mayores, les ayuda a servir a la comunidad. En particular, pueden asumir tareas catequísticas con los niños, los jóvenes y los adultos, sencillamente compartiendo la rica herencia de sabiduría y fe que han vivido. Por su parte, la comunidad agradece esta preciosa presencia y fomenta el diálogo intergeneracional con los ancianos y los jóvenes. Ello expresa el vínculo entre la memoria y el futuro, entre tradición y renovación, creando una auténtica red de transmisión de la fe de generación en generación.

## 6. CATEQUESIS CON PERSONAS CON DISCAPACIDAD

**269.** La preocupación de la Iglesia por las personas con discapacidad brota de la acción de Dios. Siguiendo el principio de la encarnación del Hijo de Dios, presente en toda acción humana, la Iglesia reconoce en estas personas un llamado a la fe y a una vida útil y significativa. El hecho de la discapacidad tiene importancia para la evangelización y la formación cristianas. Las comunidades están llamadas no sólo a cuidar de los más frágiles, sino a reconocer la presencia de Jesús que se manifiesta en ellas de una manera especial. Esto «requiere una doble atención: la conciencia de la *educación en la fe* de la persona con discapacidad, incluso muy grave; y la voluntad de considerarla como *sujeto activo* en la comunidad en la que vive»[32]. A nivel cultural, lamentablemente, existe una concepción generalizada de la vida, a menudo narcisista y utilitaria, que no ve en las personas con discapacidad las muchas riquezas humanas y espirituales, olvidando que la vulnerabilidad pertenece a la esencia del ser humano y no nos impide ser felices y realizarnos a nosotros mismos[33].

**270.** Las personas con discapacidad son una oportunidad de crecimiento para la comunidad eclesial, que con su presencia se ve invitada a superar los prejuicios culturales. De hecho, la discapacidad, puede ser incómoda ya que pone de relieve la dificultad para aceptar la diversidad; también puede despertar miedo, sobre todo si es de carácter permanente, porque hace referencia a la situación radical de fragilidad de cada persona inclinada al sufrimiento y a la muerte. Precisamente porque son testigos de estas verdades esenciales de la vida humana, las personas con discapacidad han de ser acogidas como un gran don. La comunidad, enriquecida con su presencia, se hace más consciente del misterio salvífico de la cruz de Cristo y, viviendo las relaciones recíprocas de acogida y solidaridad, se convierte en generadora de una vida buena e interpelación para el mundo. Por lo tanto, la catequesis ayudará a los bautizados a leer el misterio del dolor humano a la luz de la muerte y resurrección de Cristo.

**271.** Es tarea de las Iglesias locales abrirse a la acogida y presencia cotidiana de las personas con discapacidad dentro de los caminos de la catequesis, trabajando por una *cultura de inclusión* contra la lógica del descarte. Las personas con disca-

---

[32]   FRANCISCO, *Discurso a los participantes en el Congreso con personas discapacitadas* (junio 11 del 2016).

[33]   Cf. FRANCISCO, *Discurso a los participantes en el Congreso «Catequesis y personas con discapacidad»* (octubre 21 de 2017).

pacidad intelectual viven la relación con Dios en la inmediatez de su intuición y es necesario y digno acompañarlas en la vida de fe. Esto requiere que los catequistas busquen nuevos canales de comunicación y formas más adecuadas para facilitar el encuentro con Jesús. Así pues, serán útiles las dinámicas y lenguajes vivenciales, involucrando los cinco sentidos y los caminos narrativos capaces de implicar a todos los sujetos de una manera personal y significativa. Para este servicio es bueno que algunos catequistas reciban formación apropiada. Los catequistas también están cerca de las familias de las personas con discapacidad, acompañándolas y promoviendo su plena inclusión en la comunidad. La apertura a la vida de estas familias es un testimonio que merece gran respeto y admiración[34].

**272.** Las personas con discapacidad están llamadas a la plenitud de la vida sacramental, incluso en presencia de trastornos graves. Los sacramentos son dones de Dios, y la liturgia, incluso antes de que se entienda racionalmente, pide ser vivida: por lo tanto, nadie puede negar los sacramentos a las personas con discapacidades. La comunidad que sabe descubrir la belleza y la alegría de la fe, de la cual son capaces estos hermanos, se enriquece con ellos. Es importante pues tener en cuenta en esta pastoral la celebración dominical con las personas discapacitadas[35]. Esas personas pueden comprender la alta dimensión de la fe que incluye la vida sacramental, la oración y la proclamación de la Palabra. De hecho, no sólo son receptores de catequesis, sino protagonistas de la evangelización. Es deseable que las personas con discapacidad puedan ser ellas mismas catequistas y, con su testimonio, transmitir la fe con mayor eficacia.

---

[34] Cf. AL 47.

[35] Cf. BENEDICTO XVI, Exhortación apostólica *Sacramentum caritatis* (febrero 22 de 2007), 58.

## 7. CATEQUESIS CON LOS MIGRANTES

**273.** El fenómeno de la migración es un fenómeno mundial; afecta a millones de personas y familias, involucradas en migraciones internas dentro de un país, generalmente en forma de urbanización, o en el paso, a veces peligroso, a nuevas naciones o continentes. Las causas incluyen conflictos de guerra, violencia, persecución, la violación de libertades o de la dignidad de las personas, el empobrecimiento, el cambio climático y la movilidad de los trabajadores causada por la globalización. «Es un fenómeno que impresiona por sus grandes dimensiones, por los problemas sociales, económicos, políticos, culturales y religiosos que suscita, y por los dramáticos desafíos que plantea a las comunidades nacionales y a la comunidad internacional»[36]. Todas las Iglesias particulares están involucradas, ya que pertenecen a países de origen, de tránsito o de destino de los migrantes. En muchos casos, el proceso migratorio no sólo implica graves problemas humanitarios, sino también el abandono de la práctica religiosa y crisis en las convicciones de fe.

**274.** La Iglesia, como «madre sin confines y sin fronteras»[37], acoge a los migrantes y refugiados, compartiendo con ellos el don de la fe. La Iglesia participa en estructuras de solidaridad y de acogida, y también se preocupa en estos contextos por testimoniar el Evangelio. La Iglesia «Promueve proyectos de evangelización y acompañamiento de los emigrantes durante todo su viaje, partiendo del país de origen, a través de los países de tránsito, hasta el país de acogida, con particular atención en responder a sus exigencias espirituales mediante la catequesis, la liturgia y la celebración de los Sacramentos»[38]. La catequesis

---

[36]  BENEDICTO XVI, Carta encíclica *Caritas in veritate* (junio 29 de 2009), 62.

[37]  FRANCISCO, *Discurso a los participantes en el VII Congreso sobre pastoral de migrantes* (noviembre 21 de 2014), 6.

[38]  *Ibíd.*, 4. Cf. también JUAN PABLO II, Exhortación apostólica *Pastores gregis* (octubre 16 de 2003), 72.

*con los migrantes* en el momento de la primera acogida tiene la tarea de mantener la confianza en la cercanía y Providencia del Padre, para que la angustia y las esperanzas de los que se ponen en camino sean iluminadas por la fe. En la catequesis *con las comunidades de acogida* se debe cuidar la solidaridad y rechazar los prejuicios negativos. «Tal catequesis tampoco podrá dejar de referirse a los graves problemas que preceden y acompañan el fenómeno migratorio, como son la cuestión demográfica, el trabajo y sus condiciones (fenómeno del trabajo negro), la atención a los numerosos ancianos, la criminalidad organizada, la explotación»[39] y la trata de seres humanos. Puede ser muy útil dar a conocer a la comunidad católica local algunas formas características de la fe, de la liturgia y de las devociones propias de los migrantes que pueden hacer nacer una mayor experiencia de la catolicidad de la Iglesia.

**275.** Siempre que sea posible, la oferta de una catequesis que tenga en cuenta las formas de entender y practicar la fe propia de los países de origen de los migrantes, será un gran apoyo a la vida cristiana de ellos, especialmente para los primeros en llegar. El uso de la lengua materna es de gran importancia porque es la primera forma de expresión de la propia identidad. La Iglesia tiene una pastoral específica para los migrantes, que tiene en cuenta sus características culturales y religiosas. Sería injusto, a los muchos desarraigos ya experimentados, sumar la pérdida de sus ritos y de su identidad religiosa[40]. Además, los migrantes cristianos viviendo su fe se convierten en anunciadores del Evangelio en los países de acogida, enriqueciendo así el tejido espiritual de la Iglesia local y fortaleciendo su misión con su propia tradición cultural y religiosa.

---

[39]  PONTIFICIO CONSEJO PARA LA PASTORAL DE LOS MIGRANTES Y LOS ITINERANTES, *Erga migrantes caritas Christi* (mayo 3 de 2004), 41.

[40]  Cf. *Ibíd.*, 49.

**276.** Para garantizar el cuidado pastoral en el contexto catequístico más adecuado a las necesidades específicas de los migrantes, muchas veces pertenecientes a las llamadas Iglesias *sui iuris* con su propia tradición teológica, litúrgica y espiritual, son indispensables el diálogo y la colaboración más estrecha posible entre la Iglesia de origen y la Iglesia de acogida. Esta colaboración permite recibir material catequístico en la tradición y la lengua materna y ayuda en la preparación de catequistas adecuados a la tarea de acompañar a los migrantes en el camino de la fe. Deben seguirse para ello las regulaciones del *Código de Derecho Canónico* y del *Código de los Cánones de las Iglesias Orientales*.

## 8. CATEQUESIS CON LOS EMIGRANTES

### Asistencia religiosa en los países de emigración

**277.** Las relaciones de las Iglesias de origen con sus hijos no se interrumpen con la conclusión del proceso migratorio y la estabilización en un lugar diferente, dentro o fuera de las fronteras del país. Continúan de diferentes maneras mediante la institución de capellanías, misiones u otras formas de asistencia espiritual en lugares de acogida. Con el fin de garantizar que los emigrantes puedan mantener su fe vivida en su país de origen y proporcionarles asistencia espiritual y material, algunos episcopados envían al exterior sacerdotes, consagrados y laicos animados por el espíritu misionero, para acompañar y reunir a los fieles originarios de su país. Esta acción se desarrolla de diversas maneras, de acuerdo a las posibilidades ofrecidas por el Derecho[41]. A menudo incluye la provisión de

---

[41]     En el CIC: misiones con cura de almas o «cuasiparroquias» (c. 516); parroquias personales (c. 518); capellanías (c. 564ss); prelaturas personales (c. 294ss); sacerdotes y vicarios episcopales (c. 383 § 2). En el CCEO: cc. 16. 38. 147-148. 193. 588. 916. Respecto a los fieles católicos de ritos orientales en territorios latinos, Cf. FRANCISCO, Carta apostólica *De concordia inter codices* (mayo 31 de 2016).

itinerarios de catequesis para la iniciación cristiana y la formación permanente, llevados a cabo en el idioma y según las tradiciones de las Iglesias de origen. Este es un instrumento valioso para la vida cristiana de las comunidades emigradas, como también una riqueza espiritual para la Iglesia que las acoge. Sin embargo, la catequesis debe organizarse y gestionarse plenamente con el Obispo local, para que se desarrolle en armonía con la Iglesia particular y pueda unir el respeto por la identidad con la tarea de la integración.

## Catequesis en los países de origen

**278.** El regreso de los emigrantes por períodos cortos a sus lugares de origen coincide a menudo con las fiestas locales tradicionales, caracterizadas por las manifestaciones alegres de la piedad popular. A pesar de ser ocasionales, tales circunstancias deben ser valoradas para proponer la fe, analizando también las dificultades que por la condición de emigrantes hayan tenido en su vida de fe y costumbres. Es común, en tales ocasiones, que ellos soliciten la celebración de los sacramentos para sí mismos o para sus hijos a de fin de compartir esta alegría con las personas que estiman. No sobra decir entonces que la recepción de los sacramentos requiere una preparación catequística[42], que preferiblemente debe garantizarse en los países de emigración y cuya realización el párroco habrá de constatar incluso pidiendo la documentación o, en caso contrario, el mismo párroco dará la preparación necesaria.

## 9. CATEQUESIS CON PERSONAS MARGINADAS

**279.** Las *personas marginadas* son aquellas que están cerca o incluso ya han sido excluidas: entre las cuales, están los refugiados, los nómadas, los sin techo, los enfermos crónicos,

---

42 Cf. CIC cc. 851. 889. 913-914. 1063.

los drogadictos, los prisioneros, las esclavas de la prostitución, etc. La Iglesia mira especialmente «a toda la humanidad que sufre y que llora; ésta le pertenece por derecho evangélico»[43]. «La Iglesia debe estar siempre atenta y dispuesta a descubrir nuevas obras de misericordia y realizarlas con generosidad y entusiasmo»[44], porque es consciente de que la credibilidad de su mensaje depende en gran medida del testimonio de sus obras. La palabra de Jesús (Cf. *Mt* 25,31-46) apoya y motiva el compromiso de los que trabajan para el Señor al servicio de los más pequeños.

**280.** La Iglesia también reconoce que «la peor discriminación que sufren los pobres es la falta de atención espiritual»; por lo tanto, «la opción preferencial por los pobres debe traducirse principalmente en una atención religiosa privilegiada y prioritaria»[45]. El anuncio de la fe a las personas marginadas casi siempre ocurre en contextos y ambientes informales y de manera ocasional, para lo cual juegan un rol decisivo la capacidad de ir al encuentro de las personas en las situaciones en que se encuentran, la disponibilidad de acogerlas incondicionalmente y la capacidad de ponerse ante ellos con realismo y misericordia. De igual modo, con respecto al primer anuncio y a la catequesis es necesario considerar las diversas situaciones, captando las necesidades y las preguntas de cada uno y aprovechando la relación interpersonal. La comunidad está llamada a apoyar fraternalmente a los voluntarios que prestan este servicio.

## Catequesis en las cárceles

**281.** La cárcel, generalmente considerada un lugar límite, es una auténtica tierra de misión para la evangelización, pero

---

[43] PABLO VI, *Alocución al inicio de la segunda sesión del Concilio Vaticano II* (septiembre 29 de 1963). Cf. EG 209-212.

[44] FRANCISCO, Carta apostólica *Misericordia et misera* (noviembre 20 de 2016), 19.

[45] EG 200.

también es un laboratorio fronterizo para la pastoral que va por delante de las orientaciones de la acción eclesial. Con los ojos de la fe, es posible ver a Dios trabajando entre los prisioneros, incluso en situaciones humanamente desesperadas. De hecho, Él habla a los corazones de los hombres en cualquier lugar, dando libertad, cuya privación «es la forma más dura de descontar una pena, porque toca la persona en su núcleo más íntimo»[46]. Por esta razón, despertar en el corazón de nuestros hermanos y hermanas «el deseo de la *verdadera* libertad [...] es una tarea a la que la Iglesia no puede renunciar»[47], comunicando sin vacilación la bondad y la misericordia gratuita de Dios.

**282.** El contenido fundamental de la catequesis para los privados de libertad, que a menudo tiene un carácter ocasional y vivencial, es el *kerygma* de la salvación de Cristo, entendido como perdón y liberación. El anuncio de la fe tiene lugar gracias al encuentro directo con la Sagrada Escritura, cuya acogida puede consolar y sanar incluso la vida más herida por el pecado, además de abrir espacios para la reeducación y la rehabilitación. Junto a ello, la misma relación que los privados de libertad crean con los agentes de pastoral, les hace percibir la presencia de Dios en los signos de la acogida incondicional y en la escucha cariñosa. Esas relaciones fraternales muestras a los presos el rostro materno de la Iglesia, que a menudo recibe con alegría la conversión o el redescubrimiento de la fe de muchos de sus hijos, que piden recibir los sacramentos de la iniciación cristiana. La preocupación de la Iglesia acompaña también a quienes cumplen su pena y a sus familias.

---

[46] FRANCISCO, *Homilía en la Santa Misa para el Jubileo de los encarcelados* (noviembre 6 de 2016).
[47] *Ibíd.*

## Tercera parte

# La catequesis en las Iglesias particulares

# Capítulo IX

# La comunidad cristiana sujeto de la catequesis

## 1. LA IGLESIA Y EL MINISTERIO DE LA PALABRA DE DIOS

**283.** Dios ha querido reunir a su Iglesia alrededor de su Palabra y la alimenta con el Cuerpo y la Sangre de su Hijo. Quienes creen en Cristo han renacido no de un germen corruptible, sino de uno incorruptible gracias a la Palabra del Dios vivo (Cf. *1 Pe* 1,23). Tal regeneración, sin embargo, nunca es un hecho terminado. La Palabra de Dios es el *pan cotidiano* que regenera y alimenta continuamente el camino eclesial. «La Iglesia se funda sobre la Palabra de Dios, nace y vive de ella. A lo largo de toda su historia, el Pueblo de Dios ha encontrado siempre en ella su fuerza, y la comunidad eclesial crece también hoy en la escucha, en la celebración y en el estudio de la Palabra de Dios»[1]. El primado de esta Palabra pone a toda la Iglesia en «religiosa escucha» (DV 1). María es modelo del Pueblo de Dios, la Virgen de la escucha, que «conservaba todas estas cosas y las meditaba en su corazón» (*Lc* 2,19). Así pues, el *ministerio de la Palabra* nace de la escucha y se educa en ese arte de escuchar, ya que sólo el que escucha puede anun-

---

[1]    BENEDICTO XVI, Exhortación apostólica postsinodal, *Verbum Domini* (septiembre 30 de 2010), 3.

ciar. «Toda la evangelización está fundada [sobre la Palabra de Dios], escuchada, meditada, vivida, celebrada y testimoniada. Las Sagradas Escrituras son fuente de la evangelización»[2].

**284.** La Palabra de Dios es dinámica: crece y se difunde por sí misma (Cf. *Hch* 12,24), teniendo «en sí una potencialidad que no podemos predecir. El Evangelio habla de una semilla que, una vez sembrada, crece por sí sola también cuando el agricultor duerme (Cf. *Mc* 4,26-29). La Iglesia debe aceptar esa libertad inaferrable de la Palabra, que es eficaz a su manera, y de formas muy diversas que suelen superar nuestras previsiones y romper nuestros esquemas»[3]. Al igual que María, también la Iglesia profesa «Hágase en mí según tu palabra» (*Lc* 1,38). Se pone a sí al servicio de la Palabra del Señor, se hace su custodia. El Señor mismo se la confió, no para que la escondiera, sino para que resplandezca como una luz para todos. La Palabra de Dios es pues el origen de la misión de la Iglesia. «Es la Palabra misma la que nos lleva hacia los hermanos; es la Palabra que ilumina, purifica, convierte. Nosotros no somos más que servidores»[4].

**285.** Refiriéndose a la Palabra de Dios la Iglesia desarrolla su ministerio como una tarea de *mediación*: anunciándola en todo tiempo y lugar; custodiándola, transmitiéndola íntegramente a las diversas generaciones (Cf. *2 Tim* 1,14); la interpreta con el carisma propio del Magisterio; la proclama con fidelidad y confianza hasta que «el mundo entero escuchándola crea, creyendo espere, y esperando ame» (DV 1); agrega nuevos creyentes por medio de la recepción de la Palabra y del Bautismo (Cf. *Hch* 2,41).

---

[2]  EG 174.

[3]  EG 22.

[4]  BENEDICTO XVI, Exhortación apostólica postsinodal *Verbum Domini* (septiembre 30 de 2010), 93.

**286.** «En el dinamismo de la evangelización, aquel que acoge el Evangelio como Palabra que salva, lo traduce normalmente en estos gestos sacramentales»[5]. Con este propósito, superada la contraposición entre palabra y sacramento, se comprende que el ministerio de la Palabra es indispensable al ministerio de los sacramentos. San Agustín escribe que «se nace en el Espíritu mediante la Palabra y el sacramento»[6]. Su interacción alcanza la máxima eficacia en la liturgia, sobre todo en la celebración eucarística, que manifiesta el significado sacramental de la Palabra de Dios. «Palabra y Eucaristía se pertenecen tan íntimamente que no se puede comprender la una sin la otra: la Palabra de Dios se hace sacramentalmente carne en el acontecimiento eucarístico. La Eucaristía nos ayuda a entender la Sagrada Escritura, así como la Sagrada Escritura, a su vez, ilumina y explica el misterio eucarístico»[7].

**287.** El sujeto unitario de la evangelización es el Pueblo de Dios «peregrino y evangelizador»[8]. El Concilio Vaticano II habla del *pueblo mesiánico* asumido por Cristo como instrumento de redención y enviado a todos los hombres como luz del mundo y sal de la tierra (Cf. LG 9). La unción del Espíritu (Cf. *1 Jn* 2,20) lo hace partícipe del oficio profético de Cristo y le da los dones, como el *sensus fidei*, que capacita para discernir, testimoniar y proclamar la Palabra de Dios. «Todos quedaron llenos del Espíritu Santo y anunciaban la Palabra de Dios con valentía (*parresía*)» (*Hch* 4, 31). Así como la evangelización, también la catequesis es una acción de la que toda la Iglesia se siente responsable.

---

[5] EN 23.

[6] AGUSTÍN DE HIPONA, *In Iohannis evangelium tractatus*, 12, 5: CCL 36, 123 (PL 35, 1486).

[7] BENEDICTO XVI, Exhortación apostólica postsinodal *Verbum Domini* (septiembre 30 de 2010), 55.

[8] EG 111.

**288.** La responsabilidad concierne a todos.

En virtud del Bautismo recibido, cada miembro del Pueblo de Dios se ha convertido en discípulo misionero (Cf. *Mt* 28,19). Cada uno de los bautizados, cualquiera que sea su función en la Iglesia y el grado de ilustración de su fe, es un agente evangelizador, y sería inadecuado pensar en un esquema de evangelización llevado adelante por actores calificados donde el resto del pueblo fiel sea sólo receptivo de sus acciones. La nueva evangelización debe implicar un nuevo protagonismo de cada uno de los bautizados[9].

Si bien todos son responsables, no todos sin embargo lo son de la misma manera. La responsabilidad se diferencia en los dones carismáticos y ministeriales, ambos *coesenciales* para la vida y la misión de la Iglesia[10]. Cada uno contribuye según su estado de vida y la gracia recibida de Cristo (Cf. *Ef* 4,11-12).

**289.** Una forma concreta en el camino de la evangelización es la *práctica sinodal*, que se realiza a nivel universal y local, y que se expresa en los diversos sínodos y consejos. Una conciencia renovada de la identidad misionera requiere hoy una mayor capacidad de compartir, comunicar, encontrarse, así como caminar juntos sobre el sendero de Cristo en la docilidad al Espíritu Santo. La instancia sinodal propone objetivos importantes para la evangelización: lleva a discernir juntos el camino por recorrer; conduce a obrar conjuntamente con los dones de todos; contrasta el aislamiento de las partes y de cada sujeto. «Una Iglesia sinodal es una Iglesia de la escucha, con la conciencia de que escuchar "es más que oír". Es una escucha reciproca en la cual cada uno tiene algo que aprender. Pueblo

---

9    EG 120.

10   Cf. Congregación para la Doctrina de la Fe, *Iuvenescit ecclesia* (mayo 15 de 2016), 10.

fiel, colegio episcopal, Obispo de Roma: uno en escucha de los otros; y todos en escucha del Espíritu Santo»[11].

Todo lo expuesto acerca del *ministerio de la Palabra* se realiza concretamente en los contextos de las diversas tradiciones eclesiales e Iglesias particulares y en sus varias articulaciones.

## 2. LAS IGLESIAS ORIENTALES

**290.** «La Iglesia católica tiene en gran aprecio las instituciones, los ritos litúrgicos, las tradiciones eclesiásticas y la disciplina de la vida cristiana de las Iglesias orientales. Pues en todas ellas, preclaras por su venerable antigüedad, brilla aquella tradición de los padres, que arranca desde los Apóstoles, la cual constituye una parte de lo divinamente revelado y del patrimonio indiviso de la Iglesia universal» (OE 1). Esos tesoros contribuyen desde siempre a la evangelización. La Iglesia católica afirma repetidamente que «los orientales tienen el derecho y el deber de conservarlos, de hacerlos conocer y de vivirlos»[12], evitando siempre perder su identidad. La catequesis, en esta tarea de cuidar y transmitir la fe en la propia tradición eclesial, tiene un papel privilegiado. En la propuesta de catequesis es pues necesario que «resplandezcan la importancia de la Biblia y de la Liturgia, así como la tradición de la propia iglesia *sui iuris*, en la hagiografía y en la misma iconografía»[13].

**291.** «Está claro que, tanto en Oriente como en Occidente, la catequesis no puede ser separada de la liturgia, ya que, de ésta, como misterio de Cristo celebrado *in actu*, toma la ins-

---

[11] FRANCISCO, *Discurso en la conmemoración del 50º aniversario de la Institución del Sínodo de los Obispos* (octubre 17 de 2015); Cf. también EG 171.

[12] CONGREGACIÓN PARA LAS IGLESIAS ORIENTALES, *Instrucción para la aplicación de las prescripciones litúrgicas del Código de los Cánones de las Iglesias Orientales* (enero 6 de 1996), 10.

[13] CCEO c. 621 § 2.

piración. Tal es el método adoptado por no pocos Padres de la Iglesia en la formación de los fieles. Esta se expresa en la *catequesis* para los catecúmenos y en la *mistagogía* o *catequesis mistagógica* para los iniciados en los Divinos Misterios. De este modo los fieles son continuamente guiados en el gozoso descubrimiento de la Palabra, y de la muerte y resurrección de su Señor, en la que los introduce el Espíritu del Padre. De la comprensión de cuanto celebran y de la plena asimilación de lo que ya han celebrado forjan ellos un proyecto de vida: La mistagogía es, pues, el contenido de su existencia redimida, santificada y camino de divinización y, como tal, es el fundamento de la espiritualidad y de la moral. Se recomienda, pues, concretamente que los recorridos catequéticos de las Iglesias Orientales Católicas, tengan como punto de partida las propias y específicas celebraciones litúrgicas»[14].

**292.** Todos los clérigos y candidatos a las Órdenes Sagradas, al igual que todas las personas consagradas y los laicos a quienes se les confíe la misión de la catequesis, deben recibir una preparación sólida, prevista por las normas eclesiásticas generales de manera que todos estén bien instruidos y formados en los ritos y las normas prácticas referentes a los asuntos interrituales, especialmente allí donde, en el mismo territorio, están presentes diversas Iglesias *sui iuris* (Cf. OE 4). Además, «los fieles cristianos de cualquier Iglesia *sui iuris*, también de la Iglesia latina que, por razones de oficio, de ministerio, o de encargo, tengan relaciones frecuentes con los fieles cristianos de otra Iglesia *sui iuris*, sean cuidadosamente formados en el conocimiento y en la veneración del rito de dicha Iglesia, según la importancia del oficio, del ministerio o del encargo que cumplan»[15].

---

[14] CONGREGACIÓN PARA LAS IGLESIAS ORIENTALES, *Instrucción para la aplicación*, op. cit., 30.

[15] CCEO c. 41.

## 3. LAS IGLESIAS PARTICULARES

**293.** «El anuncio, la transmisión y la experiencia viva del Evangelio se realizan en la Iglesia particular o diócesis»[16]. La Iglesia particular es la porción del Pueblo de Dios, «reunida [por el Obispo] en el Espíritu Santo [...] en la cual verdaderamente está y obra la Iglesia de Cristo, que es una, santa, católica y apostólica» (CD 11). La razón es que en ella están presentes las estructuras constitutivas de la Iglesia: El Evangelio, los Sacramentos y el Episcopado que, ayudado por el Presbiterio preside el oficio pastoral. La Iglesia particular «es la Iglesia encarnada en un espacio determinado, provista de todos los medios de salvación dados por Cristo, pero con un rostro local»[17]. Por sí sola no es Iglesia en plenitud, sino en la comunión de todas las Iglesias. Existe pues un solo pueblo, «un solo Cuerpo, un solo Señor, una sola fe, un solo Bautismo» (*Ef* 4,4-5). Se da un intercambio recíproco y «solo una atención permanente a los dos polos de la Iglesia nos permitirá percibir la riqueza de esta relación entre la Iglesia universal y las Iglesias particulares»[18].

**294.** Como la Iglesia universal, así también cada Iglesia particular es sujeto de la evangelización. Lo que la constituye se vuelve fuente de su misión. Además, es justamente por su medio que las personas entran en contacto con una comunidad, escuchan la Palabra de Dios, se hacen cristianos por el Bautismo y se reúnen en la asamblea eucarística que, presidida por el Obispo, es la principal manifestación de la Iglesia (Cf. SC 41).

---

[16] Directorio general de la catequesis de 1997, n. 217. En todo el documento la expresión *Iglesia particular* se refiere a la Diócesis y a sus asimiladas (CIC, c. 368). La expresión *Iglesia local* se refiere al conjunto de Iglesias particulares, establecidas en una región o nación, o también en un conjunto de naciones unidas entre sí por vínculos particulares.

[17] EG 30.

[18] EN 62.

**295.** Enriquecidas con todos los medios por el Espíritu Santo, corresponde a las Iglesias particulares continuar la obra de la evangelización, contribuyendo así al bien de la Iglesia universal. Congregadas por la Palabra de Dios, están llamadas a proclamarla y difundirla. Aceptando el desafío de evangelizar, la Palabra de Dios pide reunir a los más alejados, abriéndose a todas las periferias. Viviendo además en un espacio determinado, las Iglesias particulares evangelizan enraizándose en la historia, en la cultura, en las tradiciones, en las diversas formas de comunicación y en los problemas del propio pueblo. La Palabra de Dios «favorece y acoge todas las riquezas, recursos y costumbres de vida que revelan la idiosincrasia de cada pueblo, en lo que tienen de bueno, las favorece, y asume; pero al recibirlas las purifica, las fortalece y eleva» (LG 13). Se cumple así el don de Pentecostés, gracias al cual la Iglesia «habla en todas las lenguas, entiende y abarca todas las lenguas en la caridad y supera de esta forma la dispersión de Babel» (AG 4).

**296.** Cada Iglesia particular está invitada a desarrollar lo mejor posible la catequesis, como expresión evangelizadora, al interior de su propio contexto cultural y social. Toda la comunidad cristiana es responsable de la catequesis, aunque sólo algunos reciban el mandato del Obispo para ser catequistas. Estos actúan en comunión eclesial y en nombre de toda la Iglesia.

**297.** La propuesta catequística se realiza en contextos que a veces cuestionan las formas tradicionales de iniciación y educación en la fe. De hecho, diversas Iglesias particulares y locales se han empeñado en procesos de renovación de la pastoral, individualizando objetivos, elaborando proyectos y reavivando iniciativas diocesanas, nacionales y continentales. Esta renovación exige también a las comunidades una reforma de las estructuras. Sin duda que es un gran reto poner todo en clave evangelizadora como principio fundamental que oriente toda la acción eclesial. Hasta la catequesis participa de esta transformación misionera, creando, sobre todo, espacios y propuestas concretas para el primer anuncio, repensando la iniciación cristiana en clave catecumenal. De esta manera, articulándose orgánicamente con otras dimensiones de la pastoral y, gracias a un discernimiento pastoral realista, será posible evitar el riesgo del activismo, del empirismo y de la fragmentación de las propuestas.

## 4. LAS PARROQUIAS

**298.** Consecuencia de la expansión misionera de la Iglesia, las parroquias se unen directamente a la Iglesia particular, de la que son como una célula (Cf. AA 10). «Distribuidas localmente bajo un pastor que hace las veces del obispo, de alguna manera representan a la Iglesia visible establecida por todo el orbe» (SC 42). Mediante ellas, las comunidades humanas son alcanzadas incluso físicamente por los medios de salvación: siendo los principales la Palabra de Dios, el Bautismo y la Eucaristía. «En fin, la parroquia tiene por fundamento una realidad teológica porque es una *comunidad eucarística*»[19]. La Eucaristía, vínculo de caridad, impulsa al cuidado por los más pobres, «cuya evangelización es signo de la obra mesiánica» (PO 6).

**299.** Las parroquias, edificadas sobre los cimientos de la Palabra de Dios, los sacramentos y la caridad, que a su vez suponen una red de servicios, ministerios y carismas, ofrecen «un clarísimo modelo del apostolado comunitario, reduciendo a la unidad todas las diversidades humanas que en ella se encuentran e insertándolas en la Iglesia universal» (AA 10). Las parroquias manifiestan el rostro del Pueblo de Dios que mira a todos, sin acepción de personas. Son ellas «el ámbito

---

19    JUAN PABLO II, Exhortación apostólica postsinodal *Christifideles laici* (diciembre 30 de 1988), 26.

ordinario donde se nace y se crece en la fe. Constituyen por eso un espacio comunitario muy adecuado para que el ministerio de la Palabra ejercido en ellas sea, al mismo tiempo enseñanza, educación y experiencia vital»[20].

**300.** La importancia de las parroquias no hace olvidar las dificultades actuales, iniciadas con el cambio de los espacios históricos, sociales y culturales en que nacieron. En ello inciden fenómenos como la urbanización, el nomadismo, los flujos migratorios, la escasez del clero. Hay que iniciar un proceso de *conversión misionera* que no se limite a mantener lo existente y a asegurar la administración de los sacramentos, sino que exige avanzar en una dirección evangelizadora.

> La parroquia no es una estructura caduca; precisamente porque tiene una gran plasticidad, puede tomar formas muy diversas que requieren la docilidad y la creatividad misionera del Pastor y de la comunidad. Aunque ciertamente no es la única institución evangelizadora, si es capaz de reformarse y adaptarse continuamente, seguirá siendo "la misma Iglesia que vive entre las casas de sus hijos y de sus hijas". Esto supone que realmente esté en contacto con los hogares y con la vida del pueblo, y no se convierta en una prolija estructura separada de la gente o en un grupo de selectos que se miran a sí mismos[21].

**301.** Hoy las parroquias están empeñadas en renovar la dinámica relacional y hacer sus estructuras más abiertas y menos burocráticas. Proponiéndose como *comunidad de comunidades*[22], serán un sostén y un punto de referencia para

---

[20] DGC 257.

[21] EG 28; Cf. también JUAN PABLO II, Exhortación apostólica postsinodal *Christifideles laici* (diciembre 30 de 1988), 26.

[22] JUAN PABLO II, Exhortación apostólica postsinodal *Ecclesia in America* (enero 22 de 1999), 41.

los pequeños grupos y los movimientos que promuevan una actividad evangelizadora. En algunas Iglesias surgen nuevas formas de organización interna de las diócesis, denominadas *unidades pastorales*, que prevén la ampliación de la participación ministerial. Presentes con varias tipologías, tienen como tarea actualizar la evangelización con una pastoral orgánica y de conjunto, de modo nuevo y creativo.

**302.** La dinámica de conversión misionera implica que la parroquia se interrogue sobre el tipo de catequesis que propone, sobre todo en los nuevos contextos sociales y culturales. Sigue siendo un lugar privilegiado de la educación en la fe, consciente, sin embargo, de no ser el centro de gravitación de toda la función catequística, ya que existen otros recursos y propuestas eclesiales no tan estrechamente ligadas a las estructuras existentes. La comunidad parroquial sabrá entrar en diálogo con tales realidades, reconociendo su valor y haciendo discernimiento sobre las nuevas maneras de presencia evangelizadora en su territorio.

**303.** La necesidad de un renovado impulso evangelizador invita a repensar, en clave misionera, toda la acción pastoral de la comunidad cristiana, incluso las más clásicas y tradicionales. La catequesis también está incluida en esa conversión misionera a la que está llamada la parroquia. Más aún, ella misma contribuye cuando impregna todos sus procesos con el primer anuncio. Para una renovación de la propuesta catequética parroquial será pertinente considerar algunos aspectos:

a. *Comunidad de discípulos misioneros.* En el corazón de la propuesta evangelizadora de la parroquia no hay en primer lugar una estrategia pastoral, y menos todavía un grupo elitista y exclusivo de perfectos y expertos, sino una comunidad de discípulos misioneros, personas que hacen la experiencia viva de Cristo resucitado y viven relaciones nuevas, generadas por Él. Una comunidad cristiana que, aun en la debilidad de sus miembros y no en la pequeñez de sus recursos vive esa *fraternidad mística*, se convierte ella misma en el primer y natural anuncio de la fe.

b. *Mentalidad misionera*: Se trata ante todo de madurar una nueva visión de la realidad, pasando de una propuesta pastoral hecha de ideas, proyectos, esquemas constituidos previamente, a una apertura a la acción del Resucitado y de su Espíritu que precede siempre a los suyos. En este surco, hasta la catequesis parroquial puede ser vista a la luz de un doble y recíproco movimiento respecto a las personas y a la llamada a interiorizar nuevos estilos relacionales y comunicativos: se pasa, por ejemplo, de acoger a dejarse acoger; de tener la palabra llevando la comunicación a ceder la palabra, reconociendo siempre con asombro la libre iniciativa de Dios. Tal dinámica misionera invita a la catequesis a descentrarse y a poner *en escucha* y *en salida* hacia las experiencias vitales de las personas, iluminándolas con la luz del Evangelio. Esta operación de descentramiento, que apunta sobre todo a las actitudes mentales, puede expresarse incluso desde el punto de vista de los espacios físicos. La alegría de la Iglesia de comunicar a Jesucristo «se expresa tanto en su preocupación por anunciarlo en otros lugares más necesitados como en una salida constante hacia las periferias de su propio territorio o hacia los nuevos ámbitos socioculturales»[23].

c. *Propuestas formativas de inspiración catecumenal*: Que la comunidad parroquial sepa ofrecer, especialmente a los jóvenes y a los adultos, itinerarios formativos integrales en los que sea posible acoger y profundizar existencialmente el *kerygma*, admirando su belleza. Una propuesta de cate-

---

[23]   EG 30.

quesis que no sepa articularse con las demás acciones de la pastoral corre el riesgo de presentarse como una teoría, ciertamente correcta, pero poco significativa para la vida; impidiendo así la manifestación de la bondad del Evangelio para todas las personas de nuestro tiempo.

## 5. LAS ASOCIACIONES, LOS MOVIMIENTOS, LOS GRUPOS DE FIELES

**304.** El reconocimiento de las parroquias no reduce sólo a ellas la experiencia eclesial. Las *asociaciones*, los *movimientos* y los *diversos grupos eclesiales* tuvieron un nuevo florecimiento después del Concilio Vaticano II. Son una realidad en la Iglesia que muestra su gran capacidad evangelizadora, penetrando en ambientes hasta ahora lejanos de las estructuras tradicionales. La asociación de fieles ha acompañado a la historia cristiana y resurge con la renovación del apostolado. Hay que favorecerlo, reconociendo que el Espíritu Santo distribuye sus carismas libremente (Cf. *1 Cor* 12,11). «Los movimientos representan un auténtico don de Dios para la nueva evangelización y para la actividad misionera»[24]. Aunque haya muchas diferencias en finalidades y metodologías, hay unos elementos comunes: el descubrimiento de la dimensión comunitaria; el reforzamiento de diferentes aspectos de la vida cristiana, como la escucha de la Palabra, la práctica de la piedad, la caridad; la promoción del laicado en la misión eclesial y social.

**305.** La Iglesia ha reconocido el derecho a las asociaciones de fieles, fundándolo sobre la dimensión social de la naturaleza humana y sobre la dignidad bautismal. «La razón profunda [...] es eclesiológica, como lo reconoce abiertamente el Concilio Vaticano II diciendo que el apostolado asociado es

---

[24] JUAN PABLO II, Carta encíclica *Redemptoris missio* (diciembre 7 de 1990), 72.

"una expresión de la comunión y de la unidad de la Iglesia en Cristo"» (AA 18)[25]. Tal vez se presenten dificultades inherentes al sentido de un camino exclusivo, de un excesivo sentido de identificación y de una insuficiente inserción en las Iglesias particulares, con las que deben procurar siempre guardar la comunión. Los *criterios de eclesialidad*[26] es una ayuda importante para superar las dificultades y dar testimonio de unidad. Las asociaciones eclesiales «son una riqueza de la Iglesia que el Espíritu suscita para evangelizar todos los ambientes y sectores. Muchas veces aportan un nuevo fervor evangelizador y una capacidad de diálogo con el mundo que renuevan a la Iglesia. Pero es muy sano que no pierdan el contacto con esa realidad tan rica de la parroquia del lugar, y que se integren gustosamente en la pastoral orgánica de la Iglesia particular»[27].

**306.** Han adquirido ya una madurez las *comunidades eclesiales de base*, promovidas por varias Conferencias episcopales, y muy difundidas en algunos países. Ellas han favorecido la renovación de la misión: partiendo de la escucha de la Palabra de Dios; sembrando el Evangelio en la cultura y en las situaciones de las poblaciones locales, sobre todo entre los pobres; favoreciendo experiencias de vida comunitaria más acogedoras; impulsando a las personas a una participación más consciente en la evangelización. «Son un signo de la vitalidad en la Iglesia, instrumento de formación y de evangelización, punto de partida válido para una nueva sociedad fundada sobre la "civilización del amor" [...]. Si viven verdaderamente en unidad con la Iglesia, son una auténtica expresión de comunión y

---

[25] JUAN PABLO II, Exhortación apostólica postsinodal *Chistifideles laici* (septiembre 30 de 1988), 29.

[26] *Ibíd.*, n. 30.    Los criterios de eclesialidad son: el primado dado a la vocación de cada cristiano a la santidad; la responsabilidad de confesar la fe católica; el testimonio de una comunión sólida y convencida, en relación filial con el Papa y con el Obispo; la conformidad y la participación en la finalidad apostólica de la Iglesia; el compromiso de una presencia en la sociedad humana.

[27] EG 29.

un instrumento para edificar una comunión aún más profunda. Por ello, dan una gran esperanza para la vida de la Iglesia»[28].

**307.** Estas asociaciones, movimientos y grupos eclesiales con el fin de cultivar todas las dimensiones fundamentales de la vida cristiana, dan una importancia particular al aspecto formativo. Además, «tienen, en efecto, la posibilidad, cada uno con sus propios métodos, de ofrecer una formación profundamente anclada en la misma experiencia de vida apostólica, como también la oportunidad de completar, concretar y especificar la formación que sus miembros reciben de otras personas o comunidades»[29]. Los itinerarios formativos que profundizan el carisma específico de cada una de estas realidades no pueden ser una alternativa para la catequesis, que es parte esencial de la formación cristiana. Es decisivo pues que las asociaciones, movimientos y grupos eclesiales reserven ordinariamente un tiempo consagrado a la catequesis.

**308.** Es necesario considerar algunos aspectos al interior de estas agrupaciones:

a. La catequesis es invariablemente obra de la Iglesia y, por lo tanto, el principio de su eclesialidad debe primar siempre. En consecuencia, las asociaciones, movimientos y grupos particulares se pondrán en sintonía con los planes pastorales diocesanos;

b. es necesario respetar la naturaleza propia de la catequesis, desarrollando toda su riqueza y formando en todas las dimensiones de la vida cristiana, según la sensibilidad y el estilo de apostolado propios de cada carisma.;

---

[28] JUAN PABLO II, Carta encíclica *Redemptoris missio* (diciembre 7 de 1990), 51; Cf. también EN 58.

[29] JUAN PABLO II, Exhortación apostólica postsinodal *Christifideles laici* (septiembre 30 de 1988), 62; Cf. también Directorio general para la catequesis de 1997, 261.

c. la parroquia está llamada a apreciar la catequesis que se realiza en sus agrupaciones porque corresponde a todas las personas y va más allá de los confines parroquiales.

## 6. LA ESCUELA CATÓLICA

**309.** La escuela católica «busca, no en menor grado que las demás escuelas, los fines culturales y la formación humana de la juventud. Su nota distintiva es crear un ambiente de la comunidad escolar animado por el espíritu evangélico [...] y ordenar toda la cultura humana según el mensaje de la salvación, de suerte que quede iluminado por la fe el conocimiento que los alumnos van adquiriendo del mundo, de la vida y del hombre» (GE 8). Dignas de resaltar son estas características: la sintonía con la finalidad formativa de la escuela pública; la originalidad de la comunidad educativa animada por los valores evangélicos; la atención a los jóvenes; la premura de educar con una síntesis entre fe, cultura y vida.

**310.** «Un cambio decisivo en la historia de la escuela católica es el paso de la escuela-institución a la escuela-comunidad», donde «la dimensión comunitaria como tal no es una simple categoría sociológica, sino sobre todo teológica»[30]. La escuela católica es una *comunidad de fe* que tiene como base un proyecto educativo caracterizado por los valores evangélicos. La dimensión comunitaria es vivida concretamente, forjando un estilo de relaciones sensibles y respetuosas. Este proyecto comporta la tarea de la comunidad educativa entera, incluidos los padres, poniendo siempre en el centro a los estudiantes, que crezcan juntos, en el respeto y al ritmo de cada uno. «Por su parte, los educadores recuerden que depende

---

[30] CONGREGACIÓN PARA LA EDUCACIÓN CATÓLICA, *Dimensión religiosa de la educación en la escuela católica. Lineamientos para la reflexión y la revisión* (abril 7 de 1988), 31.

esencialmente de ellos que la escuela católica esté en grado de realizar sus fines y sus iniciativas» (GE 8).

**311.** La escuela católica es *sujeto eclesial* que hace visible la misión de la Iglesia, sobre todo en el campo de la educación y de la cultura. Tiene como punto de referencia la Iglesia particular, respecto a la cual no puede ser un cuerpo extraño. No se puede por tanto excluir o marginar, ni su identidad católica, ni su papel en la evangelización. «De la identidad católica nacen de hecho los rasgos peculiares de la escuela, que se estructura como sujeto eclesial, lugar de auténtica y específica acción pastoral. Esta comparte la misión evangelizadora de la Iglesia y es el lugar privilegiado donde se realiza la educación cristiana»[31]. El ministerio de la Palabra puede ejercitarse en la escuela católica de muchas formas, teniendo en cuenta las diversas áreas geográficas y la identidad cultural de los destinatarios. Un particular relieve que merece ser resaltado es la *enseñanza de la religión católica y la catequesis*.

**312.** Las razones por las que los alumnos y sus familias prefieren la escuela católica son diversas. Es importante respetar el pluralismo de las elecciones. Sin embargo, aunque su motivo incida en la calidad del proyecto formativo, la catequesis y la enseñanza de la religión deben ser presentadas con todo su valor cultural y pedagógico. «La escuela católica, al empeñarse en promover al hombre en su integralidad, lo hace obedeciendo a la solicitud de la Iglesia, con la certeza de que todos sus valores humanos encontrarán allí su plena realización y su unidad en Cristo»[32]. En un contexto de pluralismo cultural y religioso, es tarea de las Conferencias episcopales y de cada uno de los Obispos, vigilar para que el desarrollo de la catequesis o de la enseñanza de la religión católica sea garantizado completamente y con toda coherencia.

---

[31] CONGREGACIÓN PARA LA EDUCACIÓN CATÓLICA, *La escuela católica al inicio del tercer milenio* (diciembre 28 de 1997), 11.

[32] *Ibíd.*, 9.

## 7. La enseñanza de la religión católica en la escuela

**313.** La enseñanza de la religión en la escuela católica ha tenido notables variaciones a lo largo de los tiempos. Su vínculo con la catequesis es de distinción y complementariedad. Donde la distinción no es clara, se corre el peligro de que ambas pierdan su propia identidad. La catequesis «promueve la adhesión personal a Cristo y la madurez de la vida cristiana. La enseñanza escolar, a su vez, transmite a los alumnos los conocimientos sobre la identidad del cristianismo y de la vida cristiana»[33]. «Su peculiar característica es el hecho de ser llamada a penetrar en el ámbito de la cultura y de relacionarse con los demás saberes. Como forma original del ministerio de la Palabra, la enseñanza religiosa escolar hace presente el Evangelio en el proceso personal de asimilación, sistemática y crítica, de la cultura»[34]. En el contexto actual, «en muchos casos, representa para los estudiantes la única ocasión de contacto con el mensaje de la fe»[35].

**314.** Donde se está realizando es un servicio a la persona y una preciosa contribución al proyecto educativo de la escuela. «La dimensión religiosa, es intrínseca al hecho cultural, contribuye a la formación global de la persona y permite transformar el conocimiento en sabiduría de vida»[36]. Recibir una formación integral es un derecho de los padres y de los estudiantes, ya que el factor religioso es una dimensión de la existencia y no puede ser dejado de lado en un contexto en el que la escuela se propone el desarrollo de la personalidad. La enseñanza de la

---

[33] Congregación para la Educación Católica, *Educar al diálogo intercultural en la escuela. Vivir juntos para una civilización del amor* (octubre 28 de 2013), 74.

[34] DGC 73.

[35] Benedicto XVI, Exhortación apostólica postsinodal *Verbum Domini* (septiembre 30 de 2010), 111.

[36] Benedicto XVI, *Discurso a los participantes en el encuentro de instructores de religión católica* (abril 25 de 2009).

religión católica, en este sentido, tiene un gran valor educativo y contribuye al desarrollo de la sociedad misma.

**315.** Como disciplina escolar, es necesario que la enseñanza de la religión católica presente la misma exigencia de sistematización y rigor que las demás disciplinas, ya que sobre todo en este ámbito la improvisación es perjudicial y debe evitarse. Es necesario que sus objetivos se realicen según la finalidad propia de la institución escolar. Respecto a las otras disciplinas, la enseñanza de la religión católica está llamada a madurar la disposición a un diálogo respetuoso y abierto, especialmente en este tiempo en que las posiciones se confrontan fácilmente hasta llegar a violentos encuentros ideológicos.

> De modo que a través de la religión puede pasar el testimonio-mensaje de un humanismo integral, alimentado por la propia identidad y por la valorización de sus grandes tradiciones, como la fe, el respeto de la vida humana desde la concepción hasta su fin natural, de la familia, de la comunidad, de la educación, y del trabajo: son ocasiones e instrumentos que no son de clausura sino de apertura y diálogo con todos, y con todo lo que conduce al bien y a la verdad. El diálogo sigue siendo la única solución posible, incluso frente a la negación de lo religioso, del ateísmo y el agnosticismo[37].

**316.** «No es posible reducir a una única forma todas las modalidades de enseñanza religiosa escolar que se han desarrollado en la historia, como consecuencia de los acuerdos hechos con los Estados y las deliberaciones de cada Conferencia Episcopal. Es, sin embargo, necesario un compromiso que, de conformidad con las correspondientes situaciones y circunstancias, la orientación que se dé a la enseñanza reli-

---

[37] CONGREGACIÓN PARA LA EDUCACIÓN CATÓLICA, *Educar para el diálogo*, op. cit., 72.

giosa escolar, responda a su finalidad y a sus peculiares características»[38]. Teniendo en cuenta las situaciones locales, las Conferencias Episcopales (y en casos particulares los Obispos diocesanos) tendrán que discernir las diversas orientaciones para actualizar la enseñanza religiosa católica. Además, se pide a las Conferencias Episcopales que provean y mantengan disponibles libros de texto y, si es necesario, otros instrumentos y subsidios adecuados.

**317.** Es deseable que las Conferencias Episcopales tengan una atención similar para la enseñanza de la religión en las escuelas donde estén presentes miembros de otras confesiones cristianas, sea que éstas estén confiadas a educadores de una específica confesión, sea que los docentes no tengan una particular confesión. Tal enseñanza reviste pues un valor ecuménico cuando viene genuinamente presentada la doctrina cristiana. En este sentido, la disponibilidad al diálogo, por difícil que sea, debe mover también las relaciones con los nuevos movimientos religiosos de origen cristiano y de inspiración evangélica de época más reciente.

**318.** Para que la enseñanza escolar de la religión sea fructífera, es fundamental que los docentes sean capaces de poner en relación la fe y la cultura, componentes humanos y religiosos, la ciencia y la religión, la escuela y otros agentes educativos. La tarea del docente es finamente educativa, orientada a la madurez humana de los alumnos. Al mismo tiempo, se pide que los educadores sean creyentes y comprometidos en el crecimiento personal de la fe, pertenecientes a una comunidad cristiana, y deseosos por dar razón de su propia fe a través de sus mismas competencias profesionales[39].

---

[38]    DGC 74.
[39]    Cf. CIC c. 804 § 2 y c. 805.

Capítulo X

# La catequesis frente a los escenarios culturales contemporáneos

**319.** La catequesis tiene una intrínseca dimensión cultural y social, en cuanto que se sitúa en una Iglesia insertada en la comunidad humana. En ella, los discípulos del Señor comparten «los gozos y las esperanzas, las tristezas y las angustias de los hombres de nuestro tiempo» (GS 1). La tarea de interpretar los signos de los tiempos es siempre actual, sobre todo en este momento concebido como cambio de época y marcado por contradicciones, pero al mismo tiempo, por anhelos de paz y justicia, de encuentro y solidaridad. La catequesis participa del reto eclesial de oponerse a procesos centrados en la injusticia, en la exclusión de los pobres, en la primacía del dinero; trata, al contrario, de ser un signo profético de promoción y plenitud de vida para todos. No son sólo temas a los que hay que conceder espacio, sino que constituyen *acciones fundamentales* de la catequesis y de la pastoral eclesial; son signos de una catequesis plenamente al servicio de la inculturación de la fe. En seguida se plantean algunas cuestiones culturales y sociales que invitan a los cristianos a recordar que «evangelizar es hacer presente en el mundo el Reino de Dios»[1].

---

[1]    EG 176.

## 1. LA CATEQUESIS EN SITUACIÓN DE PLURALISMO Y COMPLEJIDAD

**320.** La cultura contemporánea es una realidad muy compleja, ya que, por causa de los fenómenos de la globalización y del uso masivo de los medios de comunicación, han aumentado las conexiones y las interdependencias entre cuestiones y sectores que en el pasado era posible considerar por separado, y que hoy, al contrario, exigen un acercamiento integral. De hecho, en el mundo actual se entrelazan continuamente los progresos del conocimiento y las tendencias culturales, la globalización de los modelos de vida y los condicionamientos de los sistemas político-económicos, las identidades étnicas y religiosas, las antiguas y nuevas cuestiones sociales, generando así diversas situaciones concretas y cambiantes. En tales condiciones de gran complejidad, las personas se plantean la vida y la fe de un modo diverso, dando origen a un pluralismo cultural y religioso particularmente acentuado y de difícil catalogación.

**321.** Esta realidad tan heterogénea y cambiante, ya sea desde el punto de vista socio-cultural o del religioso, pide ser comprendida según el *modelo del poliedro*[2] donde cada aspecto mantiene su validez y peculiaridad, incluso en la variada relación con la totalidad. Tal mirada interpretativa permite apreciar los fenómenos desde diferentes puntos de vista, pero sabiéndolos relacionar entre sí. Es importante que la Iglesia, que a todos y a cada uno quiere mostrar la belleza

---

[2]  El *modelo del poliedro* se usa para explicar la relación entre lo local y lo global: Cf. EG 236 y FRANCISCO, *Mensaje para el III Encuentro de la Doctrina Social de la Iglesia* (noviembre 21 de 2013). Este modelo puede además iluminar la reflexión sobre el significado de los carismas y de los dones en la unidad eclesial: Cf. ID., el *Discurso al movimiento de Renovación en el Espíritu* (julio 3 de 2015) y ChV 207. Finalmente, ese modelo del poliedro acompaña la dinámica del discernimiento pastoral en situaciones complejas: Cf. AL 4. es en este sentido como se entiende el *modelo del poliedro*.

de la fe, sea consciente de esta complejidad y mantenga una mirada profunda y sabia sobre la realidad. De igual manera es importante asumir la *perspectiva sinodal* como metodología coherente en el recorrido al que la comunidad está llamada a realizar. Éste es un camino común en el que confluyen presencias y funciones diferentes para que la evangelización se lleve a cabo de una manera participativa.

**322.** En el *aspecto más estrictamente religioso*, son tantos los contextos locales en los que vive la Iglesia en un marco ecuménico o multirreligioso que, incluso entre los mismos cristianos, crecen formas de indiferencia e insensibilidad religiosa, de relativismo o sincretismo, con el ropaje de una visión secularista que niega toda apertura a la trascendencia. Ante estos desafíos planteados por una cultura, la primera reacción podría ser la de sentirse confundidos y desorientados, incapaces de afrontar y evaluar esos fenómenos subyacentes. Esto no puede dejar indiferente a la comunidad cristiana, llamada además a anunciar el Evangelio a quien no lo conoce, y a sostener también a sus hijos en el conocimiento de la propia fe. El valor que la cultura actual reconoce a la libertad respecto a la propia fe puede ser entendido como una gran oportunidad para que la adhesión al Señor sea una decisión profundamente personal y gratuita, madura y consciente. Así pues, es evidente el profundo vínculo que debe tener la catequesis con la evangelización. La catequesis infunde en los creyentes una identidad clara y segura, serenamente capaz, en diálogo con el mundo, de dar razón de la esperanza cristiana con docilidad, respeto y conciencia recta (Cf. *1 Pe* 3,15-16).

**323.** Desde el *punto de vista socio-cultural*, es innegable que los procesos de comunicación de masas han conocido una aceleración notable, y han contribuido también a producir una mentalidad global que, si por un lado ofrece inmediatamente la posibilidad de sentirse miembro de la gran familia humana, compartiendo proyectos y recursos, por otro aplasta y homologa, haciendo víctimas a las personas de un poder pesado y anónimo. Además, «vivimos en una sociedad de la información que nos satura indiscriminadamente de datos, todos en el mismo nivel, y termina llevándonos a una tremenda superficialidad a la hora de plantear las cuestiones morales. Por consiguiente, se vuelve necesaria una educación que enseñe a pensar críticamente y que ofrezca un camino de maduración en valores»[3].

**324.** La comunidad eclesial está llamada a mirar con espíritu de fe la sociedad en la que vive, a «descubrir el fundamento de las culturas, que en su núcleo más profundo están siempre abiertas y sedientas de Dios»[4]; a interpretar el significado de los cambios culturales que se operan, para llevarles el Evangelio de la alegría que todo lo renueva y vivifica. Por ello, la comunidad eclesial anhela entrar en aquellos *centros de la existencia, ámbitos antropológicos* y *areópagos modernos*, donde se inician las tendencias culturales y se plasman nuevas mentalidades: la escuela, la investigación científica, los ambientes de trabajo; el área de los *social media* y de la comunicación; el ámbito de los compromisos por la paz, el desarrollo, la protección de lo creado, la defensa de los derechos de los más débiles; el mundo del tiempo libre, del turismo, del bienestar; el espacio de la literatura, de la música y de las diferentes expresiones artísticas.

**325.** El variado rostro de la realidad, marcada por los elementos ambivalentes del pluralismo religioso y cultural es en último análisis, visible en cada persona, cuyo aspecto interior es hoy particularmente dinámico, complejo y poliédrico. El

---

[3]  EG 64.

[4]  FRANCISCO, *Discurso a los participantes en el Congreso internacional de la pastoral de las grandes ciudades* (noviembre 27 de 2014).

servicio a la persona concreta es el motivo principal por el que la Iglesia mira a las culturas humanas, con una actitud de escucha y diálogo, examinando cada cosa y quedándose con lo bueno (Cf. *1 Tes* 5,21). Será la Iglesia particular, y en ella cada comunidad, el agente de dicho discernimiento pastoral, movido a formular la comprensión del *kerygma* más adaptado a las diversas mentalidades para que el proceso de la catequesis se encarne verdaderamente en las múltiples situaciones y el Evangelio ilumine la vida de todos. El análisis pastoral tendrá además en cuenta otros *espacios humanos* que tienen características propias: el contexto urbano de las grandes ciudades, el rural y el de las culturas locales tradicionales.

## El contexto urbano

**326.** En el contexto urbano, la realidad de la ciudad, y de modo especial la de las grandes concentraciones metropolitanas es fenómeno multiforme y global que cada vez es más determinante para la humanidad, ya que, al tocar de varios modos lo concreto de la vida cotidiana, influye sobre la comprensión que tiene la persona de sí misma, de las relaciones que vive, y del sentido mismo de la vida. En las ciudades modernas, frente a las culturas rurales del pasado o a la situación urbana precedente, los modelos culturales son generados por otras instituciones, ya no por la comunidad cristiana, y con «otros lenguajes, símbolos, mensajes y paradigmas que ofrecen nuevas orientaciones de vida, frecuentemente en contraste con el Evangelio de Jesús»[5]. Esto no significa que en la vida de la ciudad esté ausente un sentido religioso, aunque propuesto en diversas formas, que es necesario por tanto descubrir y apreciar. La Iglesia está llamada a seguir con humildad y audacia los pasos de la presencia de Dios y a «reconocer la ciudad desde una mirada contemplativa, esto es, una mirada

---

[5]   EG 73.

de fe que descubra al Dios que habita en sus hogares, en sus calles, en sus plazas»[6], siendo, ante las ambivalencias y contradicciones de la vida social, «la presencia profética que sepa levantar la voz en relación a cuestiones de valores y principios del Reino de Dios»[7].

**327.** A la luz de una presencia pastoral que sepa iluminar con la Palabra del Señor el corazón de la ciudad, «allí donde se gestan los nuevos relatos y paradigmas»[8], la propuesta catequística será un anuncio *kerygmático* transparente, humanizante y lleno de esperanza frente a la división, la deshumanización y la violencia que emergen justo en los grandes contextos urbanos. «La proclamación del Evangelio será una base para restaurar la dignidad de la vida humana en esos contextos, porque Jesús quiere derramar en las ciudades vida en abundancia (Cf. *Jn* 10,10)»[9].

**328.** Si el vivir urbano puede ser para muchos una ocasión única de apertura hacia nuevas perspectivas, gracias al compartir fraterno y a la realización de la propia vida, no pocas veces se convierte, paradójicamente, en el lugar de la mayor soledad, desilusión y desconfianza, ya que termina siendo un espacio donde conviven diversas categorías sociales, pero ignorándose y despreciándose. Ésa es la ocasión para proponer de manera creativa una catequesis inspirada en el catecumenado, capaz de ofrecer contextos comunitarios de fe donde, venciendo el anonimato, sea reconocido el valor de cada persona, y se ofrezca a todos el bálsamo pascual de la fe para curar sus heridas. En el contexto del proceso de la catequesis, se pueden «imaginar espacios de oración y de comunión con

---

[6]  EG 71.

[7]  V CONFERENCIA GENERAL DEL EPISCOPADO LATINOAMERICANO Y DEL CARIBE, *Documento de Aparecida* (mayo 30 de 2007), 518.

[8]  EG 74.

[9]  EG 75.

características novedosas, más atractivas y significativas para los habitantes urbanos»[10], con la creación, por ejemplo, de signos y relatos que reconstruyan aquel sentido de pertenencia a una comunidad que puede faltar fácilmente en la ciudad. Una catequesis urbana de inspiración catecumenal puede transformar la parroquia en *comunidad de comunidades* que, experimentando una real cercanía fraterna, manifieste la maternidad de la Iglesia y ofrezca un testimonio concreto de misericordia y ternura, que genere una orientación y un sentido para la vida misma en la ciudad.

## El contexto rural

**329.** Siendo pues importante el proceso de urbanización actual, no se pueden olvidar los numerosos contextos rurales en el que viven diferentes pueblos y en los que la Iglesia está presente, compartiendo alegrías y sufrimientos. En nuestro tiempo, esa cercanía puede usarse para ayudar a las comunidades del mundo rural a orientarse ante los cambios que corren el riesgo de tergiversar las identidades y los valores. La tierra es el espacio en el que es posible tener la experiencia de Dios, el lugar en el que Él se manifiesta (Cf. *Sal* 19,1-7). En ella —que no es un fruto de la casualidad, sino un don de su amor (Cf. *Gn* 1-2)—, el Creador muestra su cercanía, providencia y atención para con todos los seres vivientes, en particular para con la familia humana. Jesús mismo ha tomado algunas de sus parábolas y las enseñanzas más bellas, del ciclo de las estaciones y de la vida del campo. Partiendo de lo creado para llegar al Creador, la comunidad cristiana siempre ha encontrado vías de anuncio y catequesis, que es sabio retomar siempre de nuevo modo.

**330.** El cultivo de la tierra, el cuidado de las plantas y de los animales, la sucesión del día y de la noche, el paso de las

---

[10]    EG 73.

semanas, de los meses y de las estaciones son reclamos por respetar los ritmos de lo creado, por vivir la cotidianidad de un modo sano y natural, encontrando así tiempo para sí mismo y para Dios. Este es el mensaje de la fe que la catequesis ayuda a descubrir, señalando su cumplimiento en el ciclo del Año litúrgico y en los elementos naturales que usa la liturgia. Por otra parte, la cultura campesina guarda de manera más visible valores que no se aprecian en la sociedad de consumo, —como la sencillez, la sobriedad en el estilo de vida, la acogida y la solidaridad en las relaciones sociales, el sentido del trabajo y de la fiesta, el cuidado por la creación— todo ello constituye ya un camino abierto para el anuncio del Evangelio. La catequesis sabrá valorar este patrimonio, poniendo en evidencia su sentido cristiano. Todo lo dicho es una riqueza para toda la Iglesia, invitada a difundirlo, gracias a sus recursos formativos, en una reflexión sobre la cultura de lo creado y los estilos de vida.

## Las culturas locales tradicionales

**331.** La tendencia de la cultura global a uniformar todo, la irrupción de los medios de comunicación masivos, las migraciones en busca de mejores condiciones de vida han marcado mucho las culturas locales tradicionales. En no pocos casos «la globalización ha significado un acelerado deterioro de las raíces culturales con la invasión de tendencias pertenecientes a otras culturas, económicamente desarrolladas, pero éticamente debilitadas»[11]. Algunas contradicciones de la cultura actual han sido evidenciadas por el Concilio, por ejemplo, la armonización entre la cultura global y el carácter propio de cada pueblo; entre la promoción de lo que une a los pueblos y la fidelidad a las tradiciones locales (Cf. GS 53-62). Tal reflexión es exigida con particular urgencia allí donde los estilos de desa-

---

[11]    EG 62.

rrollo técnico-científico han de armonizarse con las culturas tradicionales. La Iglesia ha reclamado siempre la necesidad de reservar especial atención a las especificidades locales y a las diversidades culturales que tienen el riesgo de ser olvidadas en los procesos económicos-financieros mundiales.

**332.** En algunos países hay pueblos *indígenas* (llamados también *aborígenes* o *nativos*), que se caracterizan por tener una lengua, ritos y tradiciones particulares, y organizan la vida familiar y comunitaria según sus propias costumbres. Algunos de estos grupos acogieron desde hace tiempo la fe católica como parte integrante de su cultura, dándole una expresión ritual propia. Los agentes pastorales que saben compartir la vida con ellos y se esfuerzan por conocer y amar tales culturas locales, sin juzgarlas como erróneas o fruto de la ignorancia, «descubran con gozo y respeto las semillas de la Palabra que en ellas laten» (AG 11). La Iglesia, descubriendo en los pueblos indígenas la presencia del Espíritu Santo que siempre actúa, los conduce a su plenitud en Cristo. Por esto, «todo lo bueno que se halla sembrado en el corazón y en la mente de los hombres, en los propios ritos y en las culturas de los pueblos, no solamente no perece, sino que es purificado, elevado y consumado para gloria de Dios» (AG 9).

**333.** La catequesis que se desarrolla en el contexto de las culturas locales tradicionales estará particularmente atenta a *conocer* sobre todo a aquellas personas con las que sostiene un diálogo sincero y paciente y tratará de *examinar* esas culturas a la luz del Evangelio para descubrir allí la acción del Espíritu Santo: «Allí hay que reconocer mucho más que unas *semillas del Verbo*, ya que se trata de una auténtica fe católica con modos propios de expresión y de pertenencia a la Iglesia»[12]. Finalmente, ya que toda expresión cultural, así como todo

---

[12]   EG 68.

grupo social necesitan purificación y madurez, la catequesis sabrá *manifestar* la plenitud y la novedad del Señor Jesús, que sana y libera de toda dolencia, debilidad y distorsión.

**334.** Ser catequista para los pueblos indígenas exige un humilde despojo de las actitudes de orgullo y desprecio hacia quienes pertenecer a una cultura diversa. Se deben evitar prejuicios o condenas previas, como también los juicios simplistas o de elogio. Sin olvidar que por ser discípulos misioneros del Señor se tendrá la audacia de proponer procesos de evangelización y catequesis adecuados a la cultura de los pueblos indígenas, sin imponerles la propia. «El cristianismo no tiene un único modo cultural [...] En los distintos pueblos, que experimentan el don de Dios según su propia cultura, la Iglesia expresa su genuina catolicidad y muestra *la belleza de este rostro pluriforme*»[13].

**335.** Los catequistas que trabajan entre los pueblos indígenas tendrán cuidado de:

* No ir en nombre propio y solos, sino enviados por la Iglesia local, y mejor en grupo con otros discípulos misioneros;

* presentarse como continuadores de la obra de evangelización precedente, si ha habido una;

* manifestar de entrada que van movidos por la fe, no por motivos políticos o económicos, expresando cercanía sobre todo a los enfermos, a los más pobres y a los niños;

* comprometerse en aprender la lengua, los ritos, los usos indígenas, mostrando siempre gran respeto por ellos;

---

[13] EG 116; Cf. también JUAN PABLO II, Carta apostólica *Novo millennio ineunte* (enero 6 de 2001), 295.

- participar en los ritos y celebraciones, sabiendo intervenir en el momento oportuno para proponer algunas modificaciones, si fuere necesario, especialmente si existe el riesgo de un sincretismo religioso;

- organizar la catequesis por grupos de edad y celebrar los sacramentos valorando las fiestas tradicionales.

## La piedad popular

**336.** Fruto de la inculturación de la fe en el pueblo de Dios en un contexto determinado, la piedad popular ha asumido formas variadas, según las diversas sensibilidades y culturas. En algunas comunidades cristianas existe, como un precioso tesoro que posee la Iglesia, «son expresiones particulares de la búsqueda de Dios y de vida piadosa, cargadas de fervor, de pureza y de intenciones conmovedoras, que bien puede llamarse *piedad popular*»[14], son más bien «*espiritualidad popular* o *mística popular*. Se trata de una verdadera "espiritualidad encarnada en la cultura de los sencillos". No está vacía de contenidos, sino que los descubre y expresa más por la vía simbólica que por el uso de la razón instrumental, y en el acto de fe se acentúa más el *credere in Deum* que el *credere Deum*»[15]. «Para entender esta realidad hace falta acercarse a ella con la mirada del Buen Pastor, que no busca juzgar sino amar. Sólo desde la connaturalidad afectiva que da el amor podemos apreciar la vida teologal presente en la piedad de los pueblos cristianos, especialmente en sus pobres»[16].

**337.** Posee un significado espiritual indudable la piedad popular, porque

---

[14]   DGC 195; Cf. CONGREGACIÓN PARA EL CULTO DIVINO Y LA DISCIPLINA DE LOS SACRAMENTOS, *Directorio sobre piedad popular y liturgia. Principios y orientaciones* (diciembre 17 de 2001).

[15]   EG 124; Cf. también V CONFERENCIA GENERAL DEL EPISCOPADO LATINOAMERICANO Y DEL CARIBE, *Documento de Aparecida* (mayo 30 de 2007), 262-263.

[16]   EG 125.

Refleja una sed de Dios que solamente los pobres y sencillos pueden conocer. Hace capaz de generosidad y sacrificio hasta el heroísmo, cuando se trata de manifestar la fe. Comporta un hondo sentido de los atributos profundos de Dios: la paternidad, la providencia, la presencia amorosa y constante. Engendra actitudes interiores que raramente pueden observarse en el mismo grado en quienes no poseen esa religiosidad: paciencia, sentido de la cruz en la vida cotidiana, desapego, aceptación de los demás, devoción[17].

Además, la piedad popular reviste también un significado social, porque es una posibilidad para sanar las debilidades —como el machismo, el alcoholismo, la violencia doméstica, la superstición— que tal vez algunas culturas populares presentan[18].

**338.** La piedad popular celebra los misterios de la vida de Jesucristo, sobre todo la Pasión, venera con ternura a la Madre de Dios, a los mártires y a los santos, ora por los difuntos. Se expresa mediante la veneración de las reliquias, las visitas a los santuarios, las peregrinaciones, las procesiones, el *Viacrucis*, las danzas religiosas, el Rosario, las medallas y otros ejercicios de piedad individuales, familiares y comunitarios. «En el ambiente de secularización que viven nuestros pueblos, sigue siendo una poderosa confesión del Dios vivo que actúa en la historia y un canal de transmisión de la fe»[19], constituyendo casi una reserva de fe y de esperanza para una sociedad que va perdiendo su referencia a Dios. En el mismo sentido, la piedad popular es una «verdadera expresión de la acción misionera espontánea del Pueblo de Dios […] donde el Espíritu Santo es

---

[17]   EN 48.

[18]   Cf. EG 69.

[19]   V Conferencia General del Episcopado Latinoamericano y del Caribe, *Documento de Aparecida* (mayo 30 de 2007), 264.

el agente principal»[20], y es «un *lugar teológico* al que debemos prestar atención, particularmente a la hora de pensar la nueva evangelización»[21].

**339.** Sin embargo, no se puede desconocer que la piedad popular necesita de atención y purificación ya que «está expuesta frecuentemente a muchas deformaciones de la religión, es decir, a las supersticiones. Se queda frecuentemente a un nivel de manifestaciones culturales, sin llegar a una verdadera adhesión de fe. Puede incluso conducir a la formación de sectas y poner en peligro la verdadera comunidad eclesial»[22]. Además, las formas de la devoción popular están sujetas al desgaste del tiempo, ya que siguen siendo practicadas por personas que quizá han perdido la consciencia de su significado original. Esos riesgos se ven muchas veces acrecentados por una cultura mediática, que sólo busca subrayar los aspectos emocionales y sensacionalistas de los fenómenos religiosos, a veces solo por intereses económicos.

**340.** La catequesis se preocupará por cuidar la fuerza evangelizadora de la piedad popular, integrando y valorando sus expresiones en su proceso formativo, y dejándose inspirar por la elocuencia natural de los ritos y signos del pueblo en orden a la custodia de la fe, y a su transmisión de una generación a otra. En este sentido, muchas prácticas de la piedad popular son un camino ya trazado por la catequesis. La catequesis buscará también devolver algunas manifestaciones de la piedad popular a su raíz evangélica, trinitaria, cristológica y eclesial, purificándolas de desviaciones o expresiones erróneas, y dando así ocasión a un nuevo compromiso en la vida cristiana. Interpretando con sabiduría los elementos consti-

---

[20]   EG 122.
[21]   EG 126.
[22]   EN 48.

tutivos de las prácticas devocionales y reconociendo el valor de sus ricos aspectos, la catequesis mostrará el vínculo con la Sagrada Escritura y la Liturgia, especialmente con la Eucaristía dominical, de modo que la conduzcan a una pertenencia eclesial más sensible, a un verdadero testimonio cotidiano y a una caridad efectiva con los pobres.

## *Santuarios y peregrinaciones*

**341.** La visita a los santuarios es una manifestación particular de la espiritualidad popular. Los santuarios que tienen «un gran valor simbólico en la Iglesia» y «todavía son percibidos como espacios sagrados hacia los que ir como peregrinos para encontrar un momento de descanso, de silencio y de contemplación en medio de la vida, a menudo tan frenética, de nuestros días», son un «lugar genuino de evangelización donde, desde el primer anuncio hasta la celebración de los sagrados misterios, se manifiesta la acción poderosa con que actúa la misericordia de Dios en la vida de las personas»[23]. El servicio pastoral de los santuarios es ocasión propicia para el anuncio y la catequesis, en conexión con «la *memoria* [...] el mensaje particular que ofrecen los santuarios, el *carisma* que el Señor les ha encomendado y que la Iglesia ha reconocido, y el *patrimonio*, a menudo riquísimo, de las tradiciones y de las costumbres que se han establecido en dichos santuarios»[24].

**342.** En conexión con la pastoral de los santuarios está la experiencia de la peregrinación que, como tal, tiene un gran valor. De hecho, «la decisión de partir hacia el santuario es ya una confesión de fe; el caminar es un verdadero canto de

---

[23] FRANCISCO, Carta apostólica *Sanctuarium in Ecclesia* (febrero 11 de 2017).

[24] PONTIFICIO CONSEJO DE LA PASTORAL PARA LOS MIGRANTES Y LOS ITINERANTES, *El Santuario, memoria, presencia y profecía del Dios viviente* (mayo 8 de 1999), 10.

esperanza, y la llegada es un encuentro de amor»[25]. Redescubriendo la raíz bíblica y el significado antropológico del camino, siguiendo las huellas de numerosos santos peregrinos, la comunidad cristiana sabrá proponer la peregrinación como un instrumento fecundo de anuncio y de crecimiento en la fe.

## 2. Catequesis en contexto ecuménico y de pluralismo religioso

**343.** El fenómeno de la movilidad humana, ya sea por motivos de estudio o de trabajo o como huida de situaciones de violencia y de guerra, ha favorecido siempre el encuentro de pueblos diversos y en territorios nuevos frente a los que siempre han conocido la presencia de otras Iglesias y comunidades cristianas, o de otras religiones. La convivencia en las escuelas, en las universidades y en otros ambientes de vida de diferente fe, o el incremento de los matrimonios mixtos, invitan a la Iglesia a reconsiderar su pastoral y su propuesta de catequesis, en referencia a las situaciones concretas que se plantean allí.

### Catequesis en contexto ecuménico

**344.** La Iglesia es por naturaleza una realidad dialogante[26]; en cuanto imagen de la Trinidad, y animada por el Espíritu Santo, está comprometida de modo irreversible en la promoción de la unidad de todos los discípulos de Cristo. Como toda acción eclesial, la catequesis también está intrínsecamente enmarcada en una *dimensión* ecuménica, bajo el impulso del Espíritu que conduce a la Iglesia católica a buscar con las

---


[25] V Conferencia General del Episcopado Latinoamericano y del Caribe, *Documento de Aparecida* (mayo 30 de 2007), 259.

[26] Sobre la naturaleza dialogante de la Iglesia, Cf. nn. 53-54 (*La catequesis como laboratorio de diálogo*) del presente Directorio.

otras confesiones cristianas esa perfecta unidad querida por el Señor, fundada sobre el Bautismo, las Sagradas Escrituras, el patrimonio de la fe común y, especialmente hoy, sobre la fuerte experiencia de compartir el martirio[27]. Por un lado, el anuncio del Evangelio y la catequesis están al servicio del diálogo y de la formación ecuménica; por otro, el mismo empeño por la unidad de los cristianos es vía e instrumento creíble de evangelización en el mundo[28].

**345.** La catequesis, sobre todo en los contextos en que son más visibles las divisiones entre los cristianos, tendrá cuidado en:

a. Afirmar que la división es una grave herida que contradice la voluntad del Señor, y que los católicos están invitados a participar activamente en el movimiento ecuménico, sobre todo con la oración (Cf. UR 1 y 8);

b. exponer la doctrina de la fe católica con claridad y caridad «respetando especialmente el orden y la jerarquía de las verdades (Cf. UR 11), y evitando las expresiones y maneras de exponer la doctrina que pudieran convertirse en obstáculos al diálogo»[29].

c. presentar de manera correcta las enseñanzas de las otras Iglesias y comunidades eclesiales, destacando lo que une a los cristianos, y explicando en breve repaso histórico, lo que los divide.

---

[27] Es el así llamado «ecumenismo de sangre»: Cf. JUAN PABLO II, Carta apostólica *Tertio millennio adveniente* (noviembre 10 de 1994), 37; FRANCISCO, *Homilía en las Vísperas de la solemnidad de la Conversión del Apóstol san Pablo* (enero 25 de 2016).

[28] Cf. EN 77 y EG 244.

[29] PONTIFICIO CONSEJO PARA LA PROMOCIÓN DE LA UNIDAD DE LOS CRISTIANOS, *Directorio para la aplicación de los principios y de las normas sobre el ecumenismo* (marzo 25 de 1993), 61. Cf. también JUAN PABLO II, Carta encíclica *Ut unum sint* (mayo 25 de 1995), 18-20.

Además, la catequesis, por su valor educativo, tiene la tarea de suscitar en los que la reciben, un deseo de unidad, ayudándolos a vivir el contacto con personas de otras confesiones, cultivando la propia identidad católica en el respeto por la fe de los demás.

**346.** Por necesidad de la común tarea evangelizadora, y no sólo por motivos meramente organizativos, es importante que se prevean «determinadas experiencias de colaboración en el campo de la catequesis entre los católicos y otros cristianos como complemento de la catequesis habitual que, de todos modos, los católicos deben recibir»[30]. Tal testimonio de colaboración catequética entre los cristianos, aunque se limite por causa de las divergencias, especialmente en el campo sacramental, siempre puede ser fructuosa: «Si nos concentramos en las convicciones que nos unen y recordamos el principio de la jerarquía de verdades, podremos caminar decididamente hacia expresiones comunes de anuncio, de servicio y de testimonio»[31].

## Catequesis en relación con el hebraísmo

**347.** «La Iglesia, Pueblo de Dios en la Nueva Alianza, al escrutar su propio misterio, descubre su vinculación con el pueblo judío, a quien Dios ha hablado primero entre los hombres para acoger su Palabra»[32] y, reconociendo el rico patri-

---

[30] CT 33.

[31] EG 246.

[32] CEC 839. Cf. COMISIÓN PARA LAS RELACIONES RELIGIOSAS CON EL JUDAÍSMO, *Orientaciones y sugerencias para la aplicación de la declaración conciliar Nostra Aetate n. 4* (diciembre 1 de 1974); ID., *Subsidios para una correcta presentación de los judíos y del judaísmo en la predicación y en la catequesis de la Iglesia católica* (junio 24 de 1985); ID., «Porque los dones y la llamada de Dios son irrevocables» (*Rom* 11,29). *Reflexiones sobre cuestiones teológicas referentes a las relaciones católico-hebreas con ocasión del 50° aniversario de Nostra Aetate n. 4* (diciembre 10 de 2015). Cf. también EG 247-249.

monio común, promueve y recomienda el conocimiento recíproco, la amistad y el diálogo (Cf. NA 4). De hecho, gracias a sus raíces hebreas, la Iglesia está anclada en la historia de la salvación. El diálogo hebreo-cristiano, conducido de manera honesta y sin prejuicios, puede ayudar a la Iglesia a comprender mejor algunos aspectos de su misma vida, sacando a la luz las riquezas espirituales custodiadas por el judaísmo. Serán objetivos del diálogo, ante todo, la decisiva toma de posición contra toda forma de antisemitismo y el común empeño por la paz, la justicia y el desarrollo de los pueblos.

**348.** Por estos motivos, también en la catequesis se debe tener una atención especial por la religión judía y por sus creencias, en particular al presentar los siguientes puntos decisivos:

a. Para los cristianos, el judaísmo no se puede considerar simplemente como otra religión, ya que el cristianismo tiene raíces judías, y las relaciones entre ambas tradiciones son únicas: «Jesús fue un judío, que se sentía en casa siguiendo la tradición judía de su tiempo, marcadamente formado en ese ambiente religioso»[33].

b. «La Palabra de Dios es una realidad única e indivisa que asume de forma concreta el contexto histórico de cada uno»[34]: ésta tiene su cumplimiento en Jesucristo y su expresión histórica en la Torá que expresa la intervención de Dios a favor de su pueblo.

c. El Antiguo Testamento es parte integrante de la única Biblia cristiana, y la Iglesia da testimonio de la propia fe en

---

[33]   Comisión para las relaciones religiosas con el judaísmo, *«Porque los dones y la llamada de Dios son irrevocables»*, 14.

[34]   *Ibíd.*, 25.

el único Dios, autor de ambos Testamentos, por tanto, no es admisible cualquier presunta oposición entre los dos.

d. La Nueva Alianza no sustituye a la Antigua Alianza de Dios con Israel, sino que la presupone: aquella primera Alianza nunca ha sido revocada (Cf. *Rom* 11,28-29) permanece en toda su validez y encuentra pleno cumplimiento en la que Jesús ha sellado con su misterio de salvación.

e. La Iglesia y el judaísmo no pueden ser presentados como dos caminos de salvación: de la confesión de la mediación salvífica universal y exclusiva de Jesucristo, corazón de la fe cristiana, no se deriva en modo alguno la exclusión de los judíos de la salvación; de hecho, «la Iglesia espera el día, que sólo Dios conoce, en que todos los pueblos invocarán al Señor con una sola voz y "le servirán como un solo hombre" (*Sof* 3,9)» (NA 4).

## La catequesis en el contexto de las otras religiones

**349.** El fenómeno del pluralismo religioso no mira solamente a las naciones en las que el cristianismo ha sido siempre minoría, sino también a muchas otras sociedades, marcadas por las olas migratorias de las últimas décadas. Siendo tan variadas cultural, étnica, económica y socialmente, hay que reconocer de hecho que existen otros motivos para el encuentro de las religiones que ha modificado entre los cristianos el modo de vivir la experiencia de la fe, cuestionando a los creyentes sobre las verdades de sus contenidos y sobre la libertad de elección. Esta situación relativamente reciente, junto a la otra de vivir la propia fe cristiana en condiciones de minoría, empuja a la Iglesia a considerar el significado de la relación de sus propios hijos con las otras religiones, incluso bajo el punto de vista catequético. En esta reflexión, la Iglesia «considera con sincero respeto los modos de obrar y de vivir, los preceptos y doctrinas, que, por más que discrepen en mucho de lo que ella profesa y enseña, no pocas veces refleja un destello de aquella Verdad que ilumina a todos los hombres» (NA 2).

**350.** La catequesis con cristianos que viven en contextos de pluralismo religioso tendrá algunas consideraciones[35]:

a. Profundizar y reforzar la *identidad* de los creyentes, sobre todo en un contexto de minorías, a través del conocimiento del Evangelio y de los contenidos de otras religiones, mediante un proceso de inculturación de la fe;

b. ayudar a los creyentes a crecer en *discernimiento* respecto a las otras religiones, reconociendo y apreciando las semillas del Verbo presentes en ellas, y dejando aquello que no esté conforme a la fe cristiana;

c. animar a todos los creyentes a adquirir un *impulso misionero* hecho de *testimonio* de la fe; de *colaboración* en defensa de la vida humana; de *diálogo* amable y cordial y, donde sea posible, de *anuncio* explícito del Evangelio.

**351.** Especial atención merecen las relaciones con los creyentes del Islam, sobre todo los que están presentes en países de larga tradición cristiana. Ante los episodios de fundamentalismo violento, la Iglesia, en su propuesta catequística y con agentes adecuadamente preparados, favorece el mutuo conoci-

---

[35]  Cf. EN 53; JUAN PABLO II, Carta encíclica *Redemptoris missio* (diciembre 7 de 1990), 55-57; PONTIFICIO CONSEJO PARA EL DIÁLOGO INTERRELIGIOSO - CONGREGACIÓN PARA LA EVANGELIZACIÓN DE LOS PUEBLOS, *Diálogo y anuncio. Reflexiones y orientaciones sobre el diálogo interreligioso y sobre el anuncio del Evangelio de Jesucristo* (mayo 19 de 1991); PONTIFICIO CONSEJO PARA EL DIÁLOGO INTERRELIGIOSO, *Diálogo en la verdad y en la caridad. Orientaciones pastorales para el diálogo interreligioso* (mayo 19 de 2014); FRANCISCO - AHMAD AL-TAYYEB, *Documento sobre la Fraternidad humana para la paz mundial y la convivencia común* (febrero 4 de 2019).

miento y el encuentro con los musulmanes, como instrumento oportuno para evitar generalizaciones superficiales y dañinas[36].

## Catequesis en el contexto de los nuevos movimientos religiosos

**352.** En las últimas décadas, y en áreas cada vez más amplias del mundo, se enfrenta la Iglesia al fenómeno de la proliferación de nuevos movimientos religiosos, con realidades muy diferentes y de difícil clasificación. Se trata de grupos que tienen denominaciones y matrices muy diversas; algunos hacen referencia de varios modos al cristianismo, pero se alejan de él por grandes diferencias doctrinales; otros derivan de religiones orientales o de cultos tradicionales; otros tienen elementos de magia, superstición, espiritismo, neopaganismo, y hasta satanismo; y, finalmente, hay otros *movimientos* que se denominan *de potencial humano*, se presentan con un rostro humanista y terapéutico. En no pocos casos, los diversos elementos de estos movimientos religiosos se fusionan en formas complejas de sincretismo[37]. Si por un lado estos movimientos son «una reacción humana frente a la sociedad materialista, consumista e individualista», y llenan «un vacío dejado por el racionalismo secularista»[38], por otro lado, parecen aprovecharse de las exigencias de las personas marcadas por tantas formas de pobreza o de carencias en la vida. Es necesario reconocer que no siempre la comunidad cristiana está preparada para responder a aquellos cristianos que, teniendo una fe poco profunda, necesitan mayor cuidado y acompañamiento y encuentran después en los nuevos movimientos satisfacción de sus necesidades.

---

[36]  Cf. EG 252-254.

[37]  PONTIFICIO CONSEJO DE LA CULTURA – PONTIFICIO CONSEJO PARA EL DIÁLOGO INTERRELIGIOSO, *Jesucristo portador del agua viva. Una reflexión cristiana sobre la Nueva Era* (2003).

[38]  EG 63.

**353.** Ante este fenómeno que plantea un gran desafío a la evangelización, la Iglesia particular está llamada a interrogarse para interpretar qué mueve a algunos cristianos a acercarse a estos nuevos movimientos religiosos. Para que cada bautizado siga abriéndose a la buena noticia del Señor «agua viva para su sed» (Cf. *Jn* 4,5-15), y se afiance más en la comunidad cristiana, la obra catequética hará resaltar algunos elementos:

a. Anunciar el *kerygma* de Jesús, Sabiduría de Dios, que con su Pascua trae la paz y la alegría verdaderas como propuesta de sentido para la vida de la persona que, particularmente hoy, busca bienestar y armonía;

b. comprometerse para que la Iglesia sea una verdadera comunidad viva de fe, libre de formalismos vacíos, fríos, capaz de acogida y cercanía, activamente atenta a las personas que viven en sufrimiento, pobreza y soledad, dispuesta a valorar el aporte de cada uno;

c. garantizar un conocimiento bíblico y doctrinal de base, haciendo accesible y comprensible a todos la Sagrada Escritura, por medio de oportunos instrumentos catequísticos de carácter sencillo;

d. poner especial atención a los símbolos, gestos y ritos de la liturgia y de la piedad popular, no disminuyendo su carga afectiva que toca más fácilmente el corazón de cada uno.

Se deberá conceder una atención particular a cuantos, desilusionados o heridos por esta experiencia, sienten la necesidad de regresar a la comunidad cristiana. Es importante que sean acogidos sin ser juzgados y que el catequista pueda desarrollar con ellos una tarea de recuperación y reinserción en la comunidad con claridad y comprensión.

## 3. CATEQUESIS EN CONTEXTOS SOCIO-CULTURALES

## Catequesis y mentalidad científica

**354.** El continuo progreso de las ciencias, cuyos resultados masivos afectan a la sociedad, marca fuertemente a la cultura contemporánea. Las personas, fascinadas por una mentalidad científica, se preguntan cómo la ciencia puede conjugarse con los datos de la fe. Surgen así cuestiones sobre el origen del mundo y de la vida, la función del hombre sobre la tierra, la historia de los pueblos, las leyes que gobiernan la naturaleza, el carácter espiritual que hace singular cada vida humana entre los demás vivientes, el progreso humano y el futuro del planeta. Estas cuestiones, en cuanto expresión de la búsqueda de sentido, tocan los aspectos de la fe, y por eso interpelan a la Iglesia. Diversos documentos del Magisterio han tratado directamente la relación entre la ciencia y la fe[39].

**355.** Aún reconociendo los excesos ideológicos del reduccionismo naturalista y del cientificismo[40], bien distintos del conocimiento científico como tal, y, además, conscientes de los problemas éticos que pueden surgir de la aplicación de algunos resultados de la ciencia, el juicio de la Iglesia sobre la cultura científica es positivo, considerándola una actividad con la que el hombre participa en el plan creador de Dios y en el progreso de toda la familia humana. Mientras de un lado «la evangelización está atenta a los avances científicos para

---

[39] Un puesto importante tiene la Encíclica *Fides et ratio* de JUAN PABLO II, dedicada específicamente a este tema. Cf. también algunas páginas del Concilio Vaticano II: GS 5, 36, 57, 62: OT 13, 15 y AA 7; algunos números del Catecismo: 31-34, 39, 159, 2292-2296, 2417. Los Pontífices, además, han dirigido muchos discursos a las universidades, a los científicos y a los hombres de la cultura.

[40] El cientificismo reduce el complejo fenómeno humano solamente a sus componentes materiales. Según esta visión, las realidades espirituales, éticas y religiosas, no siendo experimentables empíricamente, no serían reales y se verían confinadas a la imaginación subjetiva. Cf. JUAN PABLO II, Carta encíclica *Fides et ratio* (septiembre 14 de 1988), 88.

iluminarlos con la luz de la fe y de la ley natural»[41], es cierto que del otro lado «algunas categorías de la razón y de las ciencias son acogidas en el anuncio del mensaje, esas mismas categorías se convierten en instrumento de evangelización»[42]. Los aparentes conflictos entre conocimiento científico y algunas enseñanzas de la Iglesia son clarificados por la exégesis bíblica y la reflexión teológica, interpretando la Revelación, aplicando una correcta epistemología científica, aclarando equívocos históricos y poniendo en evidencia prejuicios e ideologías.

**356.** La técnica, fruto del ingenio de las personas, ha acompañado siempre la historia humana. Sus potencialidades están orientadas al mejoramiento de las condiciones de vida y al progreso de la familia humana. Sin embargo, mientras acompaña y condiciona los estilos de la vida humana, la técnica parece influir sobre la visión misma del ser humano. Además, algunas aplicaciones de la investigación tecnológica pueden ejercer una transformación desconocida en lo humano, sin medir muchas veces sus consecuencias. Entre tantos ambientes de investigación, aquellos sobre la *inteligencia artificial* y sobre las *neurociencias* plantean importantes preguntas filosóficas y éticas. La inteligencia artificial puede ayudar a la persona y en algunos casos remplazarla, pero no puede tomar decisiones que sólo le conciernen a ella. Frente a las neurociencias se da además un mejor conocimiento del cuerpo humano, de las capacidades y funcionamiento del cerebro, que, aunque son factores positivos, jamás podrán explicar completamente la identidad de la persona, ni eliminar su responsabilidad frente al Creador. El fin de la tecnología es servir a la persona humana. De su progreso sale valorizada la intrínseca dimensión humana, aquella que mejora las condiciones de vida, al servicio del desarrollo de los pueblos, de la gloria de Dios

---

[41]   EG 242.

[42]   EG 132.

que la técnica le tributa cuando es sabiamente empleada[43]. Al mismo tiempo la Iglesia asume el reto antropológico que se desprende del progreso de las ciencias y hace de él un profundo discernimiento.

**357.** En sus tareas cotidianas de catequesis, el catequista tomará nota del influjo que la mentalidad científica ejerce sobre las personas, incluso con algunas teorías presentadas de forma incompleta, en complicidad con cierta divulgación científica poco cuidadosa y a veces también de una inadecuada pastoral. La catequesis entonces sabrá plantear preguntas y sugerir temas de particular importancia, como la complejidad del universo, lo creado como señal del Creador, el origen y fin de la persona y del cosmos. Más allá de las simplificaciones mediáticas, deben también analizarse algunas cuestiones históricas relevantes cuyo influjo siempre está presente. Del hecho que se den a tales cuestiones una respuesta satisfactoria, o que al menos indique la ruta adecuada para encontrarla, depende, no en menor medida, la apertura a la fe, sobre todo entre los jóvenes y los niños. Por esto hay que valorar el testimonio de los científicos cristianos, ya que muestran, con su coherencia de vida, la armonía y la síntesis entre fe y razón. Los catequistas deben conocer los principales documentos del Magisterio que afrontan la relación entre fe y razón, entre teología y ciencia. Además, se aconseja el empleo de instrumentos y ayudas para adquirir una formación adecuada en esta materia.

**358.** La Iglesia está llamada a ofrecer la propia contribución en la evangelización de las personas de ciencia, que son precisamente ricos en cualidades que los agentes pastorales sabrán valorar. Quien se dedica a la ciencia es un apasionado testigo del misterio; busca la verdad con sinceridad; está natu-

---

[43]   Cf. JUAN PABLO II, *Discurso a la Pontificia Academia de Ciencias* (noviembre 13 de 2000).

ralmente inclinado a la colaboración, a la comunicación y al diálogo; cultiva la profundidad, el rigor y la corrección de razonamiento; ama la honestidad intelectual. Son estas disposiciones las que favorecen el encuentro con la Palabra de Dios y la acogida de la fe. Se trata, en el fondo, de facilitar una verdadera y apropiada inculturación de la fe en el mundo científico. Los cristianos que trabajan profesionalmente en el mundo de la ciencia desarrollan un papel de gran importancia. La Iglesia les ofrecerá una pastoral cuidadosa para que su testimonio sea todavía más eficaz.

## Catequesis y cultura digital

### *Características generales*

**359.** La introducción y utilización en forma masiva de los instrumentos digitales ha causado cambios profundos y complejos en muchos niveles con consecuencias culturales, sociales y sicológicas todavía no muy evidentes. Lo *digital*, que no corresponde a la sola presencia de medios tecnológicos, caracteriza de hecho el mundo contemporáneo, y su influjo se ha vuelto, en poco tiempo, cotidiano y permanente, hasta el punto que es visto como natural. Se vive «en una cultura ampliamente digitalizada, que afecta de modo muy profundo la noción de tiempo y de espacio, la percepción de uno mismo, de los demás y del mundo, el modo de comunicar, de aprender, de informarse, de entrar en relación con los demás»[44]. Lo *digital*, por tanto, no sólo hace parte de la cultura existente, sino que se está imponiendo como una nueva cultura, modificando ante todo el lenguaje, plasmando la mentalidad y reelaborando la jerarquía de valores. Y todo esto a escala global, porque al anular las distancias geográficas con la presencia invasiva de los dispositivos conectados en red, se comprometen las personas de todo el planeta.

---

[44]   ChV 86.

**360.** Internet y las redes sociales constituyen

una extraordinaria oportunidad de diálogo, encuentro e intercambio entre personas, así como de acceso a la información y al conocimiento. Por otro lado, el entorno digital es un contexto de participación sociopolítica y de ciudadanía activa, y puede facilitar la circulación de información independiente capaz de tutelar eficazmente a las personas más vulnerables poniendo de manifiesto las violaciones de sus derechos. En numerosos países, *web* y redes sociales representan un lugar irrenunciable para llegar a los jóvenes e implicarlos, incluso en iniciativas y actividades pastorales[45].

Entre los elementos positivos de lo digital está la extensión y el enriquecimiento de la capacidad cognitiva de la persona. La tecnología digital puede ayudar a la memoria, por ejemplo, a través de los instrumentos de adquisición, archivo y restitución de datos. Obtener datos digitalmente y tener herramientas de soporte para las decisiones mejoran la capacidad de elección y permiten recoger más datos para verificar las implicaciones sobre diversas problemáticas. Se puede hablar entonces positivamente en diferentes sentidos de un *potenciamiento* digital.

**361.** Es necesario reconocer todavía que

el ambiente digital también es un territorio de soledad, manipulación, explotación y violencia, hasta llegar al caso extremo del *dark web*. Los medios de comunicación digitales pueden exponer al riesgo de dependencia, de aislamiento y de progresiva pérdida de contacto con la realidad concreta, obstaculizando el desarrollo de relaciones interpersonales auténticas. Nuevas formas

---

[45]    ChV 87.

de violencia se difunden mediante los *social media*, por ejemplo, el *ciberacoso*; la *web* también es un canal de difusión de la pornografía y de explotación de las personas para fines sexuales o mediante el juego de azar[46].

Por otra parte, los intereses económicos operantes en el mundo digital son «capaces de realizar formas de control tan sutiles como invasivas, creando mecanismos de manipulación de las conciencias y del proceso democrático»[47]. Hay que recordar que muchas plataformas favorecen expresamente «el encuentro entre personas que piensan del mismo modo, obstaculizando la confrontación entre las diferencias. Estos circuitos cerrados facilitan la difusión de informaciones y noticias falsas, fomentando prejuicios y odios»[48]. Los espacios digitales pueden crear una visión distorsionada de la realidad, hasta generar falta de cuidado por la vida interior, visible en la pérdida de la identidad y de las raíces, del cinismo como respuesta al vacío, en la progresiva deshumanización y cada vez mayor reclusión en sí mismos.

## *Transformación antropológica*

**362.** El efecto de la digitalización exponencial en la comunicación de la sociedad conlleva una verdadera transformación antropológica. Los llamados *nativos digitales*, es decir, las personas nacidas y crecidas en la tecnología digital en una *sociedad multipantalla*, que considera la tecnología como un elemento natural, no experimentan ningún problema al interactuar con dicha tecnología. Al contrario, la situación actual ve coexistir como si fuesen educadores, maestros y catequistas a los no nativos digitales, a los llamados *inmigrantes digitales*,

---

[46]   ChV 88.

[47]   ChV 89.

[48]   ChV 89.

no nacidos en un mundo digital en el que van entrando sucesivamente. Las diferencias fundamentales entre estos sujetos es el acercamiento mental diferente que tienen hacia las nuevas tecnologías y su uso. Hay una diferencia notable en su estilo de hablar, que en los primeros es más espontáneo, interactivo y participativo.

**363.** Un *nativo digital* muestra más aprecio por la imagen que por la escucha. Desde el punto de vista cognitivo y conductual, está marcado en cierto modo por el consumo de los medios, reduciendo así, infortunadamente, su desarrollo crítico. Este consumo de contenidos digitales no es sólo un proceso cuantitativo, sino también cualitativo, que produce otro lenguaje y un nuevo modo de organizar el pensamiento. *Multitasking*, hipertextualidad e interactividad son sólo algunas de las características de eso que aparece como un nuevo e inédito modo de comprender y comunicarse, que caracterizan a la generación digital. Emerge una capacidad más intuitiva y emotiva que analítica. El arte de contar historias (*storytelling*), que utiliza los principios de la retórica y un lenguaje propio, tomado del *marketing*, es considerado por los jóvenes más convincente e incluyente, respecto a las formas de discurso tradicionales. El lenguaje que capta mayor atención de la generación digital es aquel de la narración, más bien que el de la argumentación.

**364.** Sin embargo, esta novedad de lenguaje produce sólo usuarios y no analistas de mensajes: la narración de historias límite y problemáticas corre el riesgo de polarizar la confrontación sobre temas complejos, sin el deber de argumentar o incluir soluciones de intercambio. Si la narración se convierte en el único instrumento de comunicación, se corre el riesgo de que aparezcan sólo opiniones subjetivas sobre la realidad. Este subjetivismo tiene también el peligro de relegar las cuestiones políticas y éticas a la esfera personal y privada. Las normas morales pueden ser percibidas como autoritarias, mientras que la narración se convierte en verdades que impiden buscar el bien y lo verdadero. Por otra parte, el universo narrativo se configura como un experimento en el que todo es posible y explicable, y la verdad no tiene ahí un valor existencial. Estos horizontes muestran cómo lo digital y sus instrumentos son medios poderosos para encontrar formas de transmisión de la fe nuevas e inéditas; pero también es verdad que la acción eclesial debe dar a conocer las posibles ambigüedades de un lenguaje sugestivo, pero poco comunicativo de la verdad.

### *Cultura digital como fenómeno religioso*

**365.** La *cultura digital* se presenta también como portadora de creencias de carácter religioso. La persuasión de los contenidos digitales, la difusión de máquinas que funcionan autónomamente con algoritmos y software cada vez más sofisticados llevan a percibir el universo entero como un flujo de datos, a comprender la vida y sus organismos vivientes como poco más que algoritmos bioquímicos y, en las versiones más radicales, a creer que existe para la humanidad una vocación cósmica a crear un sistema omnicomprensivo de elaboración de datos.

**366.** Estamos ante una modalidad inédita y desafiante que cambia las coordenadas de referencia en el proceso de la confianza y de la atribución de autoridad. El modo en que se le pide a un motor de búsqueda, a los algoritmos de una inteligencia artificial, o a una computadora respuestas sobre cuestiones que se refieren a la vida privada, descubre que se relaciona ya a la máquina y a su respuesta con una *actitud fideísta*. Se va creando una especie de pseudorreligión universal que legitima una nueva fuente de autoridad y que tiene todos los componentes de los ritos religiosos: del sacrificio al temor por lo absoluto, hasta la sujeción a un nuevo motor inmóvil que pide amor, pero no ama.

**367.** Con estos componentes técnicos y religiosos se podría pensar en una cultura global que forma sobre todo el modo de pensar y de creer de las próximas generaciones de jóvenes. Éstas serán cada vez más digitales, y presentarán características y formas de pensamiento global, gracias a las grandes plataformas comunes, y a su poder de difusión inmediata. Además de un desafío, esto puede ser también una oportunidad para desarrollar formas e instrumentos capaces de poder decodificar hasta las instancias antropológicas que están a la base de estos fenómenos, buscar nuevas modalidades evangelizadoras que permitan realizar acciones pastorales globales, como es global la *cultura digital*.

## *Cultura digital y cuestiones educativas*

**368.** El desarrollo tecnológico en el campo de los medios digitales ofrece la posibilidad de acceder de modo inmediato a todo tipo de contenido sin ninguna vinculación de jerarquía importante, creando una cultura marcada a menudo por la inmediatez, por el instante y por la debilidad de la memoria, suscitando así una ausencia de perspectivas y de una lectura de conjunto. Los *medios*, por su misma naturaleza, ofrecen versiones selectivas del mundo, en vez de un acceso directo a él, combinando diversos lenguajes en una comunicación difusa, instantánea y global. Las nuevas generaciones no están siempre formadas ni adiestradas culturalmente para enfrentar los retos que presenta la sociedad digital. Es urgente, por tanto, la *educación para los medios*, ya que asistimos a una forma de analfabetismo digital. En la producción digital, los analfabetos contemporáneos serán aquellos que no sean capaces de percibir la diferencia cualitativa y verdadera de los diferentes contenidos digitales que tienen al frente.

**369.** Cada vez se reconoce más que los llamados *social media*, y especialmente los digitales, son ya los principales agentes de socialización, llegando casi a remplazar a los tradicionales como la familia, la Iglesia, la escuela. La intersubjetividad parece desarrollarse cada vez más en las *redes sociales*, dejando siempre menos espacios sociales tradicionales. En un plano operativo hay que estimar y comprender los límites de las enseñanzas implícitas que la era digital aporta cotidianamente. Muchas *formas de interacción* personal se han convertido en virtuales suplantando completamente la necesidad, sobre todo en las jóvenes generaciones, de las relaciones tradicionales, impidiéndoles «tomar contacto directo con la angustia, con el temblor, con la alegría del otro y con la complejidad de su experiencia personal»[49].

### Anuncio y catequesis en la era digital

**370.** La Iglesia está llamada a reflexionar sobre la peculiar modalidad de búsqueda de la fe de los jóvenes digitales y, por consiguiente, poner al día las propias formas de anuncio del Evangelio con el lenguaje de las nuevas generaciones, invitándolas a crear un nuevo sentido de pertenencia comunitaria, que incluya algo más que lo experimentado en la red. Se abre un tiempo en el que la catequesis será portadora de instancias capaces de generar rutas de acercamiento a la fe, cada vez menos fijas y atentas a las particularidades de cada uno. El reto pastoral es el de acompañar al joven en la búsqueda de la autonomía que exige el descubrimiento de libertad interior y la llamada de Dios, que lo distingue del rebaño social al que pertenece. Otro reto es ciertamente es el de *clarificar el lenguaje* utilizado en las redes que en ocasiones tiene sabor religioso. Por ejemplo, el llamado de Jesús a ser sus discípulos, es un término que necesita ser explicado para no confundirlo con el lenguaje de las dinámicas típicas de las redes: el sentido de seguir a Jesús no es el mismo que el que se da entre un

---

[49]    FRANCISCO, Carta encíclica *Laudato Si'* (mayo 24 de 2015), 47.

*influencer* y sus *follower* virtuales. Para alcanzar este objetivo sirven figuras autorizadas que, mediante el acompañamiento personal lleven a cada joven en particular, a descubrir su propio proyecto personal de vida. Este camino requiere pasar de la soledad, nutrida por los *likes*, a la realización de proyectos personales y sociales, realizados en comunidad.

**371.** En el proceso del anuncio del Evangelio, la verdadera cuestión no es cómo utilizar las nuevas tecnologías para evangelizar, sino cómo convertirse en una *presencia evangelizadora en el continente digital*. La catequesis, que no puede simplemente digitalizarse, necesita conocer el poder del medio y usarlo en toda su potencia positiva, con la conciencia, sin embargo, de que no se hace catequesis usando sólo instrumentos digitales, sino ofreciendo espacios de experiencias de fe. Así se evitará una virtualización de la catequesis que corre el riesgo de volver la actividad catequística débil y poco influyente. Favorecer la vivencia de la fe es tarea de la generación adulta que quiere transmitir la fe. Sólo una catequesis que procede de la información religiosa al acompañamiento y a la experiencia de Dios será capaz de ofrecer un sentido. La transmisión de la fe se basa en experiencias auténticas que no hay que confundir con experimentos: la *experiencia* transforma y ofrece claves interpretativas de la vida, mientras que el experimento se reproduce sólo de manera mecánica. La catequesis está llamada a encontrar modos adecuados para afrontar las grandes cuestiones acerca del sentido de la vida, la dignidad del cuerpo, la afectividad, la identidad de género, la justicia y la paz, que en la era digital son interpretadas de modo diferente.

**372.** La catequesis en la era digital será personalizada, pero nunca un proceso individual: del mundo aislado e individualista de las *redes sociales* se deberá pasar a la comunidad eclesial, lugar en el que la experiencia de Dios se hace comunión y se comparte lo vivido. No se puede infravalorar la fuerza de la liturgia para comunicar la fe y conducir a la experiencia de Dios. Ésta se compone de una pluralidad de códigos de comunicación que se apoyan en la interacción de los sentidos (sinestesia) y además en la comunicación verbal. Así pues, es necesario redescubrir la capacidad de la liturgia e incluso del arte sagrado, para transmitir los misterios de la fe. El reto de la evangelización comporta también el de la inculturación en el continente digital. Es importante ayudar a no confundir los medios con los fines, a discernir cómo navegar en la red, de manera que se crezca como sujetos y no como objetos, y se avance más allá de la técnica para encontrar una humanidad renovada en la relación con Cristo.

## Catequesis y algunas cuestiones de bioética

**373.** La vida y la bondad de lo creado se fundan en la original bendición de Dios: «Vio cuanto había hecho, y todo era muy bueno» (*Gn* 1, 31). Esta bendición ofrece a la humanidad un mundo ordenado, pero le pide a cada uno la ayuda para su custodia y crecimiento. En el ámbito católico, la bioética se mueve sobre el plano racional, inspirándose, sin embargo, en los datos de la Revelación divina, que fundamenta a su vez la antropología cristiana. La investigación científica y sus aplicaciones no son, por lo tanto, moralmente neutrales, y los criterios de orientación no se pueden separar de la eficiencia técnica, de su uso o de las ideologías dominantes. Los principales temas tratados por la bioética se refieren al inicio de la vida (estatuto del embrión humano, procreación médicamente asistida…), a su fin (definición de muerte, eutanasia, cuidados paliativos), a la salud y a la experimentación sobre la persona (ingeniería genética, biotecnología…).

**374.** El desarrollo científico y sus aplicaciones tecnológicas en el campo biológico han mejorado las condiciones de vida de la persona. La *genética* ocupa un puesto de particular relieve al interior de este desarrollo. La Iglesia apoya y agradece a cuantos se dedican con fatiga y generoso empeño a la investigación en este campo. El científico, si por una parte está llamado a verificar las posibilidades técnicas, por otra parte, debe ser consciente que no todo lo que es técnicamente posible es moralmente admisible. Debe considerar la dimensión ética de la investigación y sus aplicaciones. De hecho, una acción técnicamente eficaz podría estar en contradicción con la dignidad de la persona.

**375.** Es importante distinguir con atención entre *intervención terapéutica* y *manipulación*. Para corregir las anomalías genéticas, la terapia será lícita si promueve el bien de la persona, sin menoscabar su identidad e integridad, sólo así se defiende la naturaleza humana. La intervención terapéutica sobre las líneas somáticas es conforme a la dignidad de la persona, mientras aquel sobre las líneas germinales, manipulando la identidad de la especie humana es incompatible con el respeto a la persona.

**376.** La biotecnología permite intervenir no sólo sobre las deficiencias, sino también sobre otros datos genéticos. Hay que prestar mucha atención a los experimentos genéticos, en particular al riesgo de la *eugenesia*, que es una práctica que —de hecho — realiza una discriminación entre las personas. Además, las posibilidades técnicas de la llamada ingeniería genética tocan el núcleo mismo de la antropología en la concreta posibilidad de manipularse y autodefinirse, según la filosofía denominada *transhumanismo*, dando vida a individuos con un patrimonio genético diverso y determinado por el propio querer.

**377.** Una difundida orientación de lo que hoy se presenta bajo la denominación de *gender*, pone en discusión el dato revelado: «hombre y mujer los creó» (*Gn* 1,27). Según tal posición, la identidad de género, ya no sería un dato original que la persona debe acoger y llenar de sentido, sino una construcción social que se decide autónomamente, desvinculada completamente del sexo biológico. El hombre niega la propia naturaleza y decide creársela él mismo. Sin embargo, según el relato bíblico de la creación, el ser humano ha sido creado por Dios como varón y mujer. La Iglesia es bien consciente de la complejidad de las situaciones personales vividas, a veces, de manera conflictiva. Ella no juzga a las personas, sino que invita a acompañarlas siempre, sea cual fuere su situación. Es consciente, sin embargo, desde una perspectiva de fe, que la sexualidad no es sólo un dato físico, sino una realidad personal, un valor confiado a la responsabilidad de la persona. De este modo, la identidad sexual y la vivencia existencial deberán ser una respuesta al llamado original de Dios.

**378.** Las cuestiones de bioética interpelan la catequesis y su función formativa. Donde se considere oportuno, y según las circunstancias, los agentes pastorales promoverán itinerarios específicos de educación en la fe y en la moral cristiana, en temas como la vida humana en cuanto don de Dios, el respeto y el desarrollo integral de la persona, la ciencia y la técnica ordenadas al bien de la persona, tendrán un espacio adecuado, a la luz del Magisterio de la Iglesia, expresado en el *Catecismo de la Iglesia Católica*. La catequesis educa a los catequistas en la formación de una conciencia sobre las preguntas de la vida, poniendo atención especial sobre los desafíos que plantean los desarrollos científicos y tecnológicos y evidenciando los elementos fundamentales para el anuncio de la fe:

- Dios es la referencia inicial y última de la vida, desde su concepción hasta la muerte natural;

- la persona es siempre unidad de cuerpo y espíritu;

- la ciencia está al servicio de la persona;

- la vida se respeta en cualquier situación, ya que está redimida por el misterio pascual de Cristo.

## Catequesis e integridad de la persona

**379.** Toda persona, creada a imagen y semejanza de Dios, tiene una *dignidad* única, intrínseca e inalienable. Su fundamento está en la verdad revelada, que resalta aquellos principios inscritos en la naturaleza humana, como reconocimiento perenne y universal de la impronta del Dios Creador. La Revelación entera apunta a esta verdad y afirma la igualdad de todas las personas ante Dios, único garante y juez de la vida humana. En el contexto de hoy, urge un compromiso concreto por la defensa de la vida y de su dignidad, ante las variadas expresiones de la cultura de la muerte, cada vez más presentes en tantos sectores de la sociedad mundial (Cf. GS 27). «La defensa de la dignidad se la vida humana desde el primer instante de su concepción hasta la muerte natural ha tenido siempre en la enseñanza de la Iglesia una voz coherente y autorizada»[50].

**380.** En su misión de promover en todo tiempo y lugar la vida humana y defenderla cuando está amenazada, la Iglesia afirma con claridad que la vida personal es sagrada e inviolable. En este sentido, avanza el progreso en la doctrina de los últimos Papas «Hay que afirmar de manera rotunda que la *condena a la pena de muerte*, en cualquier circunstancia es una medida inhumana que humilla la dignidad de la persona. Es en sí misma contraria al Evangelio, porque con ella se decide suprimir voluntariamente una vida humana que es siempre sagrada a los ojos del Creador»[51]. La catequesis, por lo

---

[50] FRANCISCO, *Discurso a los participantes en el encuentro conmemorativo del XXV aniversario del Catecismo de la Iglesia Católica* (octubre 11 de 2017).

[51] *Ibíd.*; Cf. también Catecismo, 2267 (nueva redacción de agosto 1 de 2018).

tanto, deberá poner todo su esfuerzo en hacer comprender la enseñanza de la Iglesia, con el fin de ayudar a crear una nueva cultura. El desafío por el respeto, la dignidad humana y la integridad de la persona sigue siendo un escenario actual para el anuncio del amor misericordioso de Dios hoy.

## Catequesis y compromiso ecológico

**381.** El crecimiento de la ciencia y de la técnica si, de un lado, expresa la grandeza de ánimo humano, por otro en cambio, «no estuvo acompañado de un desarrollo del ser humano en responsabilidad, valores, conciencia»[52]. Un ámbito en que son claramente perceptibles las consecuencias de un *exceso antropocéntrico* es el de la *crisis ecológica*, crisis que toca cuestiones que han de ser tratadas simultáneamente: contaminación, cambio climático, uso de los recursos primarios y pérdida de la biodiversidad, desigualdad planetaria, deterioro de la calidad de vida humana y degradación social. Ante la aceleración y la complejidad del problema ecológico, los Papas[53] han invitado constantemente a una *conversión ecológica* profunda, capaz de tocar la esencia del ser humano, allí donde, en último análisis, anida la raíz del problema y su solución.

**382.** La cuestión ecológica es advertida por personas y organizaciones de variada extracción cultural y filosófica, pero los creyentes están llamados a sentirse aludidos, conscientes de que «su cometido dentro de la creación, así como sus deberes con la naturaleza y el Creador forman parte de su fe»[54]. La

---

[52] FRANCISCO, Carta encíclica *Laudato Si'* (mayo 24 de 2015), 105.

[53] Cf. en particular PABLO VI, *Octogesima adveniens* (mayo 14 de 1971); JUAN PABLO II, *Centesimus annus* (mayo 1 de 1991); BENEDICTO XVI, *Caritas in veritate* (junio 29 de 2009). Un puesto relevante en esta materia lo tiene la Encíclica *Laudato Si'* del Papa Francisco.

[54] JUAN PABLO II, *Mensaje para la Jornada Mundial de la Paz 1990* (diciembre 8 de 1989), 15.

visión cristiana de la creación y de la actividad humana ofrece «a los cristianos, y en parte también a otros creyentes, grandes motivaciones para el cuidado de la naturaleza y de los hermanos y hermanas más frágiles»[55], junto a criterios alternativos según los cuales se debe repensar la relación entre economía, salvaguardia de lo creado, justicia social, y principios políticos. Es necesario, además, escuchar el clamor de la tierra, que está íntimamente conectado con el clamor de los pobres. Tal clamor, en el que resuena el gemido de la creación (Cf. *Rom* 8,22) se esconde el llamado que viene de Dios.

**383.** La catequesis sabe reconocer en tales signos la voz de Dios, y por eso, junto con otras acciones de la pastoral de la Iglesia, también motiva y apoya a los creyentes en una mentalidad y en una espiritualidad ecológicas, fundamentadas en la sabiduría de los relatos bíblicos y en el Magisterio social de la Iglesia. Una catequesis sensible a la salvaguardia de lo creado promueve una cultura de atención al medio ambiente y a las personas que lo habitan. Eso significa favorecer una actitud de respeto en las relaciones con todos; enseñar una correcta concepción del ambiente y de la responsabilidad de la persona; educar en una vida virtuosa, capaz de asumir estilos de vida humildes y sobrios, libres del consumismo; resaltar el valor simbólico de las realidades creadas, sobre todo en los signos de la liturgia. Se trata además de favorecer la adquisición de un comportamiento atento a la *ecología integral*, que comprenda las diversas facetas de la propuesta formativa de la doctrina social de la Iglesia: ecología ambiental, económica, social y política; ecología cultural; ecología de la vida cotidiana.

**384.** La catequesis tendrá cuidado ante todo de ayudar a los creyentes a tomar conciencia de que el empeño por la cuestión ecológica es parte integrante de la vida cristiana. En

---

[55]   FRANCISCO, Carta encíclica *Laudato Si'* (mayo 24 de 2015), 64.

segundo lugar, anunciará las verdades de fe que subyacen en la temática ambiental: Dios Padre Omnipotente y Creador, el misterio de la creación como don que precede al hombre que es su vértice y su guardián, la correlación y la armonía de todas las realidades creadas, la Redención operada por Cristo, primogénito de la nueva creación[56]. Por último, con motivo de su propia dimensión educativa, la catequesis acompañará a los creyentes a vivir las exigencias morales de la fe, identificando las actitudes que obstaculizan los caminos de solución, aportando motivos teológicos y espirituales para la conversión ecológica, y apoyando acciones concretas para el cuidado de la casa común[57].

## Catequesis y opción por los pobres

**385.** La opción o amor preferencial por los pobres es una forma especial de primado de la caridad, que toca la vida de cada cristiano, en cuanto imitador de Cristo[58]. El amor de la Iglesia por los pobres y por todas aquellas situaciones de pobreza pertenece a su constante Tradición[59]: «Para la Iglesia la opción por los pobres es una categoría teológica antes que cultural, sociológica, política o filosófica»[60]. De hecho, esta opción tiene como fundamento el amor de Dios por los des-

---

[56]  Cf. *Ibíd.*, capítulo II y Catecismo, 279-384.

[57]  Véanse la Encíclica *Laudato Si'*: indicaciones sobre *actitudes que obstaculizan*: n. 14; sobre las *motivaciones*: n. 62-64 y 216; sobre *acciones concretas*: capítulos V-VI.

[58]  Cf. JUAN PABLO II Encíclica *Sollicitudo rei socialis* (diciembre 30 de 1987), 42.

[59]  Para conocer el Magisterio sobre la opción por los pobres en los últimos dos siglos, Cf. LEÓN XII, *Rerum novarum* (mayo 15 de 1891); PIO XI, *Quadragesimo anno* (mayo 15 de 1931); JUAN XXII, *Mater et Magistra* (mayo 15 de 1961); CONCILIO ECUMÉNICO VATICANO II, *Gaudium et Spes* (diciembre 7 de 1965); PABLO VI, *Populorum progressio* (marzo 26 de 1967); JUAN PABLO II, *Sollicitudo rei socialis* (diciembre 30 de 1987); *Centesimus annus* (mayo 1 de 1991); PONTIFICIO CONSEJO DE JUSTICIA Y PAZ, *Compendio de la Doctrina Social de la Iglesia* (abril 2 del 2004); BENEDICTO XVI, *Caritas in veritate* (junio 29 del 2009).

[60]  EG 198.

amparados, desheredados, abandonados, viudas, huérfanos, enfermos, como narra continuamente la Sagrada Escritura.

**386.** En el Hijo Unigénito, Dios mismo se hace pobre para enriquecer a la humanidad (Cf. *Flp* 2,6-8). Jesús, en el anuncio del Reino de Dios tiene a los pobres como destinatarios privilegiados (Cf. *Lc* 4,18-19; *Mt* 11,5). Declara que los pobres son bienaventurados (Cf. *Lc* 6,20-21), enseñando así que servir y acoger a toda persona en situación de pobreza significa reconocer presente al mismo Jesús, tanto como para poder identificarlo con ellos: «Conmigo lo hicieron» (*Mt* 25,40). Jesús muestra así un fuerte vínculo entre la contemplación de Dios y la relación personal con aquellos que están heridos y rechazados, invitando a sus discípulos no sólo a servir a los pobres, sino a descubrirlo a Él realmente presente en ellos y, a través de ellos, encontrar al Padre. Para los discípulos de Cristo, la pobreza es ante todo una vocación a seguir a Jesús pobre, una actitud del corazón que impide pensar en las realidades contingentes como objetivos de vida y condiciones para la felicidad. También la Iglesia está llamada a vivir la pobreza como abandono total en Dios, sin confiar en los medios mundanos.

**387.** La opción por los pobres contiene un dinamismo misionero que implica un recíproco enriquecimiento: liberarlos, pero también librarlos de sí mismos; curar sus heridas, pero también ser curados por ellos; evangelizarlos, pero ser al mismo tiempo evangelizados por ellos. «Ellos tienen mucho que enseñarnos. Además de participar del *sensus fidei,* en sus propios dolores conocen al Cristo sufriente. Es necesario que todos nos dejemos evangelizar por ellos. La nueva evangelización es una invitación a reconocer la fuerza salvífica de sus vidas y a ponerlos en el centro del camino de la Iglesia»[61]. El encuentro con Cristo, finalidad de todo camino de fe, se realiza

---

[61]   EG 198.

de modo especial en el encuentro con los pobres, gracias a las experiencias de solidaridad y de voluntariado: «Si realmente queremos encontrar a Cristo, es necesario que toquemos su cuerpo en el cuerpo llagado de los pobres, como confirmación de la comunión sacramental recibida en la Eucaristía»[62].

**388.** La catequesis se deja provocar por la pobreza, ya que ésta es intrínseca al mensaje evangélico. Porque reconoce su valor y, de cara a una formación integral de los cristianos, sabrá educar en la pobreza evangélica y en un estilo de vida sobrio. Además, favorecerá en los fieles algunas convicciones de base: respeto por la dignidad de la persona, ayuda en su crecimiento, promoción de la cultura de la fraternidad, indignación por las situaciones de miseria e injusticia. La catequesis también recuerda que la pobreza es una virtud que permite usar correctamente los bienes materiales, ayudando a vivir de un modo libre y sano ante lazos y afectos. Se pide a los catequistas sensibilizar, sobre todo en la proximidad de la *Jornada Mundial de los Pobres*, para que la reflexión catequética esté acompañada por un compromiso concreto y directo con signos tangibles de atención a los pobres y marginados.

## Catequesis y compromiso social

**389.** La complejidad de los problemas sociales de hoy puede llevar al creyente a adquirir actitudes de desconfianza y desinterés, mientras en el corazón del Evangelio se encuentra el servicio a los demás, por el cual, «tanto el anuncio como la experiencia cristiana tienden a provocar consecuencias sociales»[63]. La Iglesia, evidenciando la íntima conexión entre la evangelización y el desarrollo humano integral[64], insiste en

---

[62]    FRANCISCO, *Mensaje para la Jornada Mundial de los Pobres* (junio 13 de 2017), 3.

[63]    EG 180; Cf. también EG 178-185.

[64]    Cf. PABLO VI, Carta encíclica *Populorum progressio* (marzo 26 de 1967), 14.

que la fe no sea vivida como un hecho individual, privado de consecuencias concretas sobre la vida social. «Una auténtica fe —que nunca es cómoda e individualista— siempre implica un profundo deseo de cambiar el mundo, de transmitir valores, de dejar algo mejor detrás de nuestro paso por la tierra»[65]. Es parte integrante del camino de profundización de la fe la maduración de una visión social y política atenta a la eliminación de las injusticias, a la construcción de la paz y a la salvaguardia de lo creado, a la promoción de varias formas de solidaridad y de subsidiaridad.

**390.** La catequesis, con la ayuda de la doctrina social de la Iglesia[66], y adaptando las propuestas a la condición de los sujetos, despliega una mirada evangélica sobre la realidad, y los hace conscientes de la existencia de estructuras de pecado, que tienen un impacto negativo sobre el ambiente y sobre el tejido social. Motiva, además, a los fieles para que actúen en favor del bien común, ya sea en la esfera de la propia cotidianidad o, a escala más amplia, en un compromiso social y político directo. «El amor por la sociedad y el compromiso por el bien común son una forma eminente de caridad, que no sólo afecta a las relaciones entre los individuos, sino también las "macrorelaciones, sociales, económicas y políticas"»[67].

**391.** A los fieles que tienen mayores responsabilidades en el campo social, cultural, mediático, económico y político se les ha de asegurar una atención particular. Por fuerza de la propia profesión o del servicio a las instituciones, tienen de hecho una gran posibilidad de influir en el bien común. A través de

---

[65]   EG, 183.

[66]   Para una visión de conjunto de la doctrina social de la Iglesia, véase: PONTIFICIO CONSEJO DE JUSTICIA Y PAZ, *Compendio de la Doctrina Social de la Iglesia* (abril 2 de 2004).

[67]   FRANCISCO, Carta encíclica *Laudato Si'* (mayo 24 de 2015), 231; Cf. también BENEDICTO XVI, Carta encíclica *Caritas in veritate* (junio 29 de 2009), 2.

las organizaciones laicales, de ambiente, o de otras formas de compromiso pastoral, es necesario ofrecer una catequesis que apoye la adhesión vital a la persona de Cristo, la capacidad de discernimiento evangélico en las situaciones complejas, la disponibilidad al diálogo con todos, y una rectitud moral que evite la disociación entre fe y vida, entre pertenencia eclesial y compromiso con el mundo.

## Catequesis y ambiente del trabajo

**392.** Trabajando en Nazaret con sus propias manos, el Señor confirió al trabajo una altísima dignidad. Por eso cada persona, ofreciendo su propio trabajo, se asocia a la obra redentora de Cristo. «Por el trabajo el hombre se relaciona con sus hermanos y les hace un servicio, puede practicar una verdadera caridad y cooperar al perfeccionamiento de la creación divina» (GS 67). Toda persona con su trabajo libre, creativo y solidario, expresa la dignidad de la propia existencia, ya que «el trabajo es una de las características que distinguen al hombre del resto de las criaturas»[68]. En el contexto de la globalización, numerosas condiciones complejas y contradictorias interesan al mundo del trabajo. Los cambios en dicho mundo hacen necesaria una acción evangelizadora y una formación cristiana, dirigida a aquellos que están más directamente implicados o tienen mayor responsabilidad.

**393.** En su servicio de educación a la fe, la catequesis propone la doctrina social de la Iglesia como punto de referencia para una formación cristiana capaz de motivar la evangelización de las realidades temporales, y más directamente las del trabajo. Tal atención, propia de los itinerarios formativos de las asociaciones laicales de trabajadores y de la acción pasto-

---

[68]   JUAN PABLO II, Carta encíclica *Laborem exercens* (septiembre 14 de 1981), 1.

ral en dichos ambientes, está también presente en los caminos ordinarios de la catequesis con niños, jóvenes y adultos: ello contribuye, de hecho, a una formación orgánica de la personalidad del creyente. Tratando del trabajo humano, la catequesis deberá ilustrar el noble significado de la tarea humana en el mundo; apoyar el testimonio cristiano en el lugar del trabajo; ayudar a los fieles a ser fermento de reconciliación en las situaciones de conflicto; animar todo esfuerzo por humanizar el trabajo y pedir la defensa de los derechos de os más débiles.

# Capítulo XI

# La catequesis al servicio de la inculturación de la fe

**394.** «Las Iglesias particulares profundamente amalgamadas, no sólo con las personas, sino también con las aspiraciones, las riquezas y límites, las maneras de orar, de amar, de considerar la vida y el mundo que distinguen a tal o cual conjunto humano, tienen la función de asimilar lo esencial del mensaje evangélico, de trasvasarlo, sin la menor traición a su verdad esencial, al lenguaje que esos hombres comprenden, y, después de anunciarlo en ese mismo lenguaje»[1]. El servicio de inculturación de la fe, al que toda Iglesia particular está llamada, es signo de la perenne fecundidad del Espíritu Santo que embellece la Iglesia universal. «Cada porción del Pueblo de Dios, al traducir en su vida el don de Dios según su genio propio, da testimonio de la fe recibida y la enriquece con nuevas expresiones que son elocuentes»[2]. Los itinerarios de catequesis, y los mismos catecismos locales, representan un signo de este fructuoso proceso de inculturación.

---

[1]   EN 63.

[2]   EG 122.

## 1. NATURALEZA Y FINALIDAD DE LA INCULTURACIÓN DE LA FE

**395.** En la obra de la evangelización la Iglesia está llamada a tener «el mismo afecto con que Cristo se unió por su encarnación a ciertas condiciones sociales y culturales de los hombres con quienes convivió» (AG 10). Esta primera forma de inculturación de la Palabra de Dios persiste como arquetipo de toda la evangelización de la Iglesia. La inculturación no puede ser pensada como una mera adaptación a una cultura. Es más bien un camino profundo, global y progresivo. Se trata de una lenta penetración del Evangelio en lo íntimo de la persona y de los pueblos. «Lo que debe procurarse, en definitiva, es que la predicación del Evangelio, expresada con categorías propias de la cultura donde es anunciado, provoque una nueva síntesis con esa cultura»[3].

**396.** La catequesis «está llamada a llevar la fuerza del Evangelio al corazón de la cultura y de las culturas»[4], y tiene una gran responsabilidad en el proceso de inculturación de la fe. Entender la cultura como lugar hermenéutico de la fe ofrece a la catequesis mayores posibilidades de alcanzar significativamente su finalidad de ser educación *para* la fe y *en* la fe. La contribución específica de la catequesis a la evangelización es el intento de entrar en relación con lo vivido por las personas, con sus modos de vivir y los procesos de su crecimiento personal y comunitario. La inculturación, en el fondo, está encaminada al proceso de interiorización de la experiencia de la fe.

---

[3]   EG 129.

[4]   CT 53. Sobre el tema de la inculturación de la fe en las diversas áreas geográficas, son importantes las exhortaciones apostólicas siguientes a los Sínodos continentales: JUAN PABLO II, *Ecclesia in Africa* (septiembre 14 de 1995); *Ecclesia in America* (enero 22 de 1999); *Ecclesia in Asia* (noviembre 6 de 1999); *Ecclesia in Oceania* (noviembre 22 de 2001); *Ecclesia in Europa* (junio 28 de 2003); BENEDICTO XVI; *Africae munus* (noviembre 19 de 2011); *Ecclesia in medio Oriente* (septiembre 14 de 2012); FRANCISCO, *Querida Amazonía* (febrero 2 de 2020).

Esto es aún más urgente en el contexto actual, en el que han venido a menos los presupuestos culturales para la transmisión del Evangelio, garantizados en el pasado por la familia y la sociedad; el debilitamiento de tales procesos ha puesto en crisis la apropiación subjetiva de la fe. Es importante, por tanto, que la catequesis no se concentre sólo en la transmisión de los contenidos de la fe, sino también en el *proceso de recepción personal de la fe*, porque el acto con el que se cree expresa mejor las razones de libertad y responsabilidad que la fe comporta.

**397.** Respecto a la inculturación de la fe, la catequesis tendrá presentes las siguientes indicaciones metodológicas[5]:

a. Conocer en profundidad la cultura de las personas, activando dinámicas relacionales marcadas por la reciprocidad, que favorezcan una nueva comprensión del Evangelio;

b. reconocer que el Evangelio posee una propia dimensión cultural, mediante la cual se ha insertado, en el curso de los siglos, en las diversas culturas;

c. comunicar la verdadera conversión que el Evangelio, en cuanto fuerza transformadora y regeneradora, actúa en las culturas;

d. hacer comprender que el Evangelio está ya presente en germen en las culturas y, no obstante, las trasciende y no se agota en ellas;

e. poner atención para que la nueva expresión del Evangelio según la cultura evangelizada no disminuya la integridad de los contenidos de la fe, factor de comunión eclesial.

---

[5]  DGC 203; Cf. también CT 53.

**398.** «La catequesis, a la vez que debe evitar todo tipo de manipulación de una cultura, no puede limitarse a la simple yuxtaposición del Evangelio a ésta, "como un barniz superficial", sino que debe proponer el Evangelio "de manera vital, en profundidad" y hasta las mismas raíces de la cultura y de las culturas del hombre. Esto determina un proceso dinámico integrado por diversos momentos, relacionados entre sí: esforzarse por *escuchar*, en la cultura de la gente, el eco (presagio, invocación, señal…) de la Palabra de Dios; *discernir* lo que hay de auténtico valor evangélico o al menos abierto a él; *purificar* lo que está bajo el signo del pecado (pasiones, estructuras del mal…) o de la fragilidad humana; *suscitar* en los que reciben catequesis actitudes de conversión radical a Dios, de diálogo con los demás y de paciente maduración interior»[6].

**399.** La inculturación de la fe, que es connatural a las Iglesias particulares, «Debe implicar a todo el pueblo de Dios, no sólo a algunos expertos, ya que es sabido que el pueblo reflexiona sobre el genuino sentido de la fe, que nunca hay que perder de vista. Esa […] debe ser la expresión de la vida comunitaria, es decir, madurar en el seno de la comunidad, y no ser fruto exclusivo de investigaciones eruditas»[7]. Si el Evangelio se incultura en un pueblo, éste, a través de la propia cultura, transmitirá la fe de una manera tan viva como para hacerla siempre nueva y atractiva.

**400.** La catequesis que trabaja al servicio de la inculturación de la fe y se esfuerza por valorar todas las tendencias y las modalidades culturales con las que se expresa la persona, ya sean las más tradicionales y locales, o aquellas más recientes y de estilo global[8], toma contacto con la variedad de expresiones

---

6 DGC 204; Cf. también EN 20.

7 JUAN PABLO II, Carta encíclica *Redemptoris missio* (diciembre 7 de 1990), 54.

8 Sobre los escenarios culturales de hoy, Cf. capítulo X del presente *Directorio*.

con la que cada pueblo manifiesta y vive su propia experiencia de fe. Por eso, la catequesis sabrá valorar especialmente algunos ámbitos de la pastoral eclesial en los que está explícitamente llamada a encontrar lenguajes y modalidades de expresión nuevas, en las que aparezca un estilo misionero sereno y alegre: por ejemplo, el catecumenado, la iniciación cristiana, la pastoral bíblica, la catequesis litúrgica. El Evangelio

> se transmite de formas tan diversas que sería imposible describirlas o catalogarlas, donde el Pueblo de Dios, con sus innumerables gestos y signos, es sujeto colectivo. Por consiguiente, si el Evangelio se ha encarnado en una cultura, ya no se comunica sólo a través del anuncio persona a persona. Esto debe hacernos pensar que, en aquellos países donde el cristianismo es minoría, además de alentar a cada bautizado a anunciar el Evangelio, las Iglesias particulares deben fomentar activamente formas, al menos incipientes, de inculturación[9].

## 2. LOS CATECISMOS LOCALES

**401.** Los catecismos locales son grandes instrumentos para la catequesis, llamada a llevar la novedad del Evangelio a las diversas culturas de los pueblos. Mediante ellos la Iglesia comunica el Evangelio de manera accesible a cada persona, ya que la encuentra donde vive, en su cultura y en su mundo. Los catecismos son un punto de referencia para la catequesis en un determinado contexto, en cuanto fruto del proceso de inculturación de la fe operado por las Iglesias locales. Manifiestan por lo tanto la comprensión de la fe de un pueblo, pero también son su auténtica expresión cultural. Los catecismos locales pueden tener carácter *diocesano, regional* o *nacional*. El catecismo diocesano necesita la aprobación del Obispo dio-

---

9    EG 129.

cesano[10]. Los catecismos regionales o nacionales elaborados por las respectivas Conferencias Episcopales, necesitan la aprobación de la Sede Apostólica[11].

**402.** Los catecismos se caracterizan por dos trazos principales: tienen un carácter oficial, y son una síntesis orgánica y básica de la fe. El *catecismo local*, que es expresión de un acto del magisterio episcopal, es *texto oficial* de la Iglesia. El carácter oficial de estos catecismos establece una distinción cualitativa en referencia a otros instrumentos útiles en la pedagogía de la catequesis, como textos didácticos, catecismos no oficiales, guías para catequistas. Además, cada *catecismo* es una *síntesis orgánica y básica de la fe*, en el que se presentan los acontecimientos y las verdades fundamentales del misterio cristiano. Es un conjunto estructurado de documentos de la Revelación y de la Tradición cristianas, compuesto, sin embargo, con un fin pedagógico teniendo en cuenta situaciones concretas. Siendo un instrumento de primer orden, no es, sin embargo, el único punto de referencia: son necesarias otras herramientas de trabajo más inmediatas.

**403.** El *Catecismo de la Iglesia Católica* es el texto que por su naturaleza se da como referencia para el *catecismo local*. Ambos, aunque vinculados o relacionados, son de orden diverso. Los catecismos locales, que en su contenido se refieren al *Catecismo de la Iglesia Católica*, contienen todas las dimensiones del proceso catequístico. Afrontan la problemática del contexto, se hacen cargo de la inculturación del mensaje según los sujetos que reciben la catequesis; presentan sugerencias que ayuden a construir itinerarios de catequesis. No son, pues, un mero resumen del *Catecismo de la Iglesia Católica*.

---

[10]    Cf. CIC c. 775 § 1.
[11]    Cf. CIC c. 775 § 2.

**404.** Un *Catecismo local* deberá presentar la fe en referencia a la cultura en la que están inmersos sus interlocutores. Es importante estar atentos a la forma concreta de vivir la fe en una determinada sociedad. El *Catecismo* incorporará, por tanto, todas aquellas «expresiones originales de vida, de celebración y de pensamiento que sean cristianas»[12], originadas en la propia tradición cultural y fruto del trabajo de inculturación de la Iglesia local. Un *Catecismo local* deberá poner atención para que el misterio cristiano sea presentado de modo coherente con la mentalidad y con la edad del sujeto, teniendo en cuenta la experiencia fundamental de su vida, siguiendo el dinamismo de crecimiento propio de cada persona. El *Catecismo*, por lo tanto, será un instrumento adecuado para favorecer los itinerarios de formación, apoyando a los catequistas en el arte de acompañar a los creyentes hacia la madurez de la vida cristiana.

**405.** Está bien que la Iglesia local, considerando su responsabilidad en la inculturación de la fe, proceda a publicar su propio catecismo. Se confía al discernimiento pastoral de la Iglesia local y a su creatividad la decisión de graduar la presentación de las cuatro dimensiones de la vida cristiana[13], estructurando los contenidos y articulando sus partes, según las modalidades particulares, de forma que ayuden a la acogida y al crecimiento de la fe de sus hijos. La misma cosa vale para las diversas modalidades con las cuales se expresa el mensaje de fe y para los instrumentos operativos.

---

[12] CT 53.

[13] Acerca de las cuatro dimensiones de la vida cristiana, Cf. nn. (*Tareas de la catequesis*) y n. 189 (*Fuentes y estructuras del Catecismo*) en el presente *Directorio*. Otros catecismos tienen una estructura trinitaria o siguen los momentos de la historia de la salvación, o un tema bíblico o teológico (por ejemplo: *Alianza, Reino de Dios…*). Otros se articulan según las virtudes teologales o con base en los tiempos del año litúrgico. Otros, en cambio, se articulan sobre las grandes preguntas de sentido o sobre etapas del desarrollo humano y espiritual, o sobre algunas situaciones particulares de la vida de las personas.

**406.** En el tiempo de la nueva evangelización, el Espíritu Santo invita a tener la audacia de «encontrar los nuevos signos, los nuevos símbolos, una nueva carne para la transmisión de la Palabra»[14], en la serena conciencia de que

> Cristo es el "Evangelio eterno" (*Ap* 14,6), y es "el mismo ayer y hoy y para siempre" (*Heb* 13,8), pero su riqueza y su hermosura son inagotables. Él es siempre joven y fuente constante de novedad. [...] Cada vez que intentamos volver a la fuente y recuperar la frescura original del Evangelio, brotan nuevos caminos, métodos creativos, otras formas de expresión, signos más elocuentes, palabras cargadas de renovado significado para el mundo actual[15].

## Indicaciones para obtener la necesaria aprobación de la Sede Apostólica para los catecismos y otros escritos relativos a la instrucción catequética

**407.** El procedimiento para recibir la aprobación de la Sede Apostólica es un servicio recíproco entre la Iglesia particular y la Iglesia universal. Por una parte, esa ofrece la posibilidad a la Sede Apostólica de hacer sugerencias u observaciones que, a su juicio, podrían mejorar la calidad general de un texto para la catequesis, por otra parte, permite a la Iglesia local informar y esclarecer a la Sede Apostólica acerca del contexto de la catequesis, y sus principales puntos de interés, en un determinado territorio.

> La *previa aprobación de la Sede Apostólica* —que se requiere para los catecismos emanados de las Conferencias Episcopales— se entiende en el sentido de que éstos son documentos, mediante los cuales la Iglesia

---

14    EG 167.

15    EG 11.

universal, en los diferentes espacios socio-culturales a los que es enviada, anuncia y transmite el Evangelio, y da a luz a las Iglesias particulares expresándose en ellas. La aprobación de un Catecismo es el reconocimiento, de hecho, de que es un texto de la Iglesia universal para una determinada situación y cultura[16].

**408.** Con la Carta apostólica *Fides per doctrinam*, la competencia sobre la catequesis fue confiada al *Pontificio Consejo para la promoción de la Nueva Evangelización* que concede la aprobación requerida por la Sede Apostólica para los catecismos y otros escritos relativos a la instrucción catequística. La aprobación de la Sede Apostólica es necesaria para los textos siguientes:

- Los *Catecismos* nacionales;

- los *Directorios* nacionales para la catequesis, o los textos similares de igual valor;

- los *Catecismos* y los *Directorios* regionales;

- las traducciones del *Catecismo de la Iglesia Católica* en las lenguas nacionales;

- los textos escolares nacionales, en los territorios donde la enseñanza de la religión católica tiene un valor para la catequesis o donde tales textos son de uso catequístico.

---

[16]  DGC 285.

# Capítulo XII

# Los organismos al servicio de la catequesis

## 1. LA SANTA SEDE

**409.** «El mandato de Cristo de predicar el Evangelio a toda criatura afecta primaria e inmediatamente a los obispos, con Pedro y subordinados a Pedro» (AG 38). El Señor le confía a Pedro la misión de confirmar en la fe a sus hermanos (Cf. *Lc* 22,32). Por lo tanto, el anuncio y la transmisión del Evangelio para el sucesor de Pedro, junto con el Colegio episcopal, es su tarea fundamental. El Romano Pontífice, además de otras enseñanzas y homilías, ejercita esta tarea mediante sus catequesis.

**410.** Respecto a la catequesis, el Romano Pontífice actúa ordinariamente mediante el *Pontificio Consejo para la Promoción de la Nueva Evangelización* que tiene la tarea de velar «sobre el relevante instrumento de evangelización que la catequesis representa para la Iglesia, así como la enseñanza catequética en sus diversas manifestaciones, de forma que se realice una acción pastoral más orgánica y eficaz. Este nuevo Pontificio Consejo podrá ofrecer a las Iglesias locales y a los obispos diocesanos un adecuado servicio en esta materia»[1].

---

[1]     BENEDICTO XVI, Carta apostólica *Fides per doctrinam* (enero 16 de 2013).

Con base en las competencias conferidas en orden a la catequesis, el Pontificio Consejo para la Promoción de la Nueva Evangelización:

- Vela por la formación religiosa de los fieles de toda edad y condición;

- tiene la facultad de emitir normas oportunas para la actualización de la catequesis de un modo conveniente y constante, según la Tradición de la Iglesia;

- vigila para que la tarea catequística se haga correctamente con el respeto a las metodologías y sus finalidades, según las indicaciones del Magisterio;

- concede la necesaria aprobación de la Sede Apostólica para los catecismos y otros escritos relativos a la instrucción catequística;

- ayuda a las oficinas de catequesis de las Conferencias Episcopales en las iniciativas de formación religiosa y en los encuentros de carácter internacional, coordina las actividades y eventualmente les ofrece la ayuda necesaria.

## 2. LOS SÍNODOS DE LOS OBISPOS Y LOS CONSEJOS DE JERARCAS DE LAS IGLESIAS ORIENTALES

**411.** Es competencia del *Sínodo de los Obispos* de las respectivas Iglesias Patriarcales, o de las Iglesias Arzobispales Mayores, o del *Consejo de Jerarcas* de las Iglesias Metropolitanas *sui iuris*, dentro de sus propios territorios, «emitir normas sobre la instrucción catequética y reunirlas en un Directorio catequético»[2]. Es importante que cada Iglesia católica oriental *sui iuris*, valorando su propia tradición, emprenda la redac-

---

[2]  CCEO c. 621 § 1.

ción de su catecismo, adaptado a los diferentes grupos de fieles y apoyado por subsidios e instrumentos[3]. El Sínodo de los Obispos, por medio de una *Comisión de catequesis*, tiene la tarea de promover y coordinar las diferentes iniciativas catequísticas[4]. Se ocupará también de las estructuras e instituciones que se dedican a la transmisión de la fe, salvaguardando el patrimonio litúrgico y teológico de la propia Iglesia, y teniendo en cuenta las enseñanzas de la Iglesia universal.

## 3. La Conferencia Episcopal

**412.** El Código de Derecho Canónico establece que «ante la Conferencia Episcopal se puede establecer la Oficina de catequesis, con la precisa función de ofrecer ayuda a cada diócesis en materia de catequesis»[5], realidad consolidada ya en todas partes. «Se debe tener en cuenta el hecho esencial de que las Conferencias Episcopales, con sus comisiones y oficios, existen para ayudar a los Obispos y no para sustituirlos a ellos»[6]. La *Oficina catequística nacional* o (*Centro nacional de catequesis)* es, por lo tanto, un organismo al servicio de las diócesis de su propio territorio.

**413.** La Oficina nacional de catequesis procederá en primer lugar al *análisis de la situación* de la catequesis en su propio territorio, valiéndose de las investigaciones y de los estudios académicos de los expertos en la materia. Tal análisis tiene como objetivo la *elaboración de un proyecto nacional de catequesis* y, por lo tanto, es necesaria una *coordinación de las propias actividades* con las de otras oficinas nacionales de la Conferencia Episcopal. Ese proyecto nacional puede impli-

---

[3]   Cf. CCEO c. 621 § 3.

[4]   Cf. CCEO c. 622.

[5]   CIC c. 775 § 3.

[6]   Juan Pablo II, Carta apostólica *Apostolos suos* (mayo 21 de 1998), 18.

car, sobre todo, presentar una línea de orientación catequética, ofrecer instrumentos de carácter reflexivo y de guía, que serán de gran inspiración para las catequesis de las Iglesias locales y pueden constituir un punto de referencia par la formación de los catequistas[7]. Además, a partir de esas orientaciones, la Oficina de catequesis se ocupará de la elaboración de verdaderos catecismos locales.

**414.** En relación con las diócesis, la Oficina nacional de Catequesis, según las necesidades y posibilidades, proveerá a la *formación de los directores diocesanos de la catequesis* incluso por medio de congresos, seminarios de estudio y publicaciones en ese campo. También organizará eventos nacionales sobre catequesis, coordinará y apoyará a las diócesis menos provistas en materia de catequesis. Finalmente, cuidará las relaciones con los autores y editores, asegurándose que el material publicado corresponda a las exigencias de la catequesis del propio país.

**415.** Existen también, a nivel internacional y continental, en los Consejos de las Conferencias Episcopales, organismos de comunión y colaboración, con la finalidad de ayudar en la reflexión y la animación pastoral. En esos organismos eclesiales operan también departamentos de catequesis, con el objetivo de ayudar a los obispos y a las Conferencias Episcopales en esta materia.

## 4. LA DIÓCESIS

**416.** La Iglesia particular, manifestación concreta de la única Iglesia en un lugar del mundo, bajo la guía del obispo, es sujeto de evangelización. En cuanto tal, «es más que una

---

[7] Cf. DGC 282. Esos textos son llamados de distintas maneras: *Directorio catequético, Orientaciones catequéticas, Documento de base, Texto de referencia…*

institución orgánica y jerárquica, porque es ante todo un pueblo que peregrina hacia Dios […] que trasciende toda necesaria expresión institucional»[8]. Al servicio de este pueblo evangelizador está la Curia diocesana, en sus diversas articulaciones (oficinas, consejos, comisiones), que ayuda a discernir y ordenar las prioridades pastorales, compartiendo objetivos, elaborando estrategias, evitando la fragmentación de las propuestas.

## La Oficina diocesana de Catequesis y sus funciones

**417.** En la Curia diocesana, el cuidado y la promoción de la catequesis está confiada a la *oficina diocesana de catequesis*[9]. La catequesis es una actividad fundamental en la vida de la Iglesia particular y por ello requiere tener su propia oficina para la catequesis. Será dirigida por un responsable, en lo posible experto en catequética, apoyado por colaboradores competentes, de tal modo que las diversas problemáticas sean asumidas con la debida responsabilidad. Es oportuno que este servicio diocesano esté compuesto por presbíteros, personas consagradas y laicos. La Oficina diocesana interactúa con la Oficina catequística nacional de la Conferencia Episcopal, y con otros organismos nacionales. Cultiva, además, relaciones de colaboración con otras diócesis. Entre sus funciones, dicha oficina se preocupará de hacer el análisis de la situación, de coordinarse con toda la pastoral diocesana, de elaborar el proyecto de catequesis y su programa operativo y de formar a los catequistas.

### Análisis de la situación

**418.** La Oficina de catequesis partirá del análisis de la situación para organizar la actividad catequística. Esta toma

---

[8]   EG 111.

[9]   La Oficina diocesana de catequesis (*officium catecheticum*) fue instituida por el decreto *Provido Sane*: Cf. SAGRADA CONGREGACIÓN DEL CONCILIO, Decreto *Provido Sane* (enero 12 de 1935); Cf. CIC c. 775 § 1.

de conciencia de la realidad toca los aspectos socio-culturales y religiosos, de cara a una interpretación pastoral para la inculturación de la fe. Este análisis de la situación es una primera ayuda de carácter informativo que se ofrece a los catequistas. El *análisis del contexto socio-cultural* ayuda a comprender las transformaciones que se realizan en la sociedad, y que condicionan la vida de toda persona. De igual manera, el *análisis de la situación religiosa* estudia «el sentido de lo sagrado, es decir, aquellas experiencias humanas que, por su hondura, tienden a abrirse al misterio; el sentido religioso, o sea, las maneras concretas de concebir y de relacionarse con Dios, de un pueblo determinado; y las situaciones de fe, con la diversa tipología de creyentes»[10]. Esos análisis permiten comprender los *valores* que las personas aceptan o rechazan como tales. En la comprensión del contexto socio-cultural y religioso, serán muy útiles los estudios certificados por instituciones científicas y por los centros de investigación especializados.

**419.** Estas contribuciones ayudan a la oficina de catequesis en su tarea de *evaluación del estado de la catequesis al interior del proceso de la evangelización*. En concreto, se trata de examinar el equilibrio y la articulación de los itinerarios de catequesis, y de intentar comprender cómo se desarrollan de hecho (contenidos, estilos, métodos, instrumentos...). Es importante, además, considerar la condición de los catequistas y su formación. Con todo, no hay que extenderse en «un *exceso de diagnóstico* que no siempre está acompañado de propuestas superadoras y realmente aplicables. Por otra parte, tampoco nos serviría una mirada puramente sociológica [...] es necesario un *discernimiento evangélico*. Es la mirada del discípulo misionero»[11] que, con un espíritu de fe y buscando escuchar

---

[10]    DGC 279.

[11]    EG 50.

y dialogar, aprecia serenamente lo que hay y acompaña con paciencia el crecimiento de la fe.

## Coordinación de la catequesis

**420.** Es importante que la catequesis se articule con las otras dimensiones de la pastoral de la Iglesia particular. Esto «no es un hecho puramente estratégico, ordenado a una eficacia más incisiva de la acción evangelizadora, sino que tiene una dimensión teológica de fondo. La acción evangelizadora debe estar bien coordinada porque toda ella apunta a la *unidad de la fe*, que sostiene todas las acciones de la Iglesia»[12]. La catequesis tiene una estrecha relación con la pastoral familiar, juvenil y vocacional, así como con la pastoral escolar y universitaria. Aunque si la acción pastoral de la Iglesia es más amplia que la catequesis, ésta —por razón de su función iniciática— la vivifica y la hace fecunda. El énfasis *kerygmático* y misionero de la catequesis hoy favorece la conversión pastoral y, por lo tanto, la transformación misionera de la Iglesia.

**421.** La necesidad de una pastoral orgánica requiere la coordinación de la catequesis con las demás actividades evangelizadoras. Es oportuno entonces que en la Iglesia particular se organice una *comisión de iniciación a la vida cristiana*, en la que confluyan la pastoral del primer anuncio y la catequesis, la pastoral litúrgica y la Cáritas, las asociaciones y los movimientos laicales. Dicha comisión podría ofrecer a la pastoral diocesana orientaciones comunes para la iniciación a la vida cristiana, ya sea en forma de catecumenado para los no bautizados, ya sea como inspiración catecumenal de la catequesis para bautizados, siendo importante que todas estas propuestas pastorales tengan la misma inspiración de fondo.

---

[12]   DGC 272.

## *Proyecto diocesano de catequesis*

**422.** Es necesario que la diócesis conduzca una acción pastoral orgánica, de modo que los diversos carismas, ministerios, servicios, estructuras y organizaciones se articulen en el mismo proyecto evangelizador. En el contexto más amplio del *Plan diocesano de pastoral*, «el *proyecto diocesano de catequesis* es la oferta catequética global de una Iglesia particular que integra, de un modo articulado, coherente y coordinado, los diversos procesos catequéticos»[13]. Los diferentes itinerarios de catequesis no se organizan separadamente, sino en una recíproca complementariedad, teniendo en cuenta que «el principio organizador que da coherencia a los diversos procesos de catequesis ofrecidos por la Iglesia particular, es la atención a la catequesis de los adultos. Ella es el eje alrededor del cual gira y se inspira la catequesis»[14] de las demás edades. No se trata entonces de añadir algunas actividades destinadas a los adultos, junto con la catequesis de los niños y de los jóvenes; más bien se trata de una reorganización de toda la actividad catequística.

**423.** El proyecto, en general, se estructura según las *edades de la vida*. Tal modalidad de organización de la catequesis es ciertamente válida, pero hoy se hace necesario considerar también otros criterios. Se puede elaborar el proyecto teniendo en cuenta las *etapas de crecimiento en la fe*. Para algunos, son los primeros pasos en la búsqueda de Dios; otros, aún viviendo la fe, no están suficientemente catequizados; otros, en cambio, piden ser acompañados en la profundización de la fe. Otro criterio puede ser también considerar la *situación existencial* de los sujetos: novios, personas que viven situaciones de fragilidad, profesionales, etc. La estructuración diversificada de

---

13   *Ibíd.*, 274.
14   *Ibíd.*, 275.

la propuesta formativa de la Oficina de catequesis será respetuosa con los procesos personales y con los ritmos comunitarios. Por importante que sea, el *Proyecto diocesano de catequesis* no reemplaza jamás el acompañamiento personal, éste se pondrá al servicio de la situación de cada uno, aportando las indicaciones necesarias para que los catequistas puedan están cerca a sus hermanos en el tramo del camino que están recorriendo.

## Programa operativo

**424.** Si el *Proyecto diocesano de catequesis* está concebido orgánicamente y a largo plazo, el *programa operativo* será su actuación concreta para una situación específica y para un tiempo determinado. «La experiencia indica que el programa de acción es de una gran utilidad para la catequesis, ya que, al marcar unos objetivos comunes, colabora a unir esfuerzos y a trabajar en una perspectiva de conjunto. Para ello su primera condición debe ser el realismo, unido a la sencillez, concisión y claridad»[15]. Tal programa, en efecto, subraya los contenidos, elabora o indica objetivos intermedios —claros, graduales, evaluables—, prepara actividades y técnicas, elabora o señala subsidios y materiales, determina los tiempos. Además, en todo el programa es importante evaluar lo realizado ya que ello permite guardar memoria del camino y abrirse a modificaciones y mejoras.

## Formación de los catequistas

**425.** La Oficina de catequesis diocesana tendrá un particular cuidado con la formación de los catequistas[16], reconociendo que el Espíritu Santo se sirve de su valiosa y compe-

---

[15]  *Ibíd.*, 281.

[16]  Sobre los principios generales de la formación de los catequistas, Cf. capítulo IV del presente *Directorio*.

tente colaboración para que el Evangelio sea acogido por todos. Valorando, ante todo, las reales exigencias de los catequistas y con un estilo adecuado a los tiempos y a la sensibilidad actual, la Oficina presentará una oferta formativa que responda a las dimensiones del *ser*, del *saber estar con*, del *saber*, del *saber hacer*, evitando acentuar indebidamente una sola dimensión en detrimento de otra. En los *Centros para la formación* de los catequistas lo importante es brindar una formación básica y permanente, y ofrecer para los responsables y coordinadores una formación más especializada adecuada a las opciones y exigencias de la Iglesia particular. Por esto es importante que la Oficina de catequesis colabore con las demás oficinas y realidades diocesanas y cultive una relación de confianza, apoyo y colaboración con los laicos y los presbíteros de las comunidades parroquiales, en las que tiene lugar efectivamente la formación ordinaria de los catequistas.

# Conclusión

**426.** La comunión con Jesucristo, muerto y resucitado, vivo y siempre presente, es el fin último de toda acción eclesial, y también de la catequesis. De hecho, la Iglesia transmite siempre lo que, a su vez, ha recibido: «que Cristo murió por nuestros pecados, según las Escrituras, que fue sepultado y que resucitó al tercer día, según las Escrituras, que se apareció a Cefas y, más tarde, a los Doce» (*1 Cor* 15,3-5). Esta es la primera profesión de fe en el Misterio Pascual, y el centro de la fe de la Iglesia. Como lo recuerda el Apóstol, «Si Cristo no resucitó, entonces vana es nuestra proclamación y vana también la fe de ustedes» (*1 Cor* 15,14). De la Pascua de Cristo, testimonio supremo de su Evangelio, surge una esperanza que va más allá de los horizontes visibles de lo inmanente, para fijarse en la eternidad: «Si lo que esperamos de Cristo se reduce solo a esta vida, somos los más desdichados de todos los seres humanos» (*1 Cor* 15,19). La catequesis, eco de la Pascua en el corazón de la persona, invita incesantemente a salir de sí mismo para encontrarse con el Viviente, Aquel que da la vida en plenitud.

**427.** Jesucristo, Alfa y Omega, es la clave de toda la historia. Acompaña a cada persona para revelarle el amor de Dios. El Crucificado Resucitado está en el centro del transcurrir del tiempo para redimir a toda la creación, y en ella al ser humano. Del costado traspasado de Jesús Crucificado, el Espíritu Santo se derrama sobre el mundo y nace la Iglesia. La evangelización, sostenida por el Paráclito, trata de hacer partícipe de este gran Misterio vivificante a todas las personas, sin discriminación alguna. La catequesis, momento especial en ese proceso, conduce al encuentro más consciente e íntimo con el Redentor del hombre. Este *Directorio para la catequesis* es una contribución a esta gran misión. Intenta animar y apoyar a aquellos que llevan en su corazón el deseo de transmitir la fe, que siempre es obra de Dios. Poder colaborar con Él, además de consolar, serenar y confirmar la esperanza, es un motivo de gran alegría, ya que el Señor de todo lo creado escoge como colaboradores a sus criaturas.

**428.** Sobre la gozosa tarea evangelizadora de la Iglesia siempre resplandece María, la Madre del Salvador, quien totalmente dócil al Espíritu Santo, supo escuchar y recibir en sí misma la Palabra de Dios, convirtiéndose en «la más pura realización de la fe»[1]. Favoreciendo un clima doméstico de humildad, ternura, contemplación y entrega a los demás, María educó a Jesús, el Verbo hecho carne, en el camino de la justicia y de la obediencia a la voluntad del Padre. A su vez, la Madre aprendió a seguir al Hijo, convirtiéndose en la primera y más perfecta de sus discípulos. En la mañana de Pentecostés, la Madre de la Iglesia presidió con su oración el inicio de la evangelización, bajo la acción del Espíritu Santo, y hoy continúa intercediendo para que las personas del tiempo presente puedan encontrar a Cristo y, mediante la fe en Él, ser salvadas recibiendo en plenitud la vida de hijos de Dios. María Santísima resplandece como catequista ejemplar, pedagoga de la evangelización, y modelo eclesial para la transmisión de la fe.

---

[1]   CEC 149.

*Su Santidad el Papa Francisco, en Audiencia concedida al suscrito Presidente el 23 de marzo de 2020, Memoria litúrgica de Santo Toribio de Mogrovejo, aprobó el presente Directorio para la Catequesis y ha autorizado su publicación.*

✠ SALVATORE FISICHELLA
*Arzobispo tit. de Voghenza*
*Presidente*

✠ JOSÉ OCTAVIO RUIZ ARENAS
*Arzobispo emérito de Villavicencio*
*Secretario*

# Índice de documentos

- Carta apostólica *Fides per doctrinam* (enero 16 de 2013): AAS 105 (2013), 136-139.

- Carta apostólica *Porta fidei* (octubre 11 de 2011): AAS 103 (2011), 723-734.

- Carta apostólica *Ubicumque et semper* (septiembre 21 de 2010): AAS 102 (2010), 788-792.

- Carta encíclica *Caritas in veritate* (junio 29 de 2009): AAS 101 (2009), 641-709.

- Carta encíclica *Deus caritas est* (diciembre 25 de 2005): AAS 98 (2006), 217-252.

- *Meditación durante la primera Congregación General del Sínodo de los Obispos* (octubre 8 de 2012): AAS 104 (2012), 895-900.

- *Mensaje para la XLVII Jornada Mundial de las Comunicaciones Sociales* (enero 24 de 2013): AAS 105 (2013), 181-185.

- *Motu proprio para la aprobación y la publicación del Compendio del Catecismo de la Iglesia Católica* (junio 28 de 2005): AAS 97 (2005), 801-802.

- *Homilía en la Santa Misa de conclusión de la XIII Asamblea General Ordinaria del Sínodo de los Obispos* (octubre 28 de 2012): AAS 104 (2012), 888-891.

- *Homilía en la Santa Misa de inauguración de la V Conferencia General del Episcopado Latinoamericano y del Caribe* (mayo 13 de 2007): AAS 99 (2007), 433-438.

**CATECISMO DE LA IGLESIA CATÓLICA** (octubre 11 de 1992): Libreria Editrice Vaticana, Ciudad del Vaticano 1992.

**CÓDIGO DE DERECHO CANÓNICO** (enero 25 de 1983).

**Código de los Cánones de las Iglesias Orientales** (octubre 18 de 1990).

**Comisión para las relaciones con el judaísmo**

- *Orientaciones y sugerencias para la aplicación de la declaración conciliar Nostra Aetate n. 4* (diciembre 1 de 1974): AAS 67 (1975), 73-79.

- *«Porque los dones y la llamada de Dios son irrevocables» (Rm 11,29). Reflexiones sobre cuestiones teológicas correspondientes a las relaciones católico-hebreas con ocasión del 50° aniversario de Nostra Aetate n. 4* (diciembre 10 de 2015): Libreria Editrice Vaticana, Ciudad del Vaticano 2015.

- *Subsidios para una correcta presentación de los judíos y el judaísmo en la predicación y en la catequesis de la Iglesia Católica* (junio 24 de 1985).

**Compendio del Catecismo de la Iglesia Católica** (junio 28 de 2005): Libreria Editrice Vaticana, Ciudad del Vaticano 2005.

**Concilio Ecuménico Vaticano II**

- Constitución dogmática sobre la Iglesia *Lumen gentium* (noviembre 21 de 1964): AAS 57 (1965), 5-75.

- Constitución dogmática sobre la Revelación *Dei Verbum* (noviembre 18 de 1965): AAS 58 (1966), 817-836.

- Constitución pastoral sobre la Iglesia en el mundo contemporáneo *Gaudium et spes* (diciembre 7 de 1965): AAS 58 (1966), 1025-1120.

- Constitución sobre la sagrada liturgia *Sacrosanctum concilium* (diciembre 4 de 1963): AAS 56 (1964), 97-138.

- Decreto sobre el ministerio y la vida sacerdotal *Presbyterorum ordinis* (diciembre 7 de 1965): AAS 58 (1966), 991-1024.

- Decreto sobre la formación sacerdotal *Optatam totius* (octubre 28 de 1965): AAS 58 (1966), 713-727.

- Decreto sobre el apostolado de los laicos *Apostolicam actuositatem* (noviembre 18 de 1965): AAS 58 (1966), 837-864.

- Decreto sobre la actividad misionera de la Iglesia *Ad gentes* (diciembre 7 de 1965): AAS 58 (1966), 947-990.

- Decreto sobre las Iglesias orientales, *Orientalium ecclesiarum* (noviembre 21 de 1964): AAS 57 (1965), 76-89.

- Decreto sobre el ecumenismo *Unitatis redintegratio* (noviembre 21 de 1964): AAS 57 (1965), 90-112.

- Decreto sobre las relaciones de la Iglesia con las religiones no cristianas *Nostra aetate* (octubre 28 de 1965): AAS 58 (1966), 740-744.

- Decreto sobre el oficio pastoral de los Obispos en la Iglesia *Christus Dominus* (octubre 28 de 1965): AAS 58 (1966), 673-701.

- Declaración sobre la educación *Gravissimum educationis* (octubre 28 de 1965): AAS 58 (1966), 728-739.

## V CONFERENCIA GENERAL DEL EPISCOPADO LATINOAMERICANO Y DEL CARIBE

- *Documento de Aparecida* (mayo 30 de 2007): Libreria Editrice Vaticana, Ciudad del Vaticano 2012.

## CONGREGACIÓN PARA EL CLERO

- *Directorio General de Catequesis* (abril 11 de 1971): AAS 64 (1972), 97-176.

- *Directorio General para la Catequesis* (agosto 15 de 1997): Libreria Editrice Vaticana, Ciudad del Vaticano 1997.

- *Directorio para el ministerio y la vida de los presbíteros* (febrero 11 de 2013): Libreria Editrice Vaticana, Ciudad del Vaticano 2013.

- *El don de la vocación presbiteral. Ratio fundamentalis institutionis sacerdotalis* (diciembre 8 de 2016): Libreria Editrice Vaticana, Ciudad del Vaticano 2017.

## CONGREGACIÓN PARA EL CULTO DIVINO Y LA DISCIPLINA DE LOS SACRAMENTOS

- *Directorio sobre la piedad popular y la liturgia. Principios y orientaciones* (diciembre 17 de 2001): Libreria Editrice Vaticana, Ciudad del Vaticano 2002.

## CONGREGACIÓN PARA LA DOCTRINA DE LA FE

- Instrucción *Donum veritatis* (mayo 24 de 1990): AAS 82 (1990), 1550-1570.

- Carta *Iuvenescit Ecclesia* (mayo 15 de 2016): Libreria Editrice Vaticana, Ciudad del Vaticano 2016.

## CONGREGACIÓN PARA LAS IGLESIAS ORIENTALES

- *Instrucción para la aplicación de las prescripciones litúrgicas del Código de los Cánones de las Iglesias Orientales* (enero 6 de 1996): Libreria Editrice Vaticana, Ciudad del Vaticano 1996.

## CONGREGACIÓN PARA LA EDUCACIÓN CATÓLICA - CONGREGACIÓN PARA EL CLERO

- *Directorio para el ministerio y la vida de los diáconos permanentes* (febrero 22 de 1998): AAS 90 (1998), 879-927.

## CONGREGACIÓN PARA LA EDUCACIÓN CATÓLICA

- *Dimensión religiosa de la educación en la escuela católica. Lineamientos para la reflexión y la revisión* (abril 7 de 1988): Tipografía Políglota Vaticana, Ciudad del Vaticano 1988.

- *Educar para el diálogo intercultural en la escuela católica. Vivir juntos para una civilización del amor* (octubre 28 de 2013): Libreria Editrice Vaticana, Ciudad del Vaticano 2014.

- *La escuela católica en los albores del tercer milenio* (diciembre 28 de 1997): Libreria Editrice Vaticana, Ciudad del Vaticano 1998.

## FRANCISCO

- Bula de convocatoria del Jubileo Extraordinario de la Misericordia *Misericordiae vultus* (abril 11 de 2015): AAS 107 (2015), 399-420.

- *Discurso a los participantes en el Congreso internacional de la pastoral de grandes ciudades* (noviembre 27 de 2014): *Enseñanzas de Francisco*, II/2, 659-665.

- *Discurso a los participantes en el VII Congreso de la pastoral de migrantes* (noviembre 21 de 2014): *Enseñanzas de Francisco*, II/2 (2016), 583-586.

- *Discurso a los participantes en el Congreso «Catequesis y personas en situación de discapacidad»* (octubre 21 de 2017): AAS 109 (2017), 1206-1208.

- *Discurso a los participantes en el Congreso para personas en situación de discapacidad* (junio 11 de 2016): AAS 108 (2016), 735-737.

- *Discurso a los participantes en la Asamblea Plenaria del Consejo de las Comunicaciones Sociales* (septiembre 21 de 2013): AAS 105 (2013), 894-896.

- *Discurso a los participantes en la Asamblea Plenaria del Pontificio Consejo para la Promoción de la Nueva Evangelización* (octubre 14 de 2013): AAS 105 (2013), 965-967.

- *Discurso a los participantes en la Asamblea Plenaria del Pontificio Consejo para la Promoción de la Nueva Evangelización* (mayo 29 de 2015): AAS 107 (2015), 542-544.

- *Discurso a los participantes en el encuentro conmemorativo del XXV aniversario del Catecismo de la Iglesia Católica* (octubre 11 de 2017): AAS 109 (2017), 1192-1197.

- *Discurso al Congreso pastoral de la Diócesis de Roma* (junio 19 de 2017): AAS 109 (2017), 729-737.

- *Discurso al movimiento de la Renovación en el Espíritu* (julio 3 de 2015): AAS 107 (2015), 637-642.

- *Discurso para la conmemoración del 50º aniversario de la institución del Sínodo de los Obispos* (octubre 17 de 2015): AAS 107 (2015), 1138-1144.

- *Documento sobre la Fraternidad humana para la paz mundial y la convivencia común* [firmado junto a Ahmad Al-Tayyeb, Gran Imán de Al-Azhar] (febrero 4 de 2019): *L'Osservatore Romano* (febrero 4-5 de 2019), 6-7.

- Exhortación apostólica *Evangelii gaudium* (noviembre 24 de 2013): AAS 105 (2013), 1019-1137.

- Exhortación apostólica *Gaudete et exsultate* (marzo 19 de 2018): Libreria Editrice Vaticana, Ciudad del Vaticano 2018.

- Exhortación apostólica postsinodal *Amoris laetitia* (marzo 19 de 2016): AAS 108 (2016), 311-446.

- Exhortación apostólica postsinodal *Christus vivit* (marzo 25 de 2019): Libreria Editrice Vaticana, Ciudad del Vaticano 2019.

- Exhortación apostólica postsinodal *Querida Amazonía* (febrero 2 de 2020): Libreria Editrice Vaticana, Ciudad del Vaticano 2020).

- Carta apostólica *Admirable signum* (diciembre 1 de 2019): *L'Osservatore Romano* (diciembre 2-3 de 2019), 4-5.

- Carta apostólica *Aperuit illis* (septiembre 30 de 2019): *L'Osservatore Romano* (septiembre 30 - octubre 1 de 2019), 10-11.

- Carta apostólica *De concordia inter codices* (mayo 31 de 2016): AAS 108 (2016), 602-606.

- Carta apostólica *Misericordia et misera* (noviembre 20 de 2016): AAS 108 (2016), 1311-1327.

- Carta apostólica *Sanctuarium in Ecclesia* (febrero 11 de 2017): AAS 109 (2017), 335-338.

- Carta apostólica *Vos estes lux mundi* (mayo 7 de 2019).

- Carta encíclica *Laudato si'* (mayo 24 de 2015): AAS 107 (2015), 847-945.

- Carta encíclica *Lumen fidei* (junio 29 de 2013): AAS 105 (2013), 555-596.

- *Mensaje para el III Festival de la Doctrina social de la Iglesia* (noviembre 21 de 2013): AAS 105 (2013), 1176-1178.

- *Mensaje para la I Jornada Mundial de los Pobres* (junio 13 de 2017): AAS 109 (2017), 768-773.

- *Mensaje para la XLVIII Jornada de las Comunicaciones Sociales* (enero 24 de 2014): AAS 106 (2014), 113-116.

- *Homilía en las Vísperas de la solemnidad de la Conversión del Apóstol San Pablo* (enero 25 de 2016): AAS 108 (2016), 110-112.

- *Homilía en la Santa Misa para el Jubileo de los encarcelados* (noviembre 6 de 2016): AAS 108 (2016), 1340-1342.

- *Homilía en la Santa Misa para la Jornada de los catequistas con ocasión del Año de la Fe* (septiembre 29 de 2013): AAS 105 (2013), 880-882.

- *Audiencia general* (enero 15 de 2014): *Enseñanzas de Francisco*, II/1 (2016), 45-47.

- *Audiencia general* (marzo 4 de 2015): *L'Osservatore Romano* (marzo 5 de 2015), 8.

- *Audiencia general* (marzo 11 de 2015): *L'Osservatore Romano* (marzo 12 de 2015), 8.

## Juan XXIII

- *Discurso de apertura del Concilio Ecuménico Vaticano II* (octubre 11 de 1962): AAS 54 (1962), 786-796.

- Carta encíclica *Mater et magistra* (mayo 15 de 1961): AAS 53 (1961), 401-464.

## Juan Pablo II

- Constitución apostólica *Fidei depositum* (octubre 11 de 1992): AAS 86 (1994), 113-118.

- *Discurso a los participantes en el congreso «la tarea de los presbíteros en la catequesis en Europa»* (mayo 8 de 2003): *Enseñanzas de Juan Pablo II*, XXVI/1 (2005), 680-682.

- *Discurso a la Pontificia Academia de las Ciencias* (noviembre 13 de 2000): AAS 93 (2001), 202-206.

- *Discurso a la vigilia de oración al término de la XV Jornada Mundial de la Juventud* (agosto 19 de 2000): *Enseñanzas de Juan Pablo II*, XXIII/2 (2002), 207-2013.

- Exhortación apostólica *Catechesi tradendae* (octubre 16 de 1979): AAS 71 (1979), 1277-1340.

- Exhortación apostólica postsinodal *Christifideles laici* (diciembre 30 de 1988): AAS 81 (1989), 393-521.

- Exhortación apostólica postsinodal *Ecclesia in Africa* (septiembre 14 de 1995): AAS 88 (1996), 5-82.

- Exhortación apostólica postsinodal *Ecclesia in America* (enero 22 de 1999): AAS 91 (1999), 737-815.

- Exhortación apostólica postsinodal *Ecclesia in Asia* (noviembre 6 de 1999): AAS 92 (2000), 449-528.

- Exhortación apostólica postsinodal *Ecclesia in Europa* (junio 28 de 2003): AAS 95 (2003), 649-719.

- Exhortación apostólica postsinodal *Ecclesia in Oceania* (noviembre 22 de 2001): AAS 94 (2002), 361-428.

- Exhortación apostólica postsinodal *Familiaris consortio* (noviembre 22 de 1981): AAS 73 (1981), 81-191.

- Exhortación apostólica postsinodal *Pastores gregis* (octubre 16 de 2003): AAS 96 (2004), 825-924.

- Exhortación apostólica postsinodal *Vita consecrata* (marzo 25 de 1996): AAS 88 (1996), 377-486.

- Carta apostólica *Apostolos suos* (mayo 21 de 1998): AAS 90 (1998), 641-658.

- Carta apostólica *Duodecimum saeculum* (diciembre 4 de 1987): AAS 80 (1988), 241-252.

- Carta apostólica *Laetamur magnopere* (agosto 15 de 1997): AAS 89 (1997), 819-821.

- Carta apostólica *Novo millenio ineunte* (enero 6 de 2001): AAS 93 (2001), 266-309.

- Carta apostólica *Tertio millenio adveniente* (noviembre 10 de 1994): AAS 87 (1995), 5-41.

- Carta encíclica *Centesimus annus* (mayo 1 de 1991): AAS 83 (1991), 793-867.

- Carta encíclica *Fides et ratio* (septiembre 14 de 1998): AAS 91 (1999), 5-88.

- Carta encíclica *Laborem exercens* (septiembre 14 de 1981): AAS 73 (1981), 577-647.

- Carta encíclica *Redemptor hominis* (marzo 4 de 1979): AAS 71 (1979), 257-324.

- Carta encíclica *Redemptoris missio* (diciembre 7 de 1990): AAS 83 (1991), 249-340.

- Carta encíclica *Sollicitudo rei socialis* (diciembre 30 de 1987): AAS 80 (1988), 513-586.

- Carta encíclica *Ut unum sint* (mayo 25 de 1995): AAS 87 (1995), 921-982.

- *Mensaje para la Jornada Mundial de la Paz 1990* (diciembre 8 de 1989): AAS 82 (1990), 147-156.

- *Homilía durante la Santa Misa en el Santuario de la Santa Cruz* (junio 9 de 1979): AAS 71 (1979), 864-869.

## LEÓN XIII

- Carta encíclica *Rerum novarum* (mayo 15 de 1891): AAS 23 (1891), 641-670.

## PABLO VI

- *Alocución al inicio de la II sesión del Concilio Vaticano II* (septiembre 29 de 1963): AAS 55 (1963), 841-859.

- *Alocución para la beatificación de Nunzio Sulprizio* (diciembre 1 de 1963): AAS 56 (1964, 17-22.

- Exhortación apostólica *Evangelii nuntiandi* (diciembre 8 de 1975): AAS 68 (1976), 5-76.

- Carta apostólica *Octogesima adveniens* (mayo 14 de 1971): AAS 63 (1971), 401-441.

- Carta encíclica *Ecclesiam suam* (agosto 6 de 1964): AAS 56 (1964), 609-659.

- Carta encíclica *Populorum progressio* (marzo 26 de 1967): AAS 59 (1967), 257-299.

## PÍO XI

- Carta encíclica *Quadragesimo anno* (mayo 15 de 1931): AAS 23 (1931), 177-228.

## PONTIFICIO CONSEJO DE LA CULTURA

- *La* Via pulchritudinis, *camino de evangelización y de diálogo* (2006).

## PONTIFICIO CONSEJO DE LA CULTURA - PONTIFICIO CONSEJO PARA EL DIÁLOGO INTERRELIGIOSO

- *Jesucristo portador del agua viva. Una reflexión cristiana sobre la «Nueva Era»* (2003): Libreria Editrice Vaticana, Ciudad del Vaticano 2003.

## PONTIFICIO CONSEJO DE LA JUSTICIA Y DE LA PAz

- *Compendio de la Doctrina Social de la Iglesia* (abril 2 de 2004): Libreria Editrice Vaticana, Ciudad del Vaticano 2004.

**PONTIFICIO CONSEJO DE LA PASTORAL PARA LOS MIGRANTES Y LOS ITINERANTES**

- *Erga migrantes charitas Christi* (mayo 3 de 2004): AAS 96 (2004), 762-822.

- *El Santuario, memoria, presencia y profecía del Dios vivo* (mayo 8 de 1999): Libreria Editrice Vaticana, Ciudad del Vaticano 1999.

**PONTIFICIO CONSEJO PARA EL DIÁLOGO INTERRELIGIOSO**

- *Diálogo en la verdad y en la caridad. Orientaciones pastorales para el diálogo interreligioso* (mayo 19 de 2014): Libreria Editrice Vaticana, Ciudad del Vaticano 2014.

**PONTIFICIO CONSEJO PARA EL DIÁLOGO INTERRELIGIOSO - CONGREGACIÓN PARA LA EVANGELIZACIÓN DE LOS PUEBLOS**

- *Diálogo y anuncio. Reflexiones y orientaciones sobre el diálogo interreligioso y sobre el anuncio del Evangelio de Jesucristo* (mayo 19 de 1991): AAS 84 (1992), 414-446.

**PONTIFICIO CONSEJO PARA LA PROMOCIÓN DE LA NUEVA EVANGELIZACIÓN**

- *Enchiridion della nuova evangelizzazione. Testi del Magistero pontificio e conciliare 1939-2012*: Libreria Editrice Vaticana, Ciudad del Vaticano 2012.

**PONTIFICIO CONSEJO PARA LA PROMOCIÓN DE LA UNIDAD DE LOS CRISTIANOS**

- *Directorio para la aplicación de los principios y las normas sobre el ecumenismo* (marzo 25 de 1993): AAS 85 (1993), 1039-1119.

**RITUAL DE LA INICIACIÓN CRISTIANA DE ADULTOS**, ed. Italiana del *Ordo Initiationis Cristiana Adultorum,* Editio Typica, Typis Polyglotis Vaticanis, Ciudad del Vaticano 1972.

**SAGRADA CONGREGACIÓN DEL CONCILIO**

- Decreto *Provido Sane* (enero 12 de 1935): AAS 27 (1935), 145-154.

**SÍNODO DE LOS OBISPOS**

- XIII ASAMBLEA GENERAL ORDINARIA, *La nueva evange-lización para la transmisión de la fe cristiana, Listado final de proposiciones* (octubre 27 de 2012): Libreria Editrice Vaticana, Ciudad del Vaticano 2017, 649-688.

* * *

# Índice temático

Los números de este Índice Temático se refieren a los del *Directorio de Catequesis*, donde el tema es tratado o mencionado. Los números fundamentales están resaltados en negrita. La flecha (→) dirige a otras voces afines.

* **C. pastoral** (C. misionera)
5; 40; 49; 230; 244; 297; 300-303; 420

**Coordinación**
115; 156; 262; 410; 411; 413-414; 417; **420-421**

**Creación**
91; 106; 109; 173; 236; 329-330; 357; 373; 377; **381-384**; 427
→ *Padre (Creador)*

**Creatividad** (Creativo)
40; 64; 129; 149; 151; 206; 244; 257; 300-301; 328; 405-406

**Credo**
→ *Símbolo de la fe*

**Cristo**
→ *Jesucristo*

**Cristocentrismo**
102; 132; 165; 169; 192; 427
→ *Jesucristo*

**Cultura** (Contextos socio-culturales)
5; 31; **42-49**; 53; 73; 116; 143; 146; 151; 173; 180; 186; 206; 208; 213-216; 237; 250; 256; 269; 271; 289; 295-296; 302; 306; 309-312; 313-314; 318; **319; 320-342**; **354-393**; 395-398; 401; 404; 407; 418
→ *Inculturación*
* **C. cristiana 102-105**; 164
* **C. digital** → *Digital*

# D

**Depósito de la fe**
44; 93-94; 113; 114; 186
→ *Contenidos; Doctrina; Mensaje; Tradición*

**Diáconos**
117-118; 151-153

**Diálogo**
31; 33; 41; **53-54**; 58; 89; 149; 151; 160; 165; 197; 203; 244; 252; 261; 268; 305; 315; 322; 325; 333; 358; 360; 391; 398; 419
→ *Anuncio (Anunciar); Escucha; Reciprocidad (Reciproco); Relación (Relacional)*
* **D. ecuménico**
→ *Ecumenismo*
* **D. hebraico-cristiano** 347
* **D. interreligioso**
→ *Religiones*

**Digital**
**213-217**; 237; 245; **359-372**

**Diócesis**
→ *Iglesia particular*

**Dios**
2; **11-15**; 18-19; 23; 30; 33; 36; 50; 58 (nota); 64; 91; 105-106; 112; 157-158; 165; 168; 171; 174; 179; 187; 192; 197; 217; 236; 247; 271; 281; 283; 324; 326; 336-337; 347-348; 373; 378; 379; 382-383; 386; 427

→ *Espíritu Santo; Jesucristo (Hijo; Resucitado; Señor; Verbo); Padre (Creador); Pedagogía de Dios; Revelación; Trinidad (Trinitario)*

## Discapacidad

→ *Personas con discapacidad*

## Discernimiento (Discernir)

33; 42; 64; 73; 84-85; 108; 122; 134; 147; 196; 216; 234; 252; 287; 289; 297; 302; 321 (nota); 325; 350; 356; 372; 391; 398; 405; 416; 419
→ *Signos de los tiempos*

## Discípulos

1; 16; 21; 33-34; 42; 79; 86; 112; 121; 127; 135; 159-160; 162; 177; 261; 319; 344; 370; 386
→ *Seguimiento de Cristo; Vida nueva*
* **D. misioneros** 4; 40; 50; 68; 89; 132; 135; 288; 303; 334-335; 419
  → *Alegría; Creatividad (Creativo); Evangelización (Evangelizar); Misión (Misionero); Testigos (Testimonio)*

## Doctrina

12; 28-29; 44; 69; 80; 114; 183-184; 192; 205; 211; 253; 262; 317; 345; 353; 380
→ *Contenidos; Deposito de la fe*
* **D. social de la Iglesia** 146; 383; 390; 393
  → *Pobres; Sociedad (Social); Trabajo (Profesión)*

# E

## Eclesialidad

**176**; 192; 305; 308
→ *Comunión eclesial; Iglesia*

## Ecología

→ *Creación*

## Ecumenismo (Ecuménico)

144; 185; 317; 322; **343-346**

## Educación (Educar; Educativo)

55; 64; 77; 80; 105; 113; 118; 120; 124-125; 132; 133; 135; 136; 140; 149; 157-160; 164; 166; 176; **179-181**; 189; 194-195; 216; 227; 230-231; 238-239; 242; 249; 262; 299; 309-312; 314-315; 318; 323; 345; 368-369; 378; 384; 388
→ *Ciencias humanas; Formación (Formativo)*
* **E. de la fe** 31; 35; 74; 79-89; 98; 152; 269; 302; 393; 396

## Educadores

113; 115; 125; 135; 148; 150; 158; 263; 362
→ *Acompañamiento (Acompañar); Catequistas; Maestros*

## Encarnación

29; 91; 159; 165; 172; 181; 194; 239; 269; 395
→ *Jesucristo (Hijo; Resucitado; Señor; Verbo)*

## Encuentro con Cristo

4; 29; 34; 48; 56; 63-65; 68; **75-76**; 97; 113; 130; 161; 190;

304-306; 311; 319; 321-322; 340-341; 344; 353; 387; 389; 393; 395-396; 410; 416; 420; 427-428
→ *Anuncio; Catequesis; Misión (Misionero); Proceso de la evangelización*
* **E. de la cultura 42-44**; 355; 358; 367; 371-372; 393; 397
  → *Cultura (Contextos socioculturales)*
* **Nueva e.** 5-6; **38-41**; 48; 51; 54; 66; 288; 304; 338; 387; 406

# F

**Familia**
117-118; 124-127; **226-235**; 238-239; 242; 249; 271; 300; 420
→ *Matrimonio; Padres*

**Fe**
2; **17-21**; 33-35; 43-44; 51; 56-57; 72; 79-80; 85; 88; 101; 113; 164-166; 176-178; 184; 199; 203; 204; 224; 227; 257; 261; 267; 287; 299; 318; 322; 333; 336; 354; 357; 370; 389; 394; 396; 399; 401; 426; 428
→ *Acto de fe; Comunicación de la fe; Deposito de la fe; Educación de la fe; Inculturación; Interiorización; Mentalidad de fe; Misterio; Profesión de fe; Respuesta de fe; Símbolo de la fe; Trasmisión de la fe*

**Finalidad de la catequesis**
→ *Catequesis*

**Formación** (Formativo)
2-3; 4-6; 50; 55; **63-64**; 71; **75**; 79-89; 97; 113; **131**; 160; 189; 219; 232; 253; 260; 265; 291; 306-307; 309; 314; 340; 344; 378; 383; 388; 393; 404; 410
→ *Educación (Educar; Educativo); Ciencias humanas; Trasformación (Trasformar)*
* **F. de los catequistas** 116; **130-156**; 255; 263; 271; 276; 292; 357; 378; 413-414; 417; 419; 425
  → *Catequistas*
* **F. permanente** 56; **73-74**; 259; 277

**Fraternidad** (Fraterno)
14; 31; 34; 89; 105; 140; 218; 220; 226; 263; 265; 303; 328; 388
→ *Afectividad (Afectivo); Relación (Relacional)*

**Fuentes de la catequesis**
→ *Catequesis*

# G

**Gracia**
14; 19; 135; 148; 160; 162-163; 171; **174**; 189; 192; 195; 220; 232; 234; 288
* **Primado de la g.** 33; 109; **174**; 195; 201

**Gradualidad** (Gradual)
53; 61; 63-64; 71; 77; 98; 113; 157; 160; 178; 179; 190; 195; 232; 240; 242; 260; 424
→ *Maduración (Madurez); Pedagogía*

**Grupo**

116; 134; 135; 149-150; **218-220**; 232; 235; 247; 253; 265; 304-308; 325

→ *Comunidad (Comunitario); Relación (Relacional)*

## H

**Historia** (Histórico)

21; 22; 42; 55; 73; 91; 100; 102; 144-145; 169; 171-172; 176; 180; 195-196; 197-198; 208; 295; 338; 348; 354-356; 427

* **H. de la salvación** 12; 74; 113; 132; 144; 149; **157-163**; 170; **171-173**; 192; 201; 208; 210; 240; 347; 406 (nota)

## I

**Iglesia**

1; 4; 11; **21-29**; 64; 67; 69; 78; 89; 92-94; 100; 110-113; 122-123; 128; 130; 132; 141; 164-167; 171-172; **176**; 177; 182; 186; 195-196; 204-205; 208; 214; 219; 226; 229; 231-232; 234; 244; 252; 256; 266; 269; 274-275; 279-280; 282; **283-289**; 290; 293-296; 299-300; 305-306; 308; 311; 319; 325; 331-334; 344; 347-348; 355; 370; 377; 380; 385-386; 389; 394-395; 401; 407; 410; 411; 416; 426-428

→ *Comunidad (Comunitario); Comunión eclesial; Eclesialidad; Pueblo de Dios*

* **I. local** 243; 271; 275; 293 (nota); 335; 401, 404-405; 407; 410; 413
* **I. particular** 10; 114; 123; 130; 143; 152; 155-156; 225; 273; 276; 277; 289; **293-297**; 298; 301; 305; 311; 325; 353; 394; 399-400; 407; 412; 414; **416-425**

→ *Obispos*

**Iglesias orientales**

144; 276; 277 (nota); 289; **290-292**; 411

**Inculturación**

3; 10; 42-43; 64; 114; 165; 186; 206; 319; 325; 336; 350; 358; 372; **394-406**; 418

→ *Cultura (Contextos socio-culturales); Evangelización (Evangelizar)*

**Infantes y niños**

98; 219; **236-243**; 268; 357; 422

**Iniciación a la vida cristiana**

61; 65; 125-126; 240-242; 421

→ *Catequesis; Inspiración catecumenal de la catequesis; Vida cristiana*

**Iniciación cristiana**

4; 31; 34; 56; **61-65**; **69-72**; 79; 81; 98; 112; 135; 166; 176; 189; 227; 232; 240-243; 264; 277; 282; 297

→ *Catequesis; Liturgia; Sacramentos; Vida cristiana; Vida nueva*

**Método**

4; 38; 41; 179; 190; **194-196**; 197; 242; 271; 307; **397**

**Ministerio**

* **M. de la catequesis** 110-111; 122-123; 185; 231; 255; 263

→ *Catequesis; Catequistas*

* **M. de la Palabra de Dios** **36-37**; 55; 110; 112; **283-289**; 299; 311; 313

→ *Anuncio (Anunciar); Catequesis*

**Misericordia**

14-15; **51-52**; 58; 133; 158; 175; 234; 279-281; 328; 341; 380

**Misión** (Misionero)

3; 5; 16; 20-21; **22-23**; 28; 31; 33; 40-41; 44; 48-50; 55; 61; 64-65; **66-67**; 69; 75; 79; 92; 98; 110; 112-113; 135; 139; 159-160; 164; 206; 231; 252; 277; 281; 284; 289; 294; 298; **303**; 306; 311; 338; 350; 387; 400

→ *Catequesis y misión; Conversión pastoral (Conversión misionera); Discípulos misioneros; Evangelización (Evangelizar)*

**Mistagogía**

35; **63-64**; 98; 113; 152; 232; 291

→ *Catequesis mistagógica; Inspiración catecumenal de la catequesis; Liturgia*

**Misterio**

2; 4; 6; 11-12; 14; 19; 25; 37; 51; 53; 55; 63-64; 71; 79; 81-82; 96-98; 113; 130; 144; 157; 159; 168; 170-172; 176; 179-180; 186; 191; 194-195; 200; 208; 221; 224; 228; 236; 239-240; 270; 286; 291; 338; 341; 347-348; 358; 372; 378; 384; 402; 404; 418; 426-427

**Moral** (Ética)

38; 79; **83-85**; 93; 141; 144; 169; 183; 253; 264; 291; 323; 355-356; 364; 373-374; 378; 383-384; 391

→ *Conciencia; Vida cristiana*

**Movimientos eclesiales**

→ *Asociaciones y movimientos eclesiales*

## N

**Narración** (Narrativo)

59; 145; 149; 171; 192; **207-208**; 271; 328; 363-364

→ *Lenguaje*

**Niños**

→ *Infantes y niños*

**Nuevo Testamento**

→ *Sagrada Escritura*

## O

**Obispos**

10; 24; 93; 110; **114**; 115; 123; 153; 156; 241; 277; 289; 294;

→ *Acto de fe; Fe; Proceso personal (Proceso interior); Respuesta de fe; Símbolo de la fe*

**Programa operativo**

→ *Itinerarios (Caminos)*

**Proyecto**

43; 114; 116; 134-135; 253; 274; 297; 413; 417; **422-424**

**Pueblo de Dios**

21; 93-94; 96; 110; 114; 158; 165; 176-177; 184; 283; **287-289**; 293; 299; 336; 338; 347-348; 394; 399-400; 416

→ *Iglesia*

# R

**Reciprocidad** (Recíproco)

33; 58; 133; 146; 179; 197; 229; 242; 245; 270; 289; 293; 303; 387; 397; 407

→ *Diálogo: Escucha*

**Reforma de las estructuras**

40; 297; 300-302

→ *Conversión pastoral (Conversión misionera)*

**Reino de Dios**

15; 37; 50; 75; 79; 85; 138-139; 159; 172-174; 198; 200; 232; 261-262; 319; 326; 386

**Relación** (Relacional)

5; 17; 21; 47; 59; 76; 131; 136; **139-140**; 149-150; 164; 168; 176; 180; 197; 203; 204; **218-220**; 222-223; 226; 237; 241;

245; 247; 257; 261-263; 265; 270; 280; 282; 301; 303; 310; 326; 359; 361; 369; 386; 390; 397

→ *Afectividad (Afectivo); Diálogo; Grupo; Persona*

* **R. con Cristo**

→ *Comunión con Cristo*

**Religiones**

33; 37; 43; 144; 258; 317; 320; 322; 325; 335; 343; **349-353**

**Respuesta de fe**

3; 19; 21; 28; 33; 64; 73; 157; 159; 161; 166; 174; 189; **203**; 253

→ *Acto de fe; Fe; Proceso personal (Proceso interior); Profesión de fe*

**Resurrección**

→ *Pascua (Pascual)*

**Revelación**

**11-30**; 36; 40; 51-53; 93-94; 101; 157-158; 165; 168; 171; 178; 200; 201; 290; 355; 373; 377; 379; 402

→ *Dios*

**Romano Pontífice**

93; 289; 354 (nota); 380; 381; 409-410

→ *Magisterio*

# S

**Sacramentos**

16; 31; 34-35; 56; 62-63; 69-70; 74; 81; 83; 96; 98; 117;

122; 144; 171; 189; 240-241; 244; 264; 272; 274; 278; 282; 286; 293; 299; 335
→ *Bautismo; Confirmación; Eucaristía; Iniciación cristiana; Liturgia; Matrimonio*

**Sagrada Escritura**
**25-27**; **58;** 72; 74; 80; 87; **90-94**; 106-107; 135; 143-145; 158; 170; 171; 182; 187; 202; 205; 207; 240; 262; 264; 268; 282; 283; 286; 290; 340; 344; 348; 353; 383; 385; 426
→ *Evangelio; Palabra de Dios*

**Salvación** (Salvífico)
2; 11-16; 22; 25; **30**; 53; 58-59; 75; 85; 93-94; 98; 110; 113; 131; 158-159; 161; 165; **171-173**; 174; 181; 184; 189; 196; 201; 219; 239; 270; 282; 286; 293; 298; 348; 387; 428
→ *Historia de la salvación; Liberación (Liberar)*

**Santos**
99-100; 109; 164; 176; 188; 205; 264; 338; 342

**Seguimiento de Cristo**
18; 31; 83; 169
→ *Conversión; Discípulos; Vida cristiana*

**Signos de los tiempos**
5; 42; 319

**Símbolo de la fe**
21; 63; 78; 80; 144; 189; 205
→ *Profesión de fe*

**Símbolos** (Simbólico)
64; 82; 205; 209; 239; 326; 336; 341; 353; 383; 406
→ *Arte; Lenguaje; Liturgia*

**Sínodo** (Sinodal)
289; 321
→ *Comunión eclesial*

**Sociedad** (Social)
16; 20; 43; 45-46; 53-54; 60; 73; 103; 173; 180; 196; 220; 226; 231; 237; 250; 259; 264; 266; 273; 304; 306; 314; 319-320; 323-324; 326-328; 330; 337; 352; 354; 359-362; 379; 381-383; **389-391**; 404; 418
→ *Cultura (Contextos socio-culturales); Doctrina social de la Iglesia*

**Sujetos**
4; 40; 77; 89; 111; 124; 132; 135; 148; 196; 203; 204; 218; 230-231; 242; 247; 261-263; 269; 287-288; 294; 311; 390; 396; 400; 403-404; 416; 423
→ *Adultos; Ancianos; Catecúmenos; Comunidad (Comunitario); Familia; Infantes y niños; Jóvenes; Padres; Persona; Personas con discapacidad; Pueblo de Dios; Pobres*

## T

**Teología**
37; 72; **101**; 114; **143-145**; 155; 176; 184; 190-191; 225; 355; 357; 411

*Iniciación cristiana; Mentalidad de fe; Moral (Ética); Seguimiento de Cristo; Testigos (Testimonio)*

* **V. eterna** 12-13; 35; 85; 173-174; 426

* **V. nueva** 1; 4; 13-14; 20; 56; 64-65; 76; 83-84; 113; 133; 163; 426; 428

→ *Bautismo; Discípulos; Iniciación cristiana; Mentalidad de fe*

**Vocación** (Llamada) 14; 17; 35; 83; **85; 110-113**; 115-116; 122; 133; 138; 198; 224; 232; 249; 252-253; 370; 377; 386